DIETMAR GRIESER • NACHSOMMERTRAUM

Dietmar Grieser

NACHSOMMERTRAUM

VERLAG NIEDERÖSTERREICHISCHES PRESSEHAUS
St. Pölten–Wien

BILDNACHWEIS

Graphische Sammlung Albertina: 76, 81
Literatur- und Heimatmuseum Altaussee: 39, 41
Kammerhofmuseum Bad Aussee: 127
Heimatmuseum Hallstatt: 15
Photo Hofer, Bad Ischl: 203
Keystone Press Agency: 69
Familienarchiv Killian, Wien: 22, 30
Österreichische Nationalbibliothek (Bildarchiv): 10, 17, 24, 26, 89, 110, 138, 179
Privat: 49, 51, 65, 101, 144, 150, 165, 168, 191
Gemeindeamt St. Gilgen: 115
Alexander Savel, Lauffen: 55
Photo Schwaighofer, Mondsee: 174
Ullstein Bilderdienst, Berlin: 53, 157, 187

Umschlagbild:
Gustav Klimt: Schloß Kammer am Attersee II, Galerie Welz

1. Auflage 1993

Copyright © 1993 by
Verlag Niederösterreichisches Pressehaus
St. Pölten–Wien

Einbandgestaltung:
Hans Schaumberger, Wien

Satz, Reproduktion und Druck:
Niederösterreichisches Pressehaus Druck- und Verlagsgesellschaft mbH.
3100 St. Pölten, Gutenbergstraße 12

ISBN 3 85326 985 0

INHALT

Vorwort 7

DIE ERDBEERKINDER
Adalbert Stifter in Hallstatt 9

STÖREN BEI TODESSTRAFE VERBOTEN
Gustav Mahler in Steinbach 20

ANNÄHERUNG AN EINEN ANDEREN PLANETEN
Jakob Wassermann in Altaussee 33

EISKAFFEE FÜR SISI
Oscar Blumenthal in Ischl 46

DIE WAISEN VON LITZLBERG
Maria Cebotaris Kinder am Attersee 61

DIE UNGEKÜSSTE
Gustav Klimt in Kammer 73

ISOLDES RUHE
Mathilde Wesendonk am Traunsee 84

FAUST, ZWEITER TEIL
Theodor Billroth in St. Gilgen 104

IM BUCHENHAIN
Wilhelm Kienzl im Ausseerland 120

5

DA CAPO FÜR DEN KAISER
Maria Jeritza in Unterach 133

IN DER SCHLANGENGRUBE
August Strindberg am Mondsee 143

ICH IST EIN ANDERER
Rudolf Forster in Bad Aussee 161

DER FIDELE ROIDER-BAUER
Leo Fall in Oberwang 172

PARADIES AUF ABRUF
Carl Zuckmayer in Henndorf 182

LEISE WEINET DER BACH
Alexander Lernet-Holenia in St. Wolfgang 194

Literaturnachweis 206

6

VORWORT

Als ich, in den Jahren 1988/89, an meinem Buch „Eine Liebe in Wien" schrieb, hörte ich die Spötter reihum raunen, sollte das Unternehmen Erfolg haben, werde dann wohl bald auch mit der Liebe in Graz, in Innsbruck, in Salzburg zu rechnen sein. Und warum nicht ebenso Berlin, Paris, New York? Ein Band nach dem andern, am Schluß die Kassette – ein Lebensthema! Bis ans Ende deiner Tage hast du ausgesorgt.

Ich hatte Mühe, dem hämischen Spuk ein Ende zu bereiten. Eines aber zeichnete sich in vagen Umrissen schon damals ab: In dieser lange versunkenen Epoche, da Wien zu jenen Welthauptstädten der Kultur zählte, in welchen sich die schöpferischen Geister der Zeit drängten, gab es im Westen des Landes eine Art Dependance, sozusagen ein ländliches Gegenstück des Fin-de-siècle-Wien, in dem, sobald die allsommerliche Stadtflucht einsetzte, das Leben der oberen Zehntausend seinen Fortgang nahm: das Salzkammergut. Natürlich zogen auch andere österreichische Ferienlandschaften die Prominenz aus der Metropole an, doch keine von ihnen mit ähnlicher Sogkraft. Anderswo machte man Urlaub, im Salzkammergut machte man Geschichte. Es kann kein Zufall sein, daß damals für das Gebiet zwischen Gmunden und Aussee, zwischen Hallstatt und Fuschl der Begriff „Seelenlandschaft" aufkam.

Und so war es denn auch nicht das platte Ferienerlebnis, was mich interessierte, sondern das, was daraus entstand: die Frucht, die es trug. Die künstlerische Initialzündung, der Geistesblitz des Gelehrten. Der Nachsommer. Das, was der touristischen Laufkundschaft für gewöhnlich verborgen bleibt: Salzkammergut als Genius loci. Oder genauer: als Locus genii. Die Verzauberung, die im „Sommernachtstraum" die Elementargeister wachruft – war nicht ähnliches auch hier am Werk?

7

Adalbert Stifter, dem auf einer Dachsteinwanderung jene beglückende Begegnung widerfährt, die ihn zu der Meistererzählung „Bergkristall" inspiriert. Oder Gustav Klimt, ohne dessen Attersee-Erlebnis es keinen „Kuß" gäbe. Gustav Mahler, der erst in seinem Steinbacher „Komponierhäuschen" zu höchster Vollendung findet. Jakob Wassermann, der das Ausseerland als seinen ureigenen „Planeten" entdeckt. Oder Mathilde Wesendonk, die in der Villa Traunblick ihrem pathetischen Wagner-Kult huldigt.

Was hat es mit den Wiesengründen des Wasnerin-Plateaus auf sich, wo Wilhelm Kienzl den „Evangelimann" komponiert und Rudolf Forster seine großen Rollen einstudiert? Theodor Billroth, Arzt und Musiker, verwandelt sich in St. Gilgen in einen leidenschaftlichen Architekten und Baumeister; Kaiser Franz Joseph stellt in Bad Ischl die Weichen für Maria Jeritzas Weltkarriere; Alexander Lernet-Holenia verwirklicht in St. Wolfgang seinen anachronistischen Traum vom unbeugsamen Herrenmenschen; August Strindberg, seiner neurotischen Verstrickungen nicht Herr werdend, phantasiert vom „Tod im Mondsee".

Ohne seine Kaltenbacher Urlaubsbekanntschaften hätte Oscar Blumenthal nicht das „Weiße Rössl", ohne seinen Umgang mit den Dörflern von Oberwang hätte Leo Fall nicht den „Fidelen Bauer" schreiben können. Und was ist mit den Cebotari-Kindern, deren grausames Schicksal seinerzeit die Welt zu Tränen rührte – konnten sie endlich am Attersee das ersehnte neue Leben beginnen? Mit Thomas Bernhard, für jede Grenzüberschreitung gut, verlassen wir das Salzkammergut und finden uns im benachbarten Flachgau wieder, wo sich die Wege des vierunddreißig Jahre Jüngeren mit denen eines anderen Großen der Literatur kreuzen: Carl Zuckmayer.

Dies ist es, was das Besondere am Salzkammergut jener Jahre ausmacht: ein aus wechselseitiger Durchdringung von Urbanem und Ländlichem hervorgegangenes spezifisch österreichisches Lebensgefühl, dem nachzuspüren umso mehr lohnt, als das Reservoir seiner Zeugen unerbittlich zur Neige geht: ein Paradies auf Abruf. Wohl schon bald wird dieses geistig-künstlerische Klima nur noch ferne Erinnerung sein. „Die Schönheit, wenn schon manche Jahre über sie gegangen sind", heißt es in Stifters „Nachsommer". Diese Schönheit für einen Augenblick festzuhalten, ist Thema des vorliegenden Buchs.

DIE ERDBEERKINDER

Adalbert Stifter in Hallstatt

Unter den tausend Leiden des Adalbert Stifter ist seine Kinderlosigkeit dasjenige, an dem er am schwersten trägt. Im vierten Ehejahr schreibt er seiner Amalie, die zu einem Besuch bei ihrem an der ungarisch-serbischen Grenze als Unteroffizier stationierten Bruder abgereist ist, einen Brief, der für einen Mann von fünfunddreißig erstaunlich naiv, ja peinlich ausfällt: „Nun, meine schöne liebe Frau, bitte ich Dich nur um eins: Gebäre nur recht bald einen Knaben, der so schön ist wie Du und so lustig wie ich, dann ist alles gut – bis auf ein Mädchen, um das ich Dich auch bitte." Stifter bekommt weder das eine noch das andere. Ja, sogar seine Versuche, diverse Heranwachsende an Kindes Statt anzunehmen, schlagen der Reihe nach fehl: Juliane, die Nichte seiner Frau, die er mit sechs Jahren in seinen Hausstand aufnimmt, bringt sich um und wird tot aus der Donau gefischt; Josefine, die zweite Ziehtochter, siecht an der Tuberkulose dahin; und Gustav, Sohn eines befreundeten Lehrers in Linz, den er mit Erfolg in seinem Fortkommen fördern und dessen Gegenliebe er sich einige Zeit erfreuen kann, erkrankt in der Blüte seiner Jahre und stirbt.

Dies alles muß man wissen, um zu begreifen, wieso den neununddreißigjährigen Adalbert Stifter das Zufallserlebnis der beiden Landkinder, denen er auf einer Salzkammergutwanderung im Sommer 1845 nach einem grauenhaften Unwetter begegnet, derart überwältigt, daß er nicht nur tagelang von nichts anderem spricht, sondern ihnen in einem seiner schönsten Werke, der Erzählung „Bergkristall", ein Denkmal setzt, in das all seine unerfüllt gebliebene Sehnsucht nach eigener Nachkommenschaft einfließt. Freund Friedrich Simony, Zeuge des Geschehens, wird sich noch ein Vierteljahrhundert später jenes bewegenden Augenblicks im Leben des Dichters erinnern, da klar wurde, „daß

9

„Gebäre nur recht bald einen Knaben, der so schön ist wie Du und so lustig wie ich": Adalbert Stifter

ihm Kinder das Liebenswerteste dünken, was man unter den Menschen finden kann".

Stifter und Simony kennen einander seit gut einem Jahr. Fürst Metternich hat den Dichter als Hauslehrer engagiert, er soll seinen Sohn Richard in Mathematik und Physik unterweisen. Unter den Gelehrten und Kunstfreunden, die im Hause des Staatskanzlers verkehren, ist auch der Geograph Friedrich Simony. Acht Jahre jünger als Stifter und wie dieser aus Böhmen stammend, hat Simony vor kurzem mit der ersten Winterbesteigung des Dachsteins von sich reden gemacht. Um meteorologischer Beobachtungen willen hat er das Wagnis auf sich genommen, „drei Dezembertage" auf dem Gipfel zu nächtigen – seine an Ort und Stelle angefertigten Skizzen und Panoramen erregen nicht nur in der Welt der Wissenschaft Aufsehen: Sein Aquarell „Gletscherphänomene", ein Tableau von 2,6 mal 1,6 Metern, wird auf der Londoner Weltausstellung prämiiert.

Das Salzkammergut, dessen Berg- und Seenwelt er untersucht, ist Simonys zweite Heimat; im Stadlerschen Gasthof zu Hallstatt, wo er ganzjährig eingemietet ist, hat er sein Hauptquartier. In dem geräumigen, vierfenstrigen Zimmer türmen sich Gesteinsproben, Zeichenrequisiten und geologische Instrumente. Bergschuhe und Steigeisen lagern zwischen Landschaftsskizzen, Meßschnüren, Barometern und „Petrefakten". Was er in einer Mischung aus Bescheidenheit und Selbstironie als „naturhistorisches Gerümpel" abtut, sind in Wirklichkeit Tiefenkarten und Profile des Hallstätter Sees, eine eigens für Seemessungen angefertigte Winde, sein Geologenhammer, allerlei zum Trocknen ausgebreitete Alpenpflanzen, dazu ein buntes Durcheinander von Büchern und Aufzeichnungen.

Stifter, begierig, die berühmte Forscherwerkstatt mit eigenen Augen kennenzulernen, unternimmt im Sommer 1845, begleitet von seiner Frau Amalie, eine Reise in die Böhmerwaldheimat, der er einen dreitägigen Abstecher ins Salzkammergut folgen läßt. Simonys Arbeitsstube, „wo es unsereinen naturwüchsig anheimelt" und wo nicht „die Tyrannei der ewig aufräumenden Hausfrau" herrscht, ist sein Ziel.

Gleich nach der Ankunft in Hallstatt, wo er im „Grünen Baum" Quartier nimmt und sich „mit Gattin" ins Gästebuch einträgt, erkundigt sich Stifter nach Simonys Verbleib. Er muß sich in Geduld üben: Der „Herr Professor" ist noch nicht von seiner jüngsten Exkursion aufs Dachsteinplateau heimgekehrt, und als er schließlich in Obertraun eintrifft, von wo er per Kahn das letzte Stück Wasserweg nach Hallstatt zurücklegen will, setzt ein schweres Unwetter ein. Simony und der ihn begleitende Bergführer müssen mit aller Kraft gegen den aufkommenden Gewittersturm anrudern.

Adalbert und Amalie Stifter vertreiben sich die Wartezeit, indem sie die „Bedeckte Stiege" zum Kirchplatz hinaufklettern und von der steinernen Brustwehr der Terrasse das Naturschauspiel des „grausigen Wettergetümmels" beobachten. „An den hohen, eng vergitterten Bogenfenstern des Gotteshauses rüttelt der vorbeirasende Orkan, daß sie jeden Augenblick in tausend Splitter zu zerbrechen drohen, hinter der Kirche ächzt der Buchenwald, als würde er im nächsten Moment vom Felshang weggefegt werden, und die Kreuze über den Gräbern klirren und klappern, wie wenn der Jüngste Tag im Anbruch wäre."

Simony, inzwischen im Stadlerschen Gasthof eingelangt und vom Wirt informiert, daß „ein Herr mit einer Frau" sich nach ihm erkundigt hätte und einstweilen zur Kirche hinaufgegangen sei, trifft seine Besucher just in dem Moment an, als ein losbrechender Platzregen jedermann im Freien dazu zwingt, ein schützendes Dach aufzusuchen. Die Freude über das Wiedersehen ist groß: Simony hat sich seit Wochen fast nur im Gebirge aufgehalten, eine „frische geistige Anregung tut ihm von Herzen not".

Da Stifters Zeit knapp bemessen ist, bricht man sogleich, ungeachtet des schlechten Wetters, zu gemeinsamer Wanderung ins nahe Echerntal auf, die Eingangspforte zur Dachsteinwelt. Frau Amalie bleibt im Gasthof zurück, sie ist an diesem Tag unpäßlich.

Es wird „eine Promenade mit fortgesetzten Hindernissen": Ob an den „malerischen Häusergruppen des Marktes", an „den uns begegnenden Menschen", an den „wunderlich geschichteten Felsmassen der Echernwand", an den „bunten Baumständen des Talgrundes" oder an „den unaufhörlich wechselnden Szenerien des Waldbachs" – immerzu gibt es „Neues zu beschauen und zu bereden".

Nach etwa einer halben Stunde Fußmarsch – man hat inzwischen die vom Waldbach betriebene Echernmühle und die in deren Schatten malerisch gelagerte Felsgruppe erreicht – lädt

Stifter seinen Begleiter zu kurzem Verweilen ein. „Nichts fehlt zu dem Bilde", resümiert er das Geschaute, „als eine passende Staffage." Und genau in diesem Augenblick, als beeilte sich eine freundliche Waldfee, ihm seinen Wunsch zu erfüllen, taucht „ein pausbäckiges Kinderpaar mit riesigen Filzhüten auf den kleinen Köpfen und mit regendurchtränkten Grastüchern überm Rücken hinter den Steinblöcken hervor, uns Erdbeeren zum Kauf anbietend".

Stifter geht spontan auf den Handel ein, bezahlt den beiden – dem etwa elfjährigen Buben und seiner kleinen Schwester – ihre Ware, fordert sie jedoch auf, die Früchte selber zu verzehren, und bittet sie im übrigen, mit ihm und Simony einen nahen Bretterschuppen aufzusuchen und ihnen zu berichten, wo sie herkämen und wo sie sich während des Unwetters aufgehalten hätten.

Beherzt geben die Kleinen Auskunft: Sie seien des Morgens von der Mutter auf die Wiesalpe geschickt worden, um dem dort lebenden Großvater „Kost" zu bringen, auf dem Rückweg hätten sie im Holzschlag am Ursprungskogel, wo der Waldbach seinen Quell hat, Walderdbeeren gesammelt, und als das Wetter gar zu „garstig" geworden sei, hätten sie hinter einem vorstehenden Felsen Unterschlupf gesucht, bis das Donnern vorbei gewesen sei. „Und jetzt sind wir da."

Stifter, hell entzückt von so viel treuherzig-naivem Liebreiz, kann von den beiden nicht genug bekommen. Er ermuntert sie, mit ihrem Bericht fortzufahren, und so erfährt er dies und das vom Leben und Treiben der ärmlichen Älplerkinder, von der Mutter und vom „Ahndl", von der „Rührmilch", die ihnen die Kathl zum Trinken gegeben, von der Kathl ihrer Kuh, die sich zwischen den Steinen den Fuß verklemmt und nicht weitergekonnt, bis ihr der Jagerhansl herausgeholfen habe – und so weiter und so fort. Am Ende ihrer Erzählung sind die Erdbeeren aufgezehrt, Stifter drückt den Kindern noch eine weitere Münze in die Hand, dann treten die zwei den Heimweg an.

Auch Stifter und Simony brechen auf: Vielleicht haben sie Glück und erreichen noch vor Einbruch der Abenddämmerung den Wasserfall am Waldbachstrub. Das Naturschauspiel der über die majestätischen Felswände herunterdonnernden Wassermassen ist nach dem jüngst erfolgten Gewitterguß doppelt eindrucksvoll, und da Stifter mit Simony den rechten Fachmann zur Seite hat, ihm Ursprung und Ablauf des Phänomens in all seinen wissenschaftlichen Details zu erläutern, wird ihm auf diesem Ausflug noch ein zweites packendes Erlebnis zuteil: Er erfährt, daß der Waldbach des Echerntals eine Art „Gletscheruhr" sei. Sechs Stunden nach Beginn der Gletscherschmelze treffe das Eiswasser im Hochtal ein und lasse den Bach schlagartig anschwellen. Simony, vom gebannten Lauschen seines Begleiters animiert, legt noch ein Schäuferl nach und erzählt Stifter von einer seiner abenteuerlichen Gletscherwanderungen im Dachsteingebiet, die ihn tief ins Innere einer Eishöhle geführt habe.

Als man anderntags, auf Visite im Hallstätter Arbeitszimmer des Naturforschers, dessen Skizzensammlung studiert und dabei auch auf ein „ziemlich getreu gemaltes Bild jener Gletscherhöhle" trifft, wird Simony Zeuge, wie die beiden großen Erlebnisse des Vortages, die Begegnung mit den Erdbeerkindern und der Bericht über die Gletscherhöhle, in Stifters Phantasie zu einer gemeinsamen Vision verschmelzen:

„Ich habe mir jetzt das Kinderpaar von gestern in diesen blauen Eisdom versetzt gedacht. Welch ein Gegensatz wäre dies liebliche, aufknospende, frisch pulsierende Menschenleben zu der grauenhaft prächtigen, starren, todeskalten Umrahmung! Vielleicht stehle ich Ihnen einmal dieses Bild, wenn Sie nicht vorziehen, es selbst unter die Leute zu bringen."

Noch im selben Jahr macht Stifter seine Absicht wahr: Im Dezember 1845 erscheint die Erstfassung seiner Erzählung „Bergkristall" im Druck – unter dem provisorischen Titel „Der heilige Abend". Denn dies ist ein Weiteres, das er der Fabel hinzufügt: Er läßt Konrad und Sanna (wie er die beiden Protagonisten nennt) nicht an einem x-beliebigen Tag sich im Schneetreiben verirren, sondern an einem 24. Dezember. Und kreiert damit eine der rührendsten Weihnachtserzählungen der Weltliteratur. Das Wunder, mit dem er das dramatische Geschehen ausklingen läßt, ist ein doppeltes: Konrad und Sanna, von Leuten aus dem Dorf gerettet, werden heil ins Tal zurückgebracht, und ihre Mutter, bis dato als Zugezogene geächtet, wird endlich in die Dorfgemeinschaft aufgenommen. Unter dem neuen Titel „Bergkristall" geht „Der heilige Abend", als 1853 die Buchversion folgt, in die Sammlung „Bunte Steine" ein. Als deren Herzstück.

Aber noch ist es nicht soweit. Das Ehepaar Stifter weilt den zweiten Tag in Hallstatt, das Schlechtwetter hält an, die im „Grünen Baum" festsitzenden Touristen sind dankbar, nach dem

14

„Das Karls-Eisfeld im Oktober 1840 – nach der Natur aufgenommen von Friedrich Simony"

Nachtmahl wenigstens noch in geselliger Runde Konversation treiben zu können. Es sind ihrer vierzehn: ein Landrichter nebst Gattin, ein geistlicher Herr aus dem Hausruckviertel, ein Gymnasialprofessor, „auf welchem ersichtlich die ernste Erhabenheit des klassischen Altertums lastet", ein junger „Landschafter", zwei junge Damen in Begleitung ihres Vaters, „wahre Seraphgestalten von unbeschreiblicher Anmut", drei Urlauber aus Norddeutschland – und schließlich Friedrich Simony und das Ehepaar Stifter.

Reden zunächst alle bunt durcheinander, so übernimmt nach und nach Stifter die Führung, und am Schluß ist nur noch er am Wort. „Wie von einem Zauber befangen", so wird Friedrich Simony zu dauernder Erinnerung an den denkwürdigen Abend in sein Tagebuch eintragen, „bildete die ganze Gesellschaft ein einziges aufmerksames Auditorium. Stifters Vortrag war ein fortgesetztes Zeichnen und Malen von Personen und Dingen in Worten. Ohne allen deklamatorischen Aufputz fesselte er ganz unwiderstehlich. Und was vor allem reizend war an dem Abend, war die Schilderung des Kinderpaares, welches uns am Tage zuvor auf dem Gange nach dem Waldbachstrub begegnet war. Wohl länger als eine Stunde hatte Stifter ununterbrochen gesprochen. Es war nahezu Mitternacht geworden, als die Gesellschaft auseinanderging."

Am nächsten Tag treten Adalbert und Amalie Stifter die Heimreise nach Wien an. Bei der Verabschiedung von Simony trägt der Ältere dem Jüngeren das Du-Wort an, auch verspricht man einander für die Zukunft „eifrigeren geistigen Austausch". Doch mit Ausnahme eines Kurzbesuchs in Wels, wo Stifter Simonys künftige Frau kennenlernt, kommt es zu keiner weiteren Begegnung des Dichters mit dem Forscher, und ein umfänglicher Brief, den dieser an jenen richtet, bleibt ohne Antwort. Simony, dadurch in seiner Verehrung für Stifter freilich nicht im mindesten beeinträchtigt, glaubt den Grund für dessen Schweigen zu erraten: „Wohl mochte er erfahren haben, daß mir der Himmel ein Glück beschieden hatte, welches ihm versagt geblieben war – ein Glück, das er über alles pries, das er so tief empfand und umso schwerer vermißte." Unter seiner Kinderlosigkeit leidend, scheut Stifter jede Konfrontation mit fremdem Elternglück. Den Dank, den er Friedrich Simony schuldet, stattet er auf andere Weise ab: indem er die Hauptfigur seines Hauptwerks „Der Nachsommer", den Geologen Heinrich Drendorf, mit mancherlei Zügen dieses ebenso genialen wie liebenswerten Mannes ausstattet, der ihm während dreier Hochsommertage des Jahres 1845 eine ganze Welt erschlossen hat.

Auf ausgedehnten Streifzügen durch die österreichischen Alpen erstellt dieser Heinrich Drendorf Schritt für Schritt einen geologischen Befund der Region, dessen Präzision einen Autor von beträchtlicher alpinistischer Erfahrung vermuten läßt. Doch der Eindruck trügt: Stifter ist über ein paar Hügel mittlerer Höhe niemals hinausgekommen. Er schöpft zu einem Gutteil aus Friedrich Simonys Schriften – freilich nie plump plagiierend, sondern seine Fundstücke behutsam dem eigenen dichterischen Duktus anverwandelnd.

Simony ist der rare Typ des Forschers, dem auch reiche sprachliche Mittel zu Gebote stehen – so etwa, wenn er das Abenteuer einer Nächtigung auf dem Dachsteingipfel schildert:

„Aus dem Schwarz der unermeßlichen Tiefe zu meinen Füßen stiegen von Zeit zu Zeit ganz kleine Nebelgebilde auf, und indem sie dem Monde entgegenzusteigen schienen, gestalteten sie sich alle Augenblicke zu neuen phantastischen Formen.

Einige Minuten nach halb drei Uhr überraschte mich ein prachtvoller Meteor. Er stieg unmittelbar hinter dem Hochgolling auf und beschrieb in der Richtung von Nordwest einen Bogen von beinahe 120 Grad, worauf er zerplatzte. Sein Lichtglanz war außerordentlich. Er glich einer ungeheuren mit Brillantfeuersatz gefüllten Rakete, die, nach rückwärts einen langen Strahl von Myriaden Funken entsendend, auf ihrem Kopf eine feuersprühende Leuchtkugel trägt und in ruhiger Majestät sich über den Himmel hinbewegt, bis sie unter Krachen in tausend Gluttrümmer zerbirst."

Urbild des Heinrich Drendorf im „Nachsommer“: Friedrich Simony

Nach halb fünf bricht der neue Tag an:

„Ich konnte die Gottheit bei der Staffelei ihres täglich neu werdenden Werkes belauschen, wie sie das Schleiertuch der Nacht vom Bilde abrollt und nun allmählich mit der Prometheusfackel das Feuer des Lebens entflammt. Ich habe ihn gehabt, diesen Genuß – er schuf mir die schönste Stunde meines Lebens."

Im Gegensatz zum „Nachsommer", den Stifter ohne das aufmerksame Studium von Friedrich Simonys Publikationen nicht hätte schreiben können, kommt er bei der Erzählung „Bergkristall" mit dessen mündlichen Schilderungen während seines Hallstatt-Aufenthaltes und mit den Gletscherskizzen in dessen Arbeitsmappe aus. „Unübertrefflich schön" findet Simony das Resultat, als er eines Tages wieder einmal in seinen Stifter-Bänden blättert:

„Die Kinder gingen in das Gewölbe hinein, und immer tiefer hinein. Es war ganz trocken, und unter ihren Füßen hatten sie glattes Eis. In der ganzen Höhlung aber war es blau, so blau, wie gar nichts in der Welt ist, viel tiefer und viel schöner blau als das Firmament, gleichsam wie himmelblau gefärbtes Glas, durch welches lichter Schein hineinsinkt. Es waren dickere und dünnere Bogen, es hingen Zacken, Spitzen und Troddeln herab, der Gang wäre noch tiefer zurückgegangen, sie wußten nicht wie tief, aber sie gingen nicht mehr weiter. Es wäre auch sehr gut in der Höhle gewesen, es war warm, es fiel kein Schnee, aber es war so schreckhaft blau, die Kinder fürchteten sich und gingen wieder hinaus.

Sie gingen an dem Eise hin, sofern es möglich war, durch das Getrümmer und zwischen den Platten durchzudringen.

‚Wir werden jetzt da noch hinübergehen und dann von dem Eise abwärts laufen‘, sagte Konrad.

‚Ja‘, sagte Sanna und klammerte sich an ihn an.

Mit dem Starkmute der Unwissenheit kletterten sie in das Eis hinein, um den vorgeschobenen Strom desselben zu überschreiten und dann jenseits weiter hinabzukommen.

Aber es gab kein Jenseits.

Und es war auch endlich finster geworden.

‚Sanna‘, sagte der Knabe, ‚wir können nicht mehr hinabgehen, weil es Nacht geworden ist und weil wir fallen oder gar in eine Grube geraten könnten. Wir werden da unter die Steine hineingehen, wo es trocken und so warm ist, und da werden wir warten. Die Sonne geht bald wieder auf, dann laufen wir hinunter. Weine nicht, ich bitte dich recht schön, weine nicht, ich gebe dir alle Dinge zu essen, welche uns die Großmutter mitgegeben hat.‘"

Wer Adalbert Stifters „Bergkristall"-Wanderung durchs Echerntal nachvollziehen will (was jedem, der nach Hallstatt kommt, angelegentlich empfohlen sei), versehe sich – wie der Dichter – mit kundigem örtlichem Beistand. Der meine ist Hans Jörgen Urstöger – schon der Name spricht für sich. Urstöger ist im Hauptberuf Produktionsleiter im Hallstätter Salzbergbau, daneben Museumskustos und Heimatforscher und als solcher der Verfasser der „Hallstatt-Chronik", in der die folgenreiche Begegnung Adalbert Stifters und Friedrich Simonys freilich nicht viel mehr als den Rang einer Fußnote einnimmt. Im Simony-Zimmer des Heimatmuseums zeigt mir Urstöger Geologenhammer, Meßglas und Zirkel des großen Forschers; aus den Depotschubladen des Museums, in dem ansonsten das Prähistorische dominiert, holt er die kostbaren handgezeichneten Panoramen und Gletscherbilder hervor, aus den Regalen der Bibliothek Simonys dreibändiges Standardwerk „Das Dachsteingebiet. Ein geographisches Charakterbild aus den österreichischen Nordalpen". Begriffe wie „Freihandaufnahme", „Photolithographie", „Atlastafel" und „Lichtdruck" bezeugen die Entwicklung der Dokumentationstechnik gegen Ende des vorigen Jahrhunderts. Zuerst „nach der Natur gezeichnet und radiert", später „nach photographischen Aufnahmen gemalt" – es wäre ein Thema für sich. Und ein Thema für sich wären auch Simonys Exkurse in die Botanik: „Absterbende Zirben" heißt eines der wohlgelungenen Hochgebirgsaquarelle von seiner Hand.

Urstöger kennt sich in allem aus: Er weist mir den Weg über die „Bedeckte Stiege" zum Kirchenvorplatz, wo Stifter und Simony zusammentreffen; er zeigt mir die Stelle am Seeufer nahe der evangelischen Kirche, wo ich mir Simonys Hauptquartier, den Stadlerschen Gasthof, zu denken habe; und er weiß natürlich auch ganz genau, wo die Echernmühle gestanden ist, in deren Nachbarschaft Stifter das aufwühlende Erlebnis mit den erdbeerbrockenden Gebirgskindern hat: Es ist jenes Terrain unweit der heutigen Jausenstation Dachsteinwarte, wo in Gestalt eines Wegweisers aus lange vergangenen Tagen, der allen Ernstes für das „ganzjährig bewirtschaftete" Wiesberghaus mit „voller Pension für 6 bis 7 Schilling" wirbt, die Zeit stehengeblieben zu sein scheint. Auch in die Tarife der Sesselträger, die zu Stifters Zeiten „gehscheue" Touristinnen über den im letzten Drittel stark ansteigenden Echerntalweg zum Waldbachstrub befördern, weiht Gewährsmann Urstöger mich ein; er klärt mich darüber auf, daß es reichbesiedelter römischer Grund war, über den Stifter und Simony gewandert sind, daß der heute so stille Waldbach also in alten Zeiten von Villen und Wirtschaftsgebäuden, von Heizanlagen und Bädern gesäumt war; er lehrt mich die in den Souvenirläden angebotenen Bergkristalle – reine Importware! – von den Salzkristallen der Gegend unterscheiden; und er erweist sich schließlich auch als profunder Wetterprophet, als er mir dringend anrät, noch am selben Tag zu dem geplanten Echerntal-Fußmarsch aufzubrechen, bevor das aufkommende Schneegestöber ein solches Unternehmen unmöglich mache.

Daß ich das letzte Stück der Wanderung bei einfallender Finsternis zurücklege, will mir nicht unbedingt ein Nachteil scheinen: Auf den Spuren von Konrad und Sanna keiner Menschenseele zu begegnen, die mir im Falle des Verirrens den rechten Weg weisen könnte, verschafft mir einen Anflug jenes Schauderns, das die Dramatik von Stifters „Bergkristall" ausmacht …

STÖREN BEI TODESSTRAFE VERBOTEN

Gustav Mahler in Steinbach

Berchtesgaden, wo man im Vorjahr die Sommerferien verbracht hat, war schön, aber mit zu viel Ablenkung verbunden. Wie soll man da zum Komponieren kommen? In Hamburg, wo Gustav Mahler als erster Kapellmeister des Stadttheaters unter Vertrag steht, ist es sowieso unmöglich: Die Hektik des Bühnenbetriebs läßt keinerlei Beschäftigung mit größeren Werken zu; da kann er schon froh sein, wenn es ihm wenigstens gelingt, sich ab und zu ein Lied abzuringen; „Des Knaben Wunderhorn" ist im Entstehen.

Jetzt, im Sommer 1893, will der Dreiunddreißigjährige endlich die Zweite Symphonie vollenden und sogleich die Dritte in Angriff nehmen. Wenn also Justine, seine Schwester, abermals Quartiermacherin spielt und nach einem geeigneten Ferienretiro Ausschau hält, soll es vor allem ein ruhiger Platz sein, an dem man ungestört arbeiten kann. Weitere Bedingungen: Landschaftlich reizvoll muß es sein und preiswert – seit dem Tod der Eltern vor fünf Jahren kommt Gustav Mahler für seine jüngeren Geschwister auf.

Justine Mahler, begleitet von Gustav Mahlers Seelenfreundin Natalie Bauer-Lechner, wird am Attersee fündig. In Steinbach, einem ruhigen Dorf am Ostufer, gibt es einen verschlafenen Landgasthof, in dem man eine komplette Etage mieten kann. Wenn man zu fünft anreist – Gustav, Justine, Emma, Otto und Natalie –, sind diese fünf Schlafkammern samt eigener Küche, Speisezimmer und großem Balkon genau das Richtige. Justine schließt für zweieinhalb Monate ab: von Mitte Juni bis Ende August.

Die spartanische Einrichtung im Gasthof „Zum Höllengebirge" wird mit einfachstem Mobiliar, das man aus rohem Holz zusammenzimmern und mit billigem Kreton verkleiden läßt, aufgebessert. Ein ledernes Sofa, das je nach Bedarf von einem ins andere Zimmer transportiert wird, bildet das Prunkstück. Aus Wien wird ein Stutzflügel herangeschafft.

Steinbach hat auch den Vorteil, daß in Momenten, wo man der schöpferischen Ruhe überdrüssig und auf vertraute Geselligkeit aus ist, enge Freunde in der Nähe sind: In Nußdorf, am gegenüberliegenden Ufer des Sees, logieren der Sozialistenführer Victor Adler und der Publizist Engelbert Pernerstorfer mit ihren Familien.

Um den 20. Juni 1893 hält der Mahler-Troß in Steinbach Einzug. Am Vormittag bleibt der „Ferienkomponist" (wie man Gustav Mahler in Anspielung auf seine Zwangslage, wegen der starken Inanspruchnahme als Kapellmeister für jegliche schöpferische Arbeit auf die sommerliche Theaterpause angewiesen zu sein, nennen wird) auf seinem Zimmer und schreibt; nach Tisch und Mittagsschlaf unternimmt man gemeinsame Spaziergänge und Radpartien in die nähere Umgebung. Die Quartierwahl erweist sich als vortrefflich: Gustav Mahler kommt mit seinem Arbeitspensum gut voran, schafft innerhalb weniger Wochen das Andante und das Scherzo der Zweiten Symphonie, die Lieder „Des Antonius von Padua Fischpredigt" und „Rheinlegendchen" sowie einiges mehr.

Und doch – ganz ideal ist es nicht. Der Gasthof „Zum Höllengebirge" liegt dicht an der Uferstraße; andere Logiergäste gibt es zwar keine, wohl aber zu den Mahlzeiten einkehrende Ausflügler; und auch die ständige Nähe der eigenen Familienmitglieder führt zu Irritationen des auf totale Abgeschirmtheit erpichten Künstlers. Wenn Gustav Mahler ans Fenster seines Zimmers tritt, fällt sein Blick auf eine feldblumenübersäte Wiese, die sich, einer Landzunge gleich, von der Hinterfront des Gasthofs bis ans Seeufer erstreckt. Sich hierher zur Arbeit zurückzuziehen, den Seinen nahe und doch von ihnen abgesondert, schiene ihm ideal, und so reift in ihm ein wahrlich extravaganter Plan: Wie wär's, wenn er sich an den Ausläufern dieser Wiese, schon dicht gegen das Wasser zu, ein Häuschen errichten ließe, in dem er ganz für sich allein ist?

Schwester Justine und Freundin Natalie, für alles Organisatorische des praktischen Alltags zuständig, nehmen die Sache in die Hand. Mit den Besitzern wird man rasch einig: Sowohl die junge Anna Scheicher, der der Grund gehört, wie der Pächter, der die

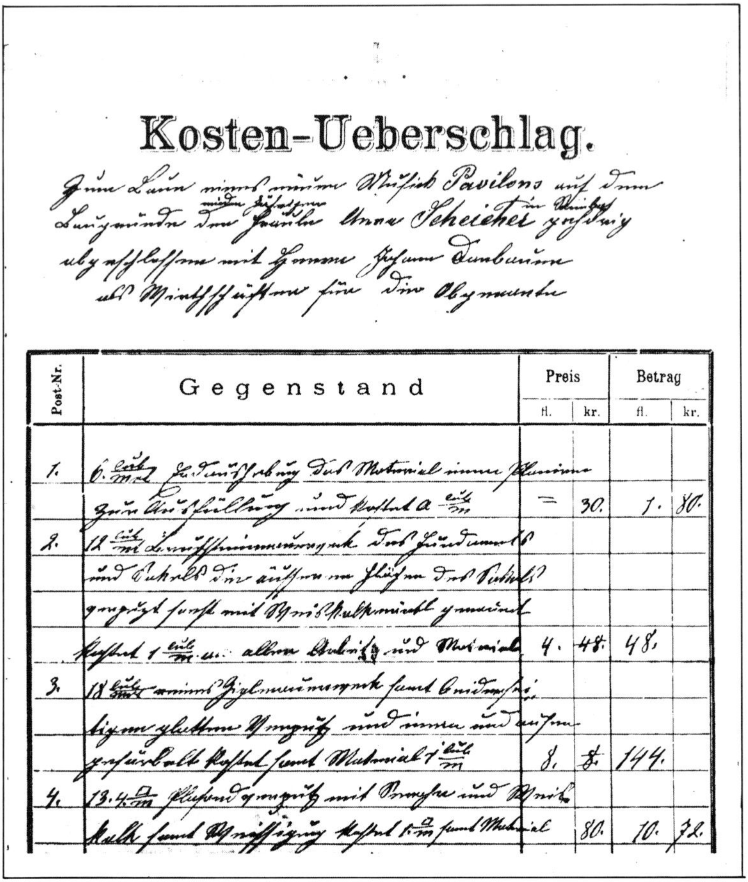

Kosten-Ueberschlag.

Zum Baue eines neuen Musik Pavilons auf dem Baugrunde der [illegible] Frau Anna Scheicher gehörig abgeschlossen mit Herrn Johann [illegible] als Wirthschaftsführer für die [illegible]

Post-Nr.	Gegenstand	Preis fl.	Preis kr.	Betrag fl.	Betrag kr.
1.	6 cub/m Fundamentaushebung das Material [illegible] zur Ausfüllung und Kostet à cub/m	=	30.	1.	80.
2.	12 cub/m Bruchsteinmauerwerk das Fundament und Sockel die äußeren Flächen des Sockels gefugt sammt mit Weißkalkmörtel gemauert Kostet 1 cub/m m. allem Arbeits und Material	4.	48.	48.	
3.	18 cub/m [illegible] Ziegelmauerwerk sammt beiderseitigen glatten Verputz und innen und außen gefärbelt Kostet sammt Material 1 cub/m	8.	8.	144.	
4.	13.4 □/m [illegible] mit [illegible] und Weiß Kalk sammt [illegible] Kostet 1 □m sammt Material		80.	10.	72.

„Kostenüberschlag zum Baue eines neuen Musikpavillons“: 395 Gulden und 94 Kreuzer für das Komponierhäuschen

Gastwirtschaft betreibt, stimmen der Übereignung des zu dieser Zeit wertlosen Fleckchens Land zu, Baumeister Josef Lösch im nahen Schörfling erstellt einen detaillierten „Kosten-Überschlag". 395 Gulden und 94 Kreuzer werden für die primitive Hütte veranschlagt, die aus nichts als einem einzigen quadratischen Raum besteht, mit Doppelfenstern nach drei Seiten und einer Glastür, die zum Gasthof weist. Ein roher, schindelgedeckter Dachstuhl schließt das Gehäuse nach oben hin ab. An Mobiliar braucht man nur einen Tisch, ein paar Sessel und – nicht zu vergessen! – ein Öfchen, das an kühlen Tagen mit Holzfeuer geheizt wird. Und natürlich muß der Stutzflügel darin Platz finden, den man bei einer Wiener Piano-Fabrik ausgeborgt hat.

Noch im Herbst 1893 – Gustav Mahler ist längst wieder in Hamburg, seine Geschwister sind nach Wien zurückgekehrt – liegen die Pläne vor. Baumeister Lösch kassiert 45 Gulden Anzahlung, die zweite Rate wird nach Fertigstellung des Häuschens, der Rest im Jahr darauf fällig.

Im Frühjahr 1894 inspiziert Natalie Bauer-Lechner die Baustelle und moniert sogleich den schleppenden Fortgang der Arbeiten. „Ich war enttäuscht", schreibt sie in einem an „Wohlgeboren Bau- und Maurer-Meister Franz Lösch in Schörfling" adressierten Kartenbrief, „den Musikpavillon noch in so unfertigem Zustande anzutreffen, denn das Ziegelwerk muß doch längst trocken sein, um den Bau fertig machen zu können! Ich bitte Sie dringendst, nun aber wenigstens umgehend daran zu schreiten, denn die Familie Mahler trifft schon zu Pfingsten in Steinbach ein, und Director Mahler wäre unglücklich und wütend, wenn sein Pavillon nicht fix und fertig wäre."

Das stimmt zwar nicht: Gustav Mahler wird nicht vor dem 10. Juni in Steinbach eintreffen, aber die besorgte Freundin will dem säumigen Baumeister Dampf machen. Auch dringt sie, was die Details der Ausführung betrifft, auf volle Erfüllung des Vertrages.

Am 30. Mai geht ein zweites Mahnschreiben nach Schörfling: „Wir sind bereits hier und mit dem Pavillon sehr zufrieden, nur eines müssen Sie unbedingt noch machen, da es sonst einfach in einem wichtigen Punkt nicht zu brauchen ist und der Vereinbarung nicht entspricht: Es sind die Fensterverschlüsse ..." Der peinlich genauen Auflistung sämtlicher festgestellten Mängel folgt die strenge Aufforderung zu deren unverzüglicher Behe-

„Im Schnützelputzhäusel, da tanzen die Mäusel":
Mahlers Komponierhäuschen in Steinbach am Attersee

bung: „Das Geld (die diesjährige Rate) erhalten Sie sofort, wenn dies in Ordnung ist."

Baumeister Lösch erledigt alles zur Zufriedenheit seiner Auftraggeber, und so kann Gustav Mahler schon am fünften Tag seines zweiten Steinbach-Aufenthalts, am 15. Juni 1894, an seinen Freund und Englisch-Lehrer, den Physiker Arnold Berliner, brieflich berichten:

„Ich bin in der Arbeit! Das ist die Hauptsache! Mein Häuschen (auf der Wiese), neu gebaut, ein idealer Aufenthalt für mich! Kein Laut in der weiten Runde! Umgeben von Blumen und Vögeln (welche ich nicht höre, sondern nur sehe) …"

Und auch einen zärtlichen Namen hat er für sein „Arbeits-Sanctuarium" parat: „Schnützelputzhäusel" nennt er es in Anspielung auf eines der Gedichte aus Arnim Brentanos Liedsammlung „Des Knaben Wunderhorn", die er gerade vertont. „Im Schnützelputzhäusel, da tanzen die Mäusel!" Sollte dem wirklich so sein, werden es die beiden Kätzchen zu schätzen wissen, die Mahler, wenn er frühmorgens das Haus verläßt, in seine Rocktaschen steckt und ins Komponierhäuschen mitnimmt, auf daß sie ihm dort Gesellschaft leisten. Von anderem Getier wird später

24

Kollege Bruno Walter zu berichten wissen, der Gustav Mahler in seinem Allerheiligsten besuchen darf: Inzwischen dicht von Efeu bewachsen, wimmle es auf dem Dach von „unzähligen Käfern", die beim Öffnen der Tür auf den Eintretenden „herabgeschüttelt" werden …

Seine Begleitung hat sich Mahlers strenger Tageseinteilung sklavisch zu unterwerfen. Um anderntags frisch zu sein, geht er früh zu Bett, gegen halb sieben steht er auf und begibt sich aus dem Gasthof ins Komponierhäuschen, wo schon das Frühstück, das er stets allein einnimmt, für ihn bereitsteht. Die erste Zeit hält er sich an die vereinbarte Mittagsstunde und erscheint pünktlich um zwölf zum gemeinsamen Mahl, doch mit der Zeit und mit zunehmender Intensität seiner Arbeit wird es später und später, und nicht selten müssen die hungrigen Geschwister bis drei warten, ehe sich die Tür des Komponierhäuschens öffnet. Bleibt es geschlossen, so darf er „bei Todesstrafe" – wie Natalie Bauer-Lechner ihrem Tagebuch anvertraut – von nichts und niemandem gestört werden. Auch noch so dringende Telegramme, auch noch so wichtige Besucher sind unter allen Umständen zurückzuhalten.

Da Mahler zu Migräne neigt, die seine Tätigkeit lahmlegen könnte, kommt nur leichte Diätkost auf den Tisch, an Getränken bevorzugt er einfaches klares Quellwasser. In der Regel ein mäßiger Zigarettenraucher, greift er höchstens, wenn er sich für einen besonders gelungenen musikalischen Einfall belohnen will, nach Tisch zu einer der kostbaren Importzigarren, die man ihm zum Geschenk macht, und wenn es einen „größeren" Arbeitsabschluß zu feiern gilt, wird für den folgenden Tag ein Ausflug vorbereitet, der entweder ins Höllengebirge, ins sogenannte „Moos" oder an die Langbath-Seen führt. Im Rucksack nimmt man gebratenes Hühnerfleisch als Proviant mit; die Thermosflasche mit dem unentbehrlichen schwarzen Kaffee wird im Wasser eines Gebirgsbachs, in dessen Nähe man rastet, eingekühlt.

Der Egozentrik des Künstlers, nach dessen Pfeife alles zu tanzen hat, ist sich Gustav Mahler wohl bewußt, und in einem seiner Briefe an die Geliebte jener Tage, die Sängerin Anna von Mildenburg, klagt er sich sogar einer gewissen Rücksichtslosigkeit an:

„Ich arbeite, lese, gehe spazieren, wie es die Stimmung mit sich bringt. Aber die armen Spatzen, Justi und Emma, die haben es doch zu schlecht, und ich fühle mich ordentlich als Raben-

„Der Herr ist nicht richtig im Kopf": Gustav Mahler

bruder, daß ich die schon seit vier Jahren in diese Einöde her-
schleppe, bloß weil ich den Sport habe, Symphonien und anderes
zu komponieren!"

Mit verteilten Rollen sind sie in stetem Einsatz, jeglichen
Lärm, der Gustav Mahler bei der Arbeit stören könnte, von ihm
fernzuhalten. Natalie Bauer-Lechner, die auch hierin die
Beflissenste ist, gibt dazu in ihren Tagebuchaufzeichnungen
Köstliches zu Protokoll:

„Was sich rührte und den mindesten Laut von sich gab, ward
weit und breit aus dem Umkreis des Häuschens verjagt. Um die
zahlreichen Dorfkinder für ihn unschädlich zu machen, hatten wir
ein ganzes System ausgesonnen, sie fern und still zu halten. Es
war ihnen nicht nur verboten, einen Fuß auf Mahlers Wiese zu

setzen oder am See bzw. im See zu spielen und zu baden, sondern auch auf der Straße und in den Häusern durften sie nicht mucksen, was wir durch Bitten und Versprechungen, Naschwerk und Spielzeug erreichten.

Kam ein Leiermann oder wandernde Musikanten, so stürzte man sogleich mit einem ‚Abfindungszehnerl' auf sie los, daß sie mitten im Ton verstummten. Aber auch jedes Getier: Hunde, Katzen, Hühner und Gänse konnten ihres Lebens in unserer Nähe nicht froh werden; sie wurden vertrieben und eingesperrt oder, wollten sie gar keine Ruhe geben, gekauft und verzehrt, um ihre Stimmen aus der Welt zu schaffen. Ein förmlicher Krieg wurde mit den Raben geführt, die Mahlers Halbinsel umlagerten und umkreisten. Wir ließen für einen Gulden Belohnung ihre Nester abnehmen und forttragen. Ein erschossener Rabe aber hing zur Warnung und Abwehr für die krächzende Schar neben dem ‚Schnützelputzhäusel'. Zu solchen Gewaltmaßregeln sah sich Mahler um seiner Ruhe willen getrieben, er, der keine Fliege und keinen Käfer unnötigerweise ums Leben bringen sehen konnte und der ein Feind der Jagd als eines greulichen Barbarismus war. Auf die andere Seite des Häuschens aber war ein gräßlicher Popanz hingestellt, bestehend aus einem Heubündel mit quer durchgezogenem Besenstiel als Leib und Arme und einem Kürbishaupt, mit einem Schwimmkleid Justis, einem Rock Emmas und einem Riesenhut von mir angetan, zum Schreck für Mensch und Tier."

Natalie Bauer-Lechner, selbst ausübende Musikerin, zieht sich, wenn sie auf der Bratsche üben will, von sich aus in ein leerstehendes Nachbarhaus zurück. Mehr als einmal geschieht es, daß sie panikartig aus dem Spiel herausgerissen und zu schnellstmöglichem Einschreiten alarmiert wird – etwa wenn sich Mahler durch „pfeifende Schnitter" auf einer angrenzenden Wiese oder „sing- und streitlustige Bauern" im Gasthausgarten gestört fühlt. Dann „war es meiner ganzen Schlauheit und Überredungskunst anheimgegeben, den Ruhestörern begreiflich zu machen, was wir von ihnen wollten, und sie durch Bier, Trinkgeld oder weiß Gott was sonst zum Schweigen zu bringen. Wollte es gar nicht gelingen, so sagte ich ihnen, der Herr sei nicht ganz richtig im Kopf ..."

So ist Gustav Mahlers extreme Lärmempfindlichkeit für manchen Schlaukopf am Ort eine willkommene zusätzliche Einnahmequelle: Knechte kassieren einen Gulden, damit sie ihre Sensen und Sicheln nicht in Hörweite dengeln, und dem im nahen Unterach residierenden Alexander Girardi wird der bösartige Scherz nachgesagt, einen Werkelmann für einen Gulden vor Mahlers Komponierhäuschen aufspielen zu lassen, woraufhin dessen Schwestern den Unseligen mit zwei Gulden zum Verstummen bringen müssen und der Überglückliche, ohne sich weiter gemüht zu haben, mit einem Gewinn von drei Gulden von dannen zieht …

Was würde ein Mann wie Gustav Mahler zu der Rücksichtslosigkeit sagen, die heutzutage allenthalben regiert? Was er seiner Vertrauten Natalie Bauer-Lechner zum Thema „Brutalität der Geräusche" sagt, klingt jedenfalls wie ein Zwischenruf von einem andern Stern:

„Er erzählte mir, schon als Kind habe er gewünscht, unser Herrgott hätte doch jeden Menschen so ausgestattet, daß im Nu, wenn er zu laut wird, ihn etwas wie ein innerlicher ‚Knüppel aus dem Sack' tüchtig prügeln und sofort zum Schweigen bringen sollte. ‚Ich bin sicher', sagte er daran anschließend, ‚daß die Menschheit in irgend einer späteren Epoche gegen Geräusche so empfindlich sein wird wie jetzt etwa gegen Gestank und daß es die schärfsten Strafen und öffentliche Maßregeln gegen Verletzung des Gehörs geben wird.'"

Ist es für den Komponisten schon unerträglich, durch Lärmbelästigung bei seiner Arbeit gestört zu werden, so gibt es für ihn nichts Verbrecherischeres, als obendrein auch noch belauscht zu werden: „Könnt ihr es nicht begreifen, wie einem das jede Möglichkeit des Schaffens benimmt? Welche Indiskretion und Unzartheit, die jede innere Scham verletzt, liegt darin, noch Ungewordenes, erst im Entstehen Begriffenes fremden Ohren preiszugeben! Es ist mir, als wenn die Mutter sich entblößen und das Kind im Mutterleib der Welt zeigen wollte, bevor es geboren ist."

Der Vergleich des Komponierens mit dem Austragen der Leibesfrucht, mit Zeugung, Schwangerschaft und Niederkunft zieht sich übrigens auch durch die Korrespondenz, die Gustav Mahler von seinem Sommersitz am Attersee aus führt. Seinem Jugendfreund, dem Archäologen Friedrich Löhr, schreibt er am 29. Juni 1894 aus Steinbach:

„Lieber Fritz! Melde hiemit die glückliche Ankunft eines gesunden, kräftigen letzten Satzes der Zweiten. Vater und Kind befinden sich den Umständen angemessen; letzteres ist noch nicht außer Gefahr."

Manchmal packt ihn das nackte Grauen, wenn ihm klar wird, auf welch ungeheuerliches Unternehmen er sich da eingelassen hat. „Das ist weit, weit über Lebensgröße, und alles Menschliche schrumpft wie ein Pygmäenreich dagegen zusammen", vertraut er Natalie Bauer-Lechner an, als er sich mit ihr nach getaner Arbeit zu gemeinsamem Spazierengehen trifft. „Wahres Entsetzen faßt mich an, wenn ich sehe, wohin das führt, welcher Weg der Musik vorbehalten ist, und daß mir das schreckliche Amt geworden, Träger dieses Riesenwerkes zu sein."

Hinzu kommt, daß er auch vor den kolossalen Ansprüchen erschrickt, die er an die Orchester stellt: „Ich brauche fünf Trompeten, zehn Hörner und sechs Klarinetten. Die finde ich nirgends vor, und nirgends wird man sie mir bewilligen wollen ... Ich laufe Gefahr, überall wegen meiner maßlosen Forderungen angefeindet und gar nicht aufgeführt zu werden."

Auch in den folgenden Sommern 1895 und 1896 weilt der „Ferienkomponist" in Steinbach. Die Zweite Symphonie ist nun abgeschlossen, die Dritte in Arbeit, und was deren Titel („Ein Sommermorgentraum") und Satzbezeichnungen („Was mir die Blumen auf der Wiese erzählen", „Was mir die Tiere im Walde erzählen", „Was mir die Morgenglocken erzählen" etc.) schon andeuten, bestätigt die Partitur des sechssätzigen Riesenwerks aufs grandioseste: In genialer Sublimierung fließt das, was Gustav Mahler von seinem „Arbeits-Sanctuarium" am Attersee aus sieht, hört und erlebt, in seine Musik ein: die Blumenwiese vor der Tür, die Tiere im nahen Wald, die Berge im Hintergrund.

Auf jedem seiner Spaziergänge führt Mahler ein Notenbüchlein mit, in das er Einfälle, die ihm unterwegs zukommen, an Ort und Stelle einträgt, und damit er dabei ungestört bleibt, geht er seinen Begleitern entweder voran oder hinterher. Als er bezüglich der Rhythmisierung eines Motivs aus dem letzten Satz der Zweiten Symphonie unschlüssig und gerade wieder einmal auf einer seiner Wanderungen unterwegs ist, steigt plötzlich ein Rudel kreischender Krähen vor ihm auf, und schon fällt ihm die langgesuchte Phrase ein. „Daß ich auch noch das Höllengebirge in die Tasche stecken werde – wer hätte das gedacht?" zeigt er sich selber erstaunt über die inspirierende Wirkung der Atterseelandschaft, und als er eines Tages „seinem" Baumeister begegnet,

„Für ihn sorgend wie für ein kleines Kind": Natalie Bauer-Lechner

dem er das Komponierhäuschen verdankt, vertraut er dem biederen Handwerker ein Geheimnis an, das auf diesen so großen Eindruck macht, daß es im Hause Lösch wie ein kostbarer Schatz gehütet und von Generation zu Generation weitergegeben wird: „Der See singt!" Der greise Kooperator Johann Lösch, ein Sohn des Baumeisters und passionierter Chronist dieses einzigartigen Beispiels kreativen Zusammenwirkens von Architektur und Tonkunst, hat den überlieferten Ausspruch seinem privaten Mahler-Archiv einverleibt, das über das bloße Aufbewahren der Kostenvoranschläge, Baupläne und Abrechnungen weit hinausgeht.

1896 erhält der „Gasthof zum Höllengebirge" einen neuen Pächter, und mit dem ist nicht gut Kirschen essen. Nicht genug damit, daß er die Wirtschaft vernachlässigt, stellt er auch an seine Sommergäste unverschämte Forderungen, und Mahler sieht sich schweren Herzens gezwungen, sein Komponierhäuschen aufzugeben. Ein letztes Mal steigt er den Hügel im Rücken der „Seewies" hinauf und blickt auf das geliebte Tusculum zu seinen Füßen hinab: Es wird ein Abschied für immer. Und ein Abschied mit Tränen. Mahler wird zwar in späteren Jahren das Steinbacher Modell zweifach kopieren, doch weder das eine (auf einem Hang oberhalb von Maiernigg am Wörthersee) noch das andere (in einem Wäldchen bei Toblach im Pustertal) wird in seinem Rang an den Prototyp heranreichen.

Gustav Mahlers Komponierhäuschen am Attersee wird in der Folgezeit profanen Zwecken zugeführt, dient abwechselnd als Schlachthaus, Waschküche und Sanitäranlage. Aber ebendieser

Nutzung, die für manche einer Entweihung gleichkommt, verdankt es sein Überleben, und so findet man, als fünfundachtzig Jahre später – im Zuge des massiv einsetzenden Mahler-Kults – die Idee aufkommt, das „Arbeits-Sanctuarium" unter Denkmalschutz zu stellen und der interessierten Öffentlichkeit als Gedenkstätte zugänglich zu machen, mit geringen Instandsetzungsarbeiten sein Auslangen. Die Campinggäste, die den geheiligten Bezirk seit einigen Jahren umlagern, sind angehalten, ihn zu schonen, und der heutige Betreiber des „Gasthofs zum Höllengebirge" hält für die Mahler-Pilger aus aller Welt, die ihr Weg nach Steinbach führt, nicht nur den Schlüssel des Komponierhäuschens, sondern auch Mitbringsel der unterschiedlichsten Art bereit: vom Kaffeehäferl bis zur Schallplatte. Und wer, um Gustav Mahlers „Sommermorgentraum" der Jahre 1893 bis 1896 nachzuempfinden, schriftlicher Anleitung bedarf, vertiefe sich in die „Mahleriana" der Mahler-Muse jener Tage, die jeden Schritt ihres Idols, jedes seiner Worte in ihren Tagebüchern festgehalten hat: Natalie Bauer-Lechner.

Schwankend zwischen dem festen Willen, sie der Nachwelt zu bewahren, und der rigorosen Einschränkung, ihre Veröffentlichung aus Gründen der Diskretion nicht vor Ablauf einer Schutzfrist von hundert (!) Jahren zuzulassen, läßt sie sich kurz vor ihrem Tod im Juni 1921 doch noch zur Herausgabe des Manuskripts drängen. In ihrem Freundeskreis wird vor Sorge, sie könnte, was sie da in zwölfjähriger Gefolgschaft Gustav Mahlers – wie sie es selber in ihrem Testament formuliert – „in begeistertster Erfülltheit und tiefster Hingabe, zumeist wenige Stunden nach dem Vernehmen oder Erleben, niedergeschrieben" hat, verbrennen, sogar eine Entmündigung erwogen. Dazu kommt es nicht: Zwei Jahre nach ihrem (und zwölf Jahre nach Mahlers) Tod erscheinen die „Erinnerungen an Gustav Mahler" in gekürzter Fassung in Buchform. Was deren besonderen Wert ausmacht, ist, daß ihre Objektivität – bei aller Schwärmerei – von keinerlei amourösen Weiterungen getrübt ist: Mahler nennt ihrer beider Beziehung eine „Kameradschaft" zweier verwandter Naturen, Natalie nennt es „Geschwisterliebe" – ein umso sichereres Gefühl, „als es nicht erleuchtet, aber auch nicht überglüht und geblendet von Leidenschaft war".

Gustav und die zwei Jahre ältere Natalie, Tochter des Universitätsbuchhändlers und Verlegers Rudolf Lechner und der einer

Wiener Professorenfamilie entstammenden Julie von Winiwarter, kennen einander von den gemeinsamen Studienzeiten am Wiener Konservatorium her. Als sie im Spätherbst 1890 in engeren Kontakt treten, ist die ausgebildete Bratschistin und Mitglied des Damenstreichquartetts Soldat-Roeger seit fünf Jahren von ihrem Mann, Alexander Bauer, Professor an der Technischen Hochschule, einvernehmlich geschieden; Gustav Mahler ist zu dieser Zeit Direktor des königlichen Opernhauses in Budapest.

„Für sich selbst nichts fordernd", geht sie fortan ganz im Dienst an dem von ihr bewunderten Genie auf: wohnt Mahlers Proben und Aufführungen bei, begleitet ihn auf Reisen und zu Gastspielen, teilt mit ihm und seinen Geschwistern den Urlaub, ist also auch alle vier Sommer in Steinbach mit von der Partie. Ob sie ihm, „für ihn sorgend wie für ein kleines Kind", Zettelchen an die vor der Tür hängenden Kleider heftet, um ihn dazu anzuhalten, auf nüchternen Magen unbedingt ein Glas Wasser zu trinken, den Tag mit ein paar Runden auf dem Fahrrad zu beginnen oder statt in der 14 Grad warmen Wanne im See zu baden; ob sie seinen Kindheitserinnerungen lauscht, während eines abendlichen Spaziergangs auf der Uferstraße nach Weyregg vom Anblick einer Keusche ausgelöst, die dem armseligen Elternhaus in dem ostböhmischen Dorf Kalischt verblüffend gleicht; oder ob sie ihn mit der Frage quält, wie denn bei ihm das Komponieren vonstatten gehe – alles und jedes trägt sie feinsäuberlich in ihr Diarium ein und macht dieses somit zu einem Dokument von unschätzbarem biographischem Wert.

Gustav Mahler hat während seiner Sommeraufenthalte am Attersee die Angewohnheit, die zu dieser Zeit entstehenden und somit noch ungedruckten Partituren in einem eigenen Handkoffer aufzubewahren und in seinem Zimmer einzuschließen. Alle Bewohner des „Gasthofs zum Höllengebirge" sind darüber informiert und streng dazu angehalten, bei Feuer oder sonstiger Gefahr zuallererst diesen Koffer in Sicherheit zu bringen. Natalie Bauer-Lechners Tagebüchern wurden solche Schutzmaßnahmen nicht zuteil. Verdient hätten sie es auch.

ANNÄHERUNG AN EINEN ANDEREN PLANETEN

Jakob Wassermann in Altaussee

„Im Juni sind die Leute aus der Stadt gekommen und wohnen in allen großen Stuben. Die Bauern und ihre Weiber schlafen in den Dachkammern, die voll alten Pferdegeschirrs hängen, voll verstaubten Schlittengeschirrs mit raschelnden gelben Glöckchen daran, voll alter Winterjoppen, alter Steinschloßgewehre und rostblinder, unförmlicher Sägen. Sie haben aus den unteren Stuben alle ihre Sachen weggetragen und alle Truhen für die Stadtleute freigemacht, und nichts ist in den Stuben zurückgeblieben als der Geruch von Milchkeller und von altem Holz."

Der knapp dreiundzwanzigjährige Autor, der diese Beobachtungen gemacht hat und nun – unter dem Pseudonym Loris – an eine interessierte Öffentlichkeit weitergibt, ist selber einer von diesen Stadtmenschen, die den Sommer über „Das Dorf im Gebirge" (so der Titel seines Beitrags) in Besitz nehmen: Hugo von Hofmannsthal. Sein Jusstudium ist abgeschlossen, auch sein Freiwilligen-Jahr beim k. u. k. Dragonerregiment Nr. 6 in Göding sowie eine Waffenübung in Ostgalizien liegen hinter ihm, jetzt macht er nur noch den Dr. phil.

Sommerfrische im Ausseerland – das ist ihm seit Kindertagen vertraut. Diesmal allerdings, im August 1896, verläuft die Sache anders: Ist er in früheren Jahren beim Seewirt oder im Hotel zum Erzherzog Franz Carl abgestiegen, so folgt er nun zum erstenmal dem Beispiel jener vielen anderen Wiener, die sich nicht in Gasthöfen, sondern in Privatquartieren einmieten. Die Gaisbergers – offizielle Adresse: Altaussee Nr. 43 – haben ihr Haus im Ortsteil Nagerlsdorf nördlich der Salzbergstraße: Noch viele Jahre später wird man sich dort des eleganten jungen Herrn aus Wien erinnern.

Seine Beschreibung der seltsamen Verwandlung, die Ortschaften wie Altaussee den Sommer über durchmachen, erscheint noch im selben Jahr in der vor kurzem gegründeten Münchner Zeitschrift „Simplicissimus". Der Redakteur, der den Loris-Text am 21. November 1896 ins Blatt rückt, ist der ein Jahr ältere Kollege Jakob Wassermann aus Fürth. Wassermann ist von Hofmannsthals Prosaskizze so angetan, daß er sich bei nächster Gelegenheit aufs Fahrrad schwingt und nach Altaussee radelt, um vor Ort zu überprüfen, was es mit dieser Art Sommerfrische auf sich hat, die darin besteht, daß die Einheimischen die guten Stuben ihrer Häuser räumen und den samt Hausrat und Dienstleuten anrückenden Städtern überlassen.

„Nur den Schmuck der Wände hat man zurückgelassen: die Geweihe und die vielen kleinen Bilder der Jungfrau Maria und der Heiligen in vergoldeten und papierenen Rahmen, zwischen denen Rosenkränze aus unechten Korallen oder winzigen Holzkugeln hängen. Die Frauen aus der Stadt hängen ihre großen Gartenhüte und ihre bunten Sonnenschirme an die Geweihe; in der Schlinge eines Rosenkranzes befestigen sie das Bild einer Schauspielerin, deren königliche Schultern und hochgezogene Augenbrauen unvergleichlich schön einen großen Schmerz ausdrücken."

Alles, was Hofmannsthal da von müßiggängerischen Damen, die sich auf hölzernen Brunnentrögen niederlassen, vom Rauschen des großen Baches, vom Tau der Obstbäume, vom Sternenhimmel überm Bergkamm oder von Schwarzbarsch und Weißfisch im See berichtet, findet Wassermann voll bestätigt, und so wird er – ab 1904 regelmäßig und ab 1919 auf Dauer – in diesem Altaussee Zuflucht suchen, wenn ihm „die Welt zu nah an den Leib rückte. Ich war dann auf einmal auf einem anderen Planeten."

Jakob Wassermanns Annäherung an den „anderen Planeten" erfolgt schrittweise. Zunächst ist es das österreichische Lebensgefühl insgesamt, das den Juden aus dem Frankenland anzieht: 1898 übersiedelt er von München nach Wien.

„Das Leben in Wien und Österreich wirkte wohltätig auf mich durch seine leichtere Form. Da waren Widerstände aufgehoben, die ich bei uns auf Schritt und Tritt gespürt habe. Die Menschen kamen mir freier entgegen, williger, offener, und wenn es sich auch meistens erwies, daß sie sich durch ihr Entgegenkommen nicht für sonderlich verpflichtet hielten, ja, daß sie gewissermaßen jedem ausgestellten Wechsel auf Verläßlichkeit mit naivem

Bedauern bei der Vorzeigung die Anerkennung und natürlich auch die Zahlung verweigerten, überhaupt in listig-unschuldige Verwunderung gerieten, wenn man sich einfallen ließ, aus ihrem Wort die Folgerung des Vertrauens zu ziehen, so war doch der Alltag ohne die verletzende Reibung, der Ton des Verkehrs gutmütiger und unverfänglicher."

Wenn Jakob Wassermann mit sechsundvierzig ein zweites Mal – und nun von Wien nach Altaussee – übersiedelt, geht er damit einen entscheidenden Schritt weiter als all die schriftstellernden Kollegen à la Hofmannsthal, Schnitzler, Broch und Thieß, die (nach einem berühmten Ausspruch Raoul Auernheimers) allsommerlich an den „schwarzen See" wiederkehren, um „ihre Federkiele" in dieses „riesige Tintenfaß" zu tauchen: Im Gegensatz zu ihnen, den „Saisonniers", bleibt er das ganze Jahr über. Was für sie nur Ferienquartier ist, wird für ihn zur Lebensmitte.

Das hat natürlich persönliche Gründe: Das Scheitern seiner Ehe mit der Wiener Großbürgerstochter Julie Speyer verleidet ihm Wien. Als ihm 1915 bei einem Anstandsbesuch der neuen Nachbarn in der Kaasgrabenkolonie, des Komponisten Egon Wellesz und seiner Frau, der Kunsthistorikerin Emmy Wellesz, deren Schwägerin Marta Karlweis vorgestellt wird und er in der sechzehn Jahre Jüngeren seine wahre Gefährtin wittert, hat er nur noch ein Ziel vor Augen: an der Seite dieser Frau ein neues Leben zu beginnen, und das ist angesichts der Schwierigkeiten, aus dem alten auszusteigen, nur an anderem Ort möglich. Julie Speyer widersetzt sich der drohenden Trennung mit allen Mitteln, überhäuft ihren Mann mit Prozessen, läßt seine Einkünfte pfänden, sein Konto sperren – von nicht weniger als fünfunddreißig Anwälten, die sie im Lauf der Jahre beschäftigt, ist die Rede.

Als ihm schließlich 1919 – mit Büchern wie „Die Juden von Zirndorf", „Caspar Hauser oder Die Trägheit des Herzens" und „Das Gänsemännchen" ist Jakob Wassermann bereits ein vielgelesener Romanautor – die Übersiedlung von Wien nach Altaussee gelingt, ist dies also zuallererst eine Flucht. Daß daraus mehr wird, nämlich sein eigentliches Lebensglück, hat vielerlei Gründe. Da ist vor allem Marta Karlweis, seine zweite Frau. Ob Gattin, Hausfrau, Mutter (1924 kommt Sohn Carl Ulrich zur Welt) oder Schriftstellerkollegin – die studierte Psychologin erweist sich in allem als die ideale Partnerin. Auch mit der Arbeit geht's nun wieder gut voran: Die Romane „Christian Wahn-schaffe", „Etzel Andergast" und „Josef Kerkhovens dritte Existenz" zeigen Wassermann auf dem Gipfel der Erzählkunst, „Der Fall Maurizius" wird ein Weltbestseller.

Und schließlich Altaussee: Das neue Milieu wirkt Wunder. Als er gegen Ende seines Lebens, mitten in der Arbeit am Kerkhoven-Roman, zu Vorträgen nach Deutschland eingeladen wird, macht er dies zum Thema: „Meine Leidenschaft, äußere und innere". Zwar muß er die geplante Reise auf Geheiß des Arztes absagen: Seine Gesundheit ist schwer angeschlagen. Aber er schafft es noch, den Text zu diktieren, und dieser Text hat's in sich. Kein Dichter vor und nach Wassermann ist, was die Wechselwirkung von landschaftlicher Eigenart und künstlerischer Kreativität betrifft, so weit gegangen wie er, und was das Besondere daran ist: Er kommt dabei ohne alles schwärmerische Pathos aus, urteilt fast mit der Nüchternheit eines gelernten Naturwissenschaftlers:

„Zwischen meinem dreißigsten und vierzigsten Jahr bin ich in Italien von Stadt zu Stadt gezogen, aber alles Entzücken über die Schönheit, alle Sehnsuchtsbefriedigung konnte mich auf die Dauer nicht festhalten. Nach einer Weile verlangte mich nach einem Wald, nach einer Wiese, einem schattengebenden Baum, ja sogar einem schweren Wolkenhimmel. Der Süden rief mich, aber dem Norden war ich zu eigen. So fand ich dann den Ort, an dem ich mich dauernd niederließ, das Tal im steirischen Gebirge, und diese Landschaft wurde mir zum Freund, wie einem ein Mensch zum Freund wird, nach jahrelanger Erprobung, Erprobung des Winters und des Frühlings, des Bodens und der Atmosphäre, der Menschen und der Bäume. Es war deshalb auch kein plötzlicher Entschluß, es war die langsame Erfahrung eines wohltätigen Einflusses. Es war nicht nur die Einsamkeit und Stille, die mich lockten und allmählich festhielten, es war im höheren Grad eine – wenn ich so sagen darf – übersinnliche Bindung. Ich merkte immer deutlicher eine konstitutionelle Übereinstimmung zwischen der Landschaft und mir, eine Übereinstimmung, die in dem liegt, was ich den Rhythmus der Landschaft genannt habe und die sich für mich wohltätig erkennbar im geistigen Schaffen spiegelte."

Jakob Wassermann setzt alles daran, den Verdacht des Romantisierens zu zerstreuen, breitet handfeste Fakten vor dem

Leser aus, urteilt mit der strengen Analytik des Geologen und Meteorologen:

„Ich bin heute noch der Ansicht, daß eine Influenz des Gesteins vorliegt, des Minerals, damit des Wassers und der Luft; dadurch werden ja auch alle äußeren Formen sinngemäß bedingt, die ruhende Fläche des Sees, die ineinandergeschobenen Kulissen der Hügel bis hinauf zu dem beherrschenden Gletscher, das Ganze von einer harmonischen Ordnung ohne Beispiel, als ob die Hand des Schöpfers hier mit besonderer Liebe ans Werk gegangen wäre."

Auch Marta Karlweis, die in erster Ehe mit dem Wiener Industriellen Walter Stross verheiratet war und die beiden Töchter aus dieser Verbindung in den neuen Hausstand mitbringt, ist Altaussee von früheren Sommeraufenthalten her vertraut. In der ebenso schönen wie geräumigen (heute von dem Schauspieler Klaus Maria Brandauer bewohnten) Filtsch-Villa im Ortsteil Fischerndorf, dem Besitz einer alten Bekannten ihrer Eltern, finden sie und Jakob Wassermann, als sie 1919 Wien verlassen, für die ersten vier Jahre Unterschlupf. Allerdings nur den Winter über: Von Frühjahr bis Herbst, wenn „das originelle alte Fräulein von Filtsch" selber in Altaussee residiert, muß man auf das Bauernhaus nebenan ausweichen. Umso mehr genießt man die stillen Reize der kalten Jahreszeit:

„Wir standen auf der Terrasse des hochgelegenen Hauses und wurden nicht satt, die Herrlichkeiten anzustaunen. Im Spätherbst 1919 bedeckte die Wege schon im November meterhoch der Schnee. Eine Zeit verschwanden Berge und Weite hinter grauen Wänden, der Himmel war wie eine niedrige graue Decke, die sich dann in endlosem, stummem Flockenrieseln tagelang zerpflückte. Aber nicht die Landschaft allein hob sich täglich schöpfungsneu aus blendendem Reif, auch das kleine Leben des Dorfes, von allem fremden Städterwesen befreit, trug bei zu unserem Glück."

Daß vor Weihnachten, des Winterwetters wegen, die Eisenbahn für zehn Tage ihren Betrieb einstellt, empfindet man nicht als Mangel, sondern als weitere Steigerung willkommener Abgeschiedenheit. Wassermann notiert in seinem Tagebuch:

„Wir sind hier so fern von allem, als wären wir in Grönland. Ich entbehre nichts, nicht Menschen, nicht Dinge, nicht Spiel, nicht Gesellschaft."

Noch idealere Lebensbedingungen eröffnen sich den Wassermanns, als sie 1923 ihr eigenes Haus beziehen. Die ehemalige Andrian-Villa, von ihrem Vorbesitzer, dem Meyerbeer-Enkel, Dichter, Diplomaten und letzten Wiener Hofopernintendanten Leopold Freiherr von Andrian Werburg, vor drei Jahren an einen holländischen Kaufmann veräußert, ist wieder zum Verkauf ausgeschrieben. Hugo von Hofmannsthal, mit der einen wie mit der anderen Seite befreundet, handelt für Wassermann günstigste Bedingungen zum Erwerb des prachtvoll am Seeufer gelegenen Besitzes aus: „Was er halt bezahlen kann." Doch Wassermann kann keinen Groschen bezahlen. Da springt ein betuchter Freund aus Wiener Tagen in die Bresche: Bankpräsident Paul Goldstein kommt nicht nur für die Kaufsumme, sondern auch für die nicht unbeträchtlichen Umbauten auf. Und während Wassermann für einige Wochen in geschäftlichen Angelegenheiten in Wien weilt, bewerkstelligt Frau Marta den Umzug. Die Überraschung, als er nach Altaussee zurückkehrt, ist perfekt: In der Erwartung, noch eine ganze Weile mit dem provisorischen Quartier vorliebnehmen zu müssen, staunt der Dichter nicht wenig, als ihn seine Gefährtin mit dem Einspänner vom Bahnhof abholt und, ohne anzuhalten, an der alten Adresse vorbeifährt:

„Da wurde ihm allmählich klar, daß er nun ernstlich Einzug halten werde in das Haus, das ihm so viel mehr bedeuten sollte als nur die Wohnung, nur Werkstatt. Kaum ein von Vorvätern geerbtes Gut ist je so geliebt worden, wie Wassermann dieses Haus, diesen Garten, dieses eine Stück Erde und was es trug geliebt hat: den Blick von der Rosenterrasse über den See, über das unvergleichliche Spiel von Licht und Schatten in den drei Bergkulissen und wie sie sich stufenweise öffnen vor dem Dachstein mit dem Karls-Eisfeld." Oder den Blick auf die riesige Weißbuche vorm Ostfenster der Bibliothek, auf die Birkenallee des Zufahrtsweges, auf die Silberpappeln der oberen Wiese, auf die uralten Ahorne am Waldrand, zwischen deren gewaltigen Wurzeln im Mai die Narzissen blühen, auf das Felsgestein der Trisselwand.

Nicht minder beglückend das Hausinnere: blau das eine der Wohnzimmer, gelb das andere, aus Mahagoni die Bibliothek, dazu das gedämpfte Licht im schönen Rund des steinernen Treppenhauses, das zum Nußbaumwipfel sich öffnende Bad, die warme Behaglichkeit der alten Kachelöfen. An der einen Haus-

*„Kaum ein geerbtes Gut ist je so geliebt worden, wie Wassermann
dieses Haus geliebt hat": die Andrian-Villa in Altaussee*

wand der dichte wilde Wein, dazu die Rosenpracht des Parks, der
eigene (freilich oft genug „gegen unbefugte Durchzügler" zu ver-
teidigende) Seestrand.

Im Haus selbst hat sich alles nach Wassermanns Arbeits-
rhythmus zu richten, und da der Dichter bei offenen Türen zu
schreiben pflegt, ist Stille das oberste Gebot. „Doch war dieses
stumme strenge Leben", so schränkt Marta Karlweis sogleich ein,
„ganz ohne Finsternis und Krampf." Da ist „das sanfte Klappern
der Holzschuhe, das Singen einer Säge, ein knarrendes Fuhrwerk,
die Kirchenglocken in vertrauten Zeitabständen, das Knacken der
Buchenscheiter im Ofen, das leise eifrige Getrappel meiner Kinder, die vom Skilauf kamen …"

Ein Hausgast, von Freunden ausgehorcht, schildert den
Tageslauf in der Villa Wassermann wie folgt:

„Man frühstückt zwischen halb neun und neun. Dann kommt
der Jakob, fix und fertig angezogen, glatt und ausgeruht, sagt
nichts, schaut freundlich, ißt und trinkt, schiebt schnell das Tisch-
tuch fort und legt zwei Patiencen. Sodann steht er auf und geht
zur Arbeit. Zwischen halb zwölf und zwölf erscheint er wieder,
zerstruwwelt und verwühlt, den Stock in der Hand, die Kappe
aufgestülpt. Schließlich fährt man mit dem Rodelschlitten die

Hänge hinterm Haus hinunter oder geht über den gefrorenen See. Die Sonne brennt so heiß, daß er in Hemdsärmeln geht, den Rock unter den Arm geklemmt, die Schneebrille auf der Nase. Er sagt nichts, sondern sinnt und denkt und atmet. Zwischen eins und halb zwei wird gegessen. Er ißt mit Freude, aber schrecklich schnell, die Kinder reden, er schaut zuweilen freundlich von einem zum andern. Nach dem schwarzen Kaffee legt er drei Patiencen, dann zieht er sich zurück, liest oder schläft. Zum Tee erscheint er schon völlig in die Arbeit eingesponnen, sagt nichts, verschwindet wieder und taucht um viertel neun wieder auf, in einem Dampf von Arbeit, ganz und gar abwesend. Das Abendessen verzehrt er mit gewaltigem Appetit, und wieder redet er nichts. Kaum ist er fertig, wandern wir hinauf ins große Wohnzimmer. Dort setzt er sich behaglich in der Ecke an den Tisch und legt Patiencen bis zum Schlafengehen."

Frau Marta sieht es nicht ganz so nüchtern:

„Wie er nie etwas mit halbem Herzen tat, so war Wassermann auch den einfachen Genüssen des Lebens mit allen Sinnen zugetan. Er liebte den Kaffee, das Ei, den Käse, die Früchte, pantagruelisch wirtschaftete er am Frühstückstisch. Erdbeeren und Birnen liebte er am meisten; von letzteren hatte er im Herbst ganze Reihen in seinem Schlafzimmer auf einem Gestelle und auf dem Sims des noch nicht geheizten Ofens stehen, prüfte und verspeiste sie täglich nach dem Grad ihrer Reife. Fehlten im Frühsommer einmal die Erdbeeren, so konnte er traurig werden wie ein Kind."

Was seine äußere Erscheinung betrifft, so muß die Hausfrau freilich beide Augen zudrücken: Auch die besten Anzüge sind oft schon am ersten Tag „durch irgendein Malheur ihrer Frische bar", das wirre Haar bearbeitet er „an jedem Unort mit einem nicht immer ganz geheuren Taschenkämmchen", Schuhe, „die vor Alter ein schiefes Maul ziehen", liebt er über alles und Röcke erst, „wenn sie bereits grünlich schimmern".

Nur am Schreibtisch – dort herrscht strenge Ordnung: Keinen der geliebten Gegenstände – und sei er noch so unnütz – mag er missen, ob Kieselstein oder Münze, ob Siegellackstumpf oder Vorhangring, ob Patronenhülse oder Parfumflakon. Die mikroskopisch kleine Handschrift auf dem linierten Manuskriptpapier wird auf Befragen als „unbewußte Ökonomie" seiner Hand gedeutet, die anders „die abertausend Kilometer der Schriftzüge"

Während er am Schreibtisch sitzt, ist er für den Sohn „im Brunnen":
Jakob Wassermann

seines so umfangreichen Œuvres nicht hätte bewältigen
können ...

Schweigsam ist Wassermann auch im Umgang mit seinem
kleinen Sohn:

„Sie gehen nur nebeneinander her, der mit den Jahren bedäch-
tiger schreitende, völlig in sich versunkene Mann und das leb-
hafte, unablässig schwätzende, vor- und rückwärts springende
Kind." Wenn sie von ihren Spaziergängen heimkehren und sich
der Vater auf der Stelle an den Schreibtisch zurückzieht, ist er für
den Heranwachsenden „im Brunnen". Ein drastisches, aber zu-
treffendes Bild: Er ist verschwunden, unauffindbar, irgendwo tief
drunten.

Schon Mitte der zwanziger Jahre – der Dichter ist nun etwas über fünfzig – denkt Jakob Wassermann über einen Sammelband nach, in dem er Gelegenheitsarbeiten über sein Leben in Altaussee zum Buch bündeln könnte. Doch immer wieder kommt ihm bei der Fertigstellung dieses „Tagebuchs aus dem Winkel" etwas anderes dazwischen, und so wird es erst posthum und als Fragment – gleichzeitig mit der Wassermann-Biographie seiner Frau – im Amsterdamer Exilverlag Querido erscheinen: 1935. Alles in diesen, zum Teil schon in Zeitungen und Zeitschriften vorveröffentlichten Texten ist erlebt, alle ihre Figuren sind Menschen aus Fleisch und Blut, und einer dieser Figuren, der Titelgestalt der Erzählung „Die Romana", kann man sogar heute noch ohne viel Mühe nachspüren. Romana Loitzl ist erst 1988 gestorben; auf dem an die Villa Wassermann angrenzenden Friedhof von Altaussee, wo auch der Autor ruht, hat sie ihr Grab.

Bei den Loitzls im Ortsteil Puchen, einem alten bäuerlichen Besitz oberhalb des einstigen Salzwegs, hat Jakob Wassermann logiert, als er 1904 zum erstenmal auf Sommerfrische nach Altaussee kommt. Es ist das Haus Hillbrand – seine heutigen Besitzer wissen von dem berühmten Gast, und seit dem Tag, da in einer eleganten Illustrierten der sechziger Jahre ein Nachdruck der Romana-Geschichte erschienen ist, haben sie auch den bewußten Text zur Hand.

Als Romana Loitzl, die 1931 den elterlichen Besitz verläßt und bis zu ihrem Tod 1988, menschenscheu und schrullig, in einer nur einen Steinwurf entfernten Keusche haust, „Die Romana" zu Gesicht bekommt, widerfährt dem Autor, was unzähligen Autoren vor ihm widerfahren ist: Das Urbild distanziert sich vom Abbild. Romana Loitzl tobt, protestiert, droht mit „Schritten". Doch wie es noch mit jedem Dementi war: Ihr aufgebrachtes „Das bin ich nicht!" hat gegen die Häme der Umgebung, die sich an der Bloßstellung einer mißliebigen Mitbürgerin weidet, keine Chance. Dabei hätte sie es so leicht, den Beweis ihrer Nichtidentität zu erbringen: Jakob Wassermann hat kompiliert. Hat seine „Romana" aus Bruchstücken mehrerer Personen zusammengesetzt, hat Mutter und Tochter miteinander verschmolzen. Der schwierige Charakter und die meisten Details der Biographie – das ist Romana Loitzls Mutter Franziska; von der Tochter hat er, vor allem des Wohlklanges wegen, den Namen entlehnt.

Für uns Außenstehende, denen solche lokalen Querelen gleichgültig sein können, ist „Die Romana" ein klassisches Stück Erinnerungsprosa zum Thema „Geliebtes Salzkammergut", das eindrucksvoll darlegt, wie das dort domizilierende Künstlervolk sich durchaus nicht von den Einheimischen absondert, sondern symbiotisch an deren Schicksal Anteil nimmt und deren Eigenart zu ergründen versucht:

„Ihr Hof gehört zu den stattlichsten. Ein paar Häuser, ein paar Morgen Landes, darunter ein Getreidefeld, was ohnehin dort oben selten ist, sechs bis acht Stück Vieh, ein Vierteldutzend Schweine, ein Dutzend Hühner. Das größere Haus vermietet sie im Sommer an Stadtleute und bezieht während der Zeit mit dem Sohn und den Töchtern die dahinterliegende Hütte, wo sie zu viert in drei winzigen Kammern hausen. Aber so ist es allgemein üblich: Die Städter sind verwöhnt und wollen gut leben; sie wollen unter sich sein und haben eine närrische Vorliebe für das, was sie Ruhe nennen."

Was dem Beobachter zuvörderst an der Romana auffällt, ist deren irrwitziger Fleiß:

„Sie schafft Tag für Tag zu allen Zeiten des Jahres, mit der ganzen Unermüdbarkeit ihres eisernen Körpers, ihrer nur aus Knochen und Muskeln bestehenden zwei Arme. Sie schafft im Stall, auf dem Feld, auf der Dreschtenne, am Brunnen, im Haus, im Milchkeller, im Forst. Sie melkt die Kühe, bringt den Schweinen das Futter, kocht die Mahlzeiten, wäscht die Wäsche, spaltet Holz, mäht das Gras, pflügt die Erde, fegt die Dielen, reinigt den Stall, schneidet Häcksel, bereitet die Butter. Sie ist die erste, die aufsteht, die letzte, die schlafen geht. Sie kennt nicht die Uhr, sie kennt nur die Sonne, das Licht, die Nacht."

Ihr Erspartes, so heißt es, habe sie auf einem ihrer Äcker vergraben; als sie im dritten Kriegsjahr der behördliche Befehl erreichte, eine Kuh abzuliefern, habe sie vor dem anrückenden Gendarmen den Stall verbarrikadiert, und als auch dem Kupfergeschirr die Beschlagnahme drohte, habe sie dieses an unauffindbarem Ort im Wald versteckt. Mit sämtlichen Nachbarn liege sie im Hader, und gehe sie, vielleicht einmal im Jahr, ins Dorf, so habe dies garantiert nur mit dem Erbschaftsstreit zu tun, der zwischen ihr und ihrem erbarmungslos vom Hof verdrängten Stiefsohn anhängig sei ...

15. Juli 1929, Jakob Wassermann erfährt vom plötzlichen Ableben seines besten Freundes: Hugo von Hofmannsthal. Der Schock ist so gewaltig, daß der ein Jahr Ältere tagelang nicht das Bett verläßt, sich jeglichen Besuch verbittet. Gattin Marta Karlweis hört ihn „seufzen und öfters leise vor sich hinreden". Es war, so wird sie später berichten, „als durchlebte er noch einmal diese Freundschaft", die nicht zuletzt auf die gemeinsame Liebe zu jener Landschaft gegründet war, die Wassermanns Wahlheimat geworden ist.

Die Krise in der Villa Wassermann spitzt sich zu, als zu Beginn der dreißiger Jahre auch noch das finanzielle Fiasko hinzukommt: Mit 40.000 Mark steht der Autor bei seinem Verlag S. Fischer in der Kreide, die allgemeine wirtschaftliche Notlage in Deutschland und Österreich läßt den Absatz nicht nur seiner Bücher dramatisch zurückgehen, und von dem wenigen, was an Tantiemen eingeht, soll Wassermann, laut Gerichtsurteil, fast zwei Drittel an Exgattin Julie und die vier Kinder aus der ersten Ehe abführen.

Als er am Neujahrsmorgen des Jahres 1934, inzwischen ein in seiner Geburtsheimat Deutschland verfemter Autor, dessen Bücher von den Nationalsozialisten öffentlich verbrannt worden sind, von einer schweren Herzattacke nicht mehr aufwacht, ist für alle Eingeweihten klar, daß Jakob Wassermann, nicht einmal einundsechzig Jahre alt, bei seinem Tod nachgeholfen hat: Der schwere Diabetiker hat die Insulinspritze beiseite gelegt.

Wie ein Lauffeuer verbreitet sich die Nachricht im Ort, die Altausseer strömen ins Sterbehaus, um Abschied zu nehmen von einem Fremden, der zu einem der ihren geworden ist. An der Treppe der Villa legen sie ihre Schuhe ab und ziehen lautlos an dem Leichnam vorbei. Der Mann, der den Dichter all die Jahre auf seinen Reisen chauffiert hat, hält die Totenwache. Am dritten Tag ist das Begräbnis. Sechs Mann hoch, alles Bauern und Handwerksleute aus dem Ort, tragen sie ihn auf den Friedhof gleich nebenan. Sie haben kein Trauerschwarz angelegt, sondern sind in der gewohnten Tracht. Das Votum des Gärtners, der Jakob Wassermann so gut gekannt hat, gibt den Ausschlag: „Er hätte keinen Pomp gewünscht, er war ein einfacher Mann."

Die Witwe und die drei Kinder – zwei Töchter aus Marta Karlweis' erster Ehe und Sohn Carl Ulrich aus der Ehe mit Jakob Wassermann – sehen schweren Zeiten entgegen. Unmöglich, das

Haus zu halten: Per Zwangsversteigerung wechselt es im folgenden Jahr den Besitzer. Sohn Carl Ulrich, gerade erst zehn Jahre alt, kommt ans Theresianum nach Wien, Onkel Oskar Karlweis, der berühmte Schauspieler, tritt bei ihm die Vaterstelle an. Marta Karlweis setzt bei C. G. Jung in Zürich das in jungen Jahren unterbrochene Psychiatriestudium fort und wandert nach erfolgter Promotion mit den Töchtern nach Kanada aus. An der McGill University hält sie Vorlesungen, in Ottawa eröffnet sie nach dem Krieg eine psychiatrische Praxis. Als sie im Herbst 1965 zu ihrer inzwischen in der Schweiz lebenden Tochter Bianka auf Besuch kommt, ereilt sie mit sechsundsiebzig der Tod. Auf dem Friedhof des Tessiner Dorfes Muzzano wird sie bestattet.

Jakob Wassermann bleibt dennoch nicht allein. Sohn Carl Ulrich, der in Kanada als Rundfunksprecher, Fernsehkommentator und Sachbuchautor Karriere macht, kehrt in den fünfziger Jahren ins Altaussee seiner Kindertage zurück, stirbt dort am 1. Mai 1978 und teilt seither mit seinem Vater das Grab.

EISKAFFEE FÜR SISI

Oscar Blumenthal in Ischl

„Im Weißen Rössl am Wolfgangsee" – so tönt's seit über sechzig
Jahren von der Operettenbühne, und Kinofilm und Schallplatte
wiehern den Refrain. Keinen ficht es an, daß da beharrlich die
Unwahrheit verbreitet wird. Denn die Wahrheit ist: Von den vier
Beinen des alten Theatergauls steht höchstens eines auf St.
Wolfganger Boden. Die andern drei verteilen sich auf Kalten-
bach, Lauffen und – Florenz.
Für Ortsunkundige: Bei Kaltenbach und Lauffen handelt es
sich um eingemeindete Vororte von Bad Ischl.
Die Urgeschichte eines der größten Erfolge des deutschen
Unterhaltungstheaters muß umgeschrieben werden. Und schon
sind wir mittendrin in der Goldenen Ära des Salzkammergut-
Tourismus vor der Jahrhundertwende ...
Hätte es damals schon diese gewissen Treueplaketten gege-
ben, mit denen heute allenthalben besonders fleißig wiederkeh-
rende Urlauber prämiiert werden, um sie bis ans Ende ihrer Tage
an den Ort ihrer Wahl zu binden, wäre ein Gast aus Berlin
unumstrittener Anwärter auf die Goldmedaille gewesen: Dr.
Oscar Blumenthal. Da ist es nur recht und billig, daß im dritten
Stock des Ischler Heimatmuseums sein Porträt hängt. Denn Bad
Ischl ist es, wo er zu seinem Lustspiel von der reschen Rössl-Wirtin Josepha Voglhuber und dem in sie verliebten Kellner Leopold
angeregt worden ist, wo die Urbilder aller dieser Figuren gelebt
haben und wo er den munteren Dreiakter auch geschrieben hat.
Erst als dreiunddreißig Jahre später aus dem Sprechstück ein
Singspiel wird, erntet St. Wolfgang die Früchte der Ischler Saat,
und dabei bleibt es für alle Zukunft. Anstifter des Piratenaktes ist
der Schauspieler Emil Jannings, Haupttäter der Regisseur Erik
Charell, Komplizen die Textautoren Hans Müller und Robert
Gilbert sowie die Komponisten Ralph Benatzky, Bruno Granich-

staedten, Hans Frankowski und Robert Stolz, Hauptnutznießer
die Gemeinde St. Wolfgang und ihr „Weißes Rössl" am See ...

Oscar Blumenthal, Jahrgang 1852, ist Berliner. An der Universität Leipzig macht er den Dr. phil., schon als Student gibt er Proben seines satirisch-feuilletonistischen Talents und tritt mit „Vorpostengefechten eines literarischen Franc-Tireurs" an die Öffentlichkeit. Ganz im Stil der Zeit gründet er eine „Deutsche Dichterhalle", der die „Neuen Monatshefte für Dichtkunst und Kritik" folgen; mit zweiundzwanzig besorgt er eine kritische Gesamtausgabe Grabbes. Das berühmte „Berliner Tageblatt", dessen Kulturteil er später leiten wird, druckt seine Theaterkritiken – ihre Schärfe trägt ihm den Beinamen „der blutige Oscar" ein. Viele seiner Zeitungsplaudereien überdauern den Tag und erscheinen auch in Buchform. „Allerhand Ungezogenheiten", „Vom Hundertsten ins Tausendste", „Die Kunst zu lächeln", „Für alle Wagen- und Menschenklassen", „Aus heiterm Himmel", „Gemischte Gesellschaft", „Federkrieg" und „Zum Dessert" lauten die Titel dieser Feuilletonsammlungen – manches davon liest sich auch heute noch mit Amüsement und Gewinn.

Weniger Erfolg hat Blumenthal mit seinen frühen dramatischen Versuchen. Erst als er sich mit dem gleichaltrigen, aus Budapest stammenden Schauspieler Gustav Kadelburg zusammentut und sich aufs Salonlustspiel verlegt, zeigt das Unternehmen Wirkung: Der Kompagnon, in seinen Wiener Jahren Bonvivant am dortigen Stadttheater, wendet sich, nun gleichfalls in Berlin ansässig, mehr und mehr der Schriftstellerei zu und steuert die Pointen zu Blumenthals Schwänken bei.

Mit sechsunddreißig gründet der Berliner Oscar Blumenthal in seiner Vaterstadt das Lessing-Theater, dem er neun Jahre als Direktor vorstehen wird. Da gehört es beinahe zu seinen Standespflichten, den Sommer in Ischl zu verbringen: Jahr für Jahr reist er wie so viele seiner Zunft während der Theaterferien ins Salzkammergut und bezieht im Villenviertel des Ortsteils Kaltenbach Quartier – zuerst im gutbürgerlichen Gasthof „Zur Molken", später in der noblen Hotelpension Rudolfshöhe, noch später im eigenen Haus.

„Das Salzkammergut", wird er 1910 in seinem Rückblick „Ischler Frühgespräche" resümieren, „scheint eine besondere Anziehungskraft auf die Bühnenkünstler auszuüben. Wien, Berlin,

Hamburg, München, Wiesbaden haben ihre Delegierten gesandt. Alle Alters- und Rangklassen sind vertreten. Das lacht und spottet und plaudert und wirbelt durcheinander und bringt einen immer willkommenen Einschlag von Übermut und Leichtsinn in unser Kurleben. Man hat in Ischl täglich Gelegenheit, die hervorragendsten Bühnenkünstler zu sehen – vorausgesetzt, daß man nicht ins Theater geht."

Wohin also geht man? Auf die Esplanade. Ins berühmte Café Walther. Und im Gegensatz zu Wien oder Berlin mit deren abendlichen Künstlertreffs nicht etwa zu später Stunde, sondern zum „Morgentrunk":

„Die Abende verbringen die Herrschaften mit rühmenswerter Ehrbarkeit in ihren vier Wänden. Denn obwohl der Ort vor einigen Jahren plötzlich seine Visitenkarte hat umdrucken lassen und sich ‚Bad Ischl' genannt hat, ist er trotzdem kein Kurort geworden, sondern ein ausgedehnter Komplex von Sommerwohnungen geblieben, in welche die Mieter mit ihrem ganzen winterlichen Haushalt übersiedeln. Sie nehmen ihre Mahlzeiten zu Haus, am sorglich betreuten Familientisch, und das ist so löblich wie ökonomisch."

Auch Intendant Dr. Blumenthal stürzt sich ins morgendliche Treiben; was es ihm im kaiserlichen Ischl so besonders angetan hat, ist dieses spezifische Amalgam aus ländlich-alpinem Naturburschentum und mondänem Großstadtflair:

„Die Ischler Esplanade ist ein großstädtischer Boulevard, der quer durch das liebliche Alpental läuft. Auf dieser schönen Uferstraße am Traunstrom, der in ungezügeltem Lauf alle Fluten vorüberwälzt, die ihm aus den Gießbächen im Gebirge zugeströmt sind, bilden die natürlichen Reize der Berglandschaft nur den Hintergrund für ein buntes Weltstadtbild voll fröhlichen Lebens. Drüben der schlanke Aussichtsturm des Siriuskogels, der mit Fichten bestockte Gipfel der Kolowrat-Höhe, die neugierig ins Tal hinabschauenden Felsplatten der Bräuningzinken, unten aber eine geschäftig hin und her wogende Menge von Großstädtern, die plaudern und flirten, lachen und lästern, schwatzen und schwärmen, als wäre mitten in die feierliche Schweigsamkeit der Berge plötzlich das laute Residenzleben mit seiner ganzen quirligen Beweglichkeit eingebrochen."

Hinzu kommt für den Augenmenschen Blumenthal der reizvolle Kontrast der „schönen Frauen, die sich in das landesübliche

Dirndlgewand gesteckt haben und uns mit dieser bukolischen Verkleidung in die Schäferspiele der Rokokozeit zurückführen":

„Ich glaube immer, eine Hirtenflöte zu hören, die zum Tanz auf grünen Matten lockt, wenn ich die Mädchen und Frauen in der farbigen ländlichen Tracht vorbeikommen sehe. Diese roten oder blauen Kattunkleider, die mit Sternen oder Blumen gemustert sind; diese schillernden Seidenschürzen, die in einem fröhlichen koloristischen Gegensatz zum Rock stehen; diese schmucklosen weißen Leinenärmel, aus welchen noch weißere Arme hervorwinken; die hübschen grellgelben oder lichtblauen Busentücher; die grobgeflochtenen runden Strohhüte und die nickenden roten Spielhahnfedern – mit einer köstlichen Farbenkeckheit leuchten diese Trachten in den hellen Tag hinein."

Zu den Etablissements, in denen Oscar Blumenthal während seiner ersten Ischler Sommeraufenthalte logiert, gelangt man, indem man der Esplanade bis zu ihrem Ende folgt und dann in gerader Richtung den Ortsteil Kaltenbach ansteuert, der zu dieser Zeit, über waldreiche Hügel verstreut, die meisten der noblen Ferienvillen beherbergt. Der Gasthof „Zur Molken" (in dessen Name noch jener Rückstand der einstigen Käsereierzeugung fortlebt, den die Damenwelt des vorigen Jahrhunderts für ihre Schönheitsbäder nützte) und die Hotelpension Rudolfshöhe, die – vom Tennisplatz bis zum Croquet-Gelände, von der „gedeckten

Von der Jausenstation zum Luxusetablissement:
die Hotel-Pension Rudolfshöhe

49

Terrasse" bis zum Lese-, Musik- und Billard-Salon – über jeden erdenklichen Luxus verfügt, ihre üppigen Dienstleistungen auch in französischsprachigen Prospekten offeriert (später ins Hotel Miramonte, Schauplatz aller großen Bälle Bad Ischls, übergeht und heute durch einen weitläufigen Appartementbau ersetzt ist), gehören zum Imperium eines Mannes, der weit über seine Heimatgemeinde hinaus Ansehen genießt: Leopold Petter, Jahrgang 1850.

Vom Pikkolo und Kofferträger des Hotels Post hat er sich zum Zahlkellner des Esplanaden-Cafés Walther und schließlich zum Großgrundbesitzer und Hotelkönig von Kaltenbach emporgearbeitet, der seinen beiden Brüdern Martin und Bartholomäus, als er 1917 unverheiratet stirbt, nicht weniger als neun Liegenschaften hinterläßt, darunter so renommierte Betriebe wie den Habsburghof, den Münchnerhof, das Westend Bristol und die Villa Strauß, deren Vorbesitzer kein Geringerer als der Walzerkönig in seinen letzten Lebensjahren gewesen ist.

Der Aufstieg des Leopold Petter (der sich in der Korrespondenz mit ausländischen Gästen „Léopold" nennt und seit 1960 sogar in einem ihm gewidmeten Gäßchen im Ortsteil Kaltenbach fortlebt) setzt mit dem Erwerb eines unscheinbaren Häuschens ein, das er in den frühen achtziger Jahren in eine Jausenstation umwandelt. Hier nimmt Kaiserin Elisabeth bei ihren Ausritten in die nahe Engleithen gern den Eiskaffee ein, und da es die anderen natürlich der Majestät gleichtun müssen, avanciert die „Rudolfshöhe" binnen kurzem zu einer ersten Adresse der feinen Gesellschaft von Ischl. Das Geschäft gedeiht so prächtig, und die Zubauten, Umbauten und Zukäufe des Leopold Petter nehmen mit der Zeit solchen Umfang an, daß für den Ortsteil Kaltenbach das Synonym „Leopoldstadt" aufkommt. Auch im „Gemeinderath" mischt der aus einfachsten bäuerlichen Verhältnissen stammende Selfmademan kräftig mit: In die Chronik der Ischler Kommunalpolitik geht er als eine der Hauptstützen der „conservativen Partei" ein.

Sogar für künstlerische Betätigung findet der Gründerzeit-Multi Petter Zeit: In seinem Atelier entstehen Skulpturen, deren berühmteste, bis heute in einem Villengarten in der Ischler Lärchenwaldstraße erhalten, seinen illustersten Stammgast darstellt: Kaiserin Elisabeth. Umso bemerkenswerter die Bescheidenheit seines eigenen Lebensstils: Der Schreibtisch, von dem aus Leopold Petter pfeiferauchend die Geschicke seines

Gründerzeit-Multi Leopold Petter mit der Büste seines illustersten Gastes: Kaiserin Elisabeth

Imperiums lenkt, steht im Souterrain der „Rudolfshöhe" – in einem Winkel der Hotelküche.

Ischl ist die Sommerresidenz des Kaisers, und das bedeutet: Alles drängt in dessen Nähe. Politik, Finanzwelt, Künste. Wer Geschäftssinn mit Fleiß und Sparsamkeit zu verbinden weiß, kann es, gestern noch ein ärmliches Bäuerlein, im Lauf der Jahre mit einer Champignon- oder Schnittlauchzucht für die Table d'hôte der feinen Restaurants zu Wohlstand bringen. So einer ist dieser Leopold Petter. Kein Wunder, daß er seinen Stammgästen imponiert. Und daß einer von ihnen, der Bühnenschriftsteller und

Theaterdirektor Dr. Oscar Blumenthal aus Berlin, nicht eher ruhen wird, als bis er ihm – auf seine Weise – ein Denkmal gesetzt hat. Doch noch ist es nicht soweit.

Im Frühjahr 1895 reist Blumenthal mit ungewöhnlicher Fracht an. Diesmal kommt er nicht mit der üblichen Kofferladung im eigenen Elektromobil. Diesmal kommt er per Bahn. Und nicht mit dem regulären Personenzug, sondern gleich mit einer kompletten Gütergarnitur. Denn zu seinem Gepäck gehören diesmal nicht nur die Hutschachteln seiner Frau, sondern auch – ein Haus. Dr. Blumenthal bringt sich seine eigene Villa mit, in viele kleine Teile zerlegt: Europas erstes Fertigteilhaus.

1890 in Berlin aus edlen Hölzern gezimmert, ist das exklusive, vielgiebelige, türmchenverzierte Gebilde eine der Attraktionen der Chikagoer Weltausstellung von 1893. Blumenthal, selber in den USA zu Gast, verliebt sich in den Prototyp, erwirbt ihn für 20.000 Dollar, läßt ihn fachmännisch zerlegen, nach Österreich transportieren und an einem der romantischsten Baugründe zwischen Ischl und Lauffen aufstellen: im Baumschatten des sogenannten Soleleitungsweges, unweit des Jahre später errichteten Kaiser-Jagdstandbilds.

Ischl hat seine Sensation – und hat sie bis heute: Die Villa Blumenthal, zeitweilig von dem Bildhauer Alfred Brandel und inzwischen vom Verleger des „Österreichischen Kontaktmagazins" bewohnt, ist sowohl in ihrer Solidität wie in ihrer Exzentrik ein Kuriosum sondergleichen.

Besonders die Hausherrin weiß die Vorzüge des eigenen Ischler Besitzes zu schätzen: Frau Blumenthal ist schwer gehbehindert, zeitweise an den Rollstuhl gefesselt. Im Obergeschoß richtet sich ihr Mann sein Schreibstübchen ein. Auch für ihn, den passionierten Spaziergänger, ist es die ideale Adresse: Er braucht nur aus dem Haus zu treten, schon ist er mitten im Wald. Und, näher zur Katastralgemeinde Lauffen als zum Ortszentrum von Ischl, ist er in einer Viertelstunde bei seinem Lieblingslokal: Im Weißen Rössl zu Lauffen, dem renommierten Einkehrgasthof am Ufer der Traun, sorgt die nicht nur kochtüchtige, sondern auch bildhübsche und seit kurzem frühverwitwete Wirtin Maria Aigner für ihre Gäste. Die 1864 geborene Bäckerstochter, die in zweiter Ehe den k. k. Postadministrator Johann Seerainer heiraten wird, zieht Verehrer von weit und breit an. An schönen Sommertagen drängen sich in ihrem Wirtshausgarten die feinen

Ein ganzes Haus im Gepäck:
Oscar Blumenthal im Garten seiner Lauffener Villa

Herrschaften vom Hof, Alexander Girardi legt die fünf Kilometer von Ischl nach Lauffen mit dem Fahrrad zurück, Kaiser Franz Joseph, auf dem Weg zur Jagd im Weißenbachtal, fährt alle paar Tage mit seinem Anhang vorbei, und für die Gäste, die den Wasserweg vorziehen, verkehrt zwischen Ischl und Lauffen ein Dampfschiff, das dicht unterhalb des Weißen Rössls anlegt.

Von alledem ist heute nichts mehr erhalten: Das Weiße Rössl, in späteren Jahren heruntergewirtschaftet (und daraufhin von den Lauffenern zum „Schwarzen Rössl" herabgestuft), ist mit dem Bau der neuen Umfahrungsstraße verschwunden, der Ort selbst – ausgenommen die Pilgersaison im Oktober, wenn die Wallfahrer anrücken, um in den „goldenen Nächten" zur „Maria im Schatten" zu beten – wie ausgestorben. Von den vormals sieben Gasthöfen hat ein einziger überlebt, und auch der ist nur am Wochenende in Betrieb.

Sommer 1897, Oscar Blumenthals drittes Jahr im eigenen Haus. Auf den Schwank „Hans Huckebein", den er als letztes geschrieben hat, soll ein neues Stück folgen, der Fünfundvierzigjährige ist auf Stoffsuche. Als erfahrener Theatermann weiß er, daß die größten Reißer oft nichts anderes als geschickte Bearbeitungen früherer Bühnenerfolge sind – oder zumindest deren Motive wiederaufgreifen. Bei „Hans Huckebein" ist es sein Landsmann Wilhelm Busch, bei dem Schauspiel „Falsche Heilige" der Engländer Arthur Wing Pinero, den er „beerbt". Jetzt reizt ihn ein Italiener: Wie wär's, wenn man Goldonis Komödie „Mirandolina" adaptierte? Die übermütige Posse von der ebenso hübschen wie klugen Florentiner Wirtin, die sich von den Gästen ihrer „locanda" umwerben läßt, nicht eher ruht, als bis sie auch den Hagestolz, der sich ihr als einziger entzieht, herumkriegt, und zu guter Letzt keinen von diesen allen, sondern ihren Kellner zum Mann nimmt, würde Blumenthal gern in neuem Gewand auf die Bühne bringen, und bei diesem neuen Gewand denkt er an seinen Urlaubssitz in Österreich. Das Salzkammergut mit seinem bunten Völkergemisch aus Einheimischen und Sommerfrischlern bietet sich als ideale Staffage für die Personen, die dortige Gastronomie als ideale Kulisse für den Ort der Handlung an. Seit etlichen Jahren Sommergast in Ischl, kann er in so manchem farbigen Detail aus eigener Erfahrung schöpfen. Und zugleich jenen Menschen in seiner sommerlichen Wahlheimat, die er liebgewonnen

Die Rössl-Wirtin von Lauffen: Maria Seerainer, verwitwete Aigner

hat, seine Reverenz erweisen. Für die Treffsicherheit der Dialoge und Pointen hat er – wie nun schon seit Jahren – seinen bewährten Kompagnon Gustav Kadelburg an der Hand. Und so wird aus der fast hundertfünfzig Jahre alten „Mirandolina" ein nagelneues „Weißes Rössl".

Beim Namen des Schauplatzes denkt er an den Lauffener Gasthof, den er fast vom Fenster seines Schreibstübchens aus sehen kann, bei der weiblichen Hauptperson an die Rössl-Wirtin Maria Aigner, bei ihrem verliebten Kellner Leopold an den ehemaligen Zahlkellner und nunmehrigen Mehrfach-Hotelier Leopold Petter, bei dem er früher gewohnt und mit dem er jetzt gut Freund ist. Daß er die Rössl-Wirtin im Stück Josepha Voglhuber nennt, ist eine weitere Verbeugung vor dem Petter-Clan: Leopold Petters Schwägerin, Bäuerin im Ischler Ortsteil Reiterndorf, ist eine Voglhuber. Sogar die Kathi Seerainer, die in Lauffen die Post austrägt (und den vorübergehend abwesenden Blumenthal einmal zur Verzweiflung bringt, weil sie einen eingeschriebenen Brief, statt ihn einer dritten Person auszuhändigen, wegen Unzustellbarkeit vorschriftsmäßig an den Absender zurückschickt), verewigt er in seinem Stück: Es ist die Briefträger-Kathi, die im zweiten Akt, auf „Legitimation" und „Rekognoszierung" eines Adressaten bestehend, ihren zwerchfellerschütternden Auftritt hat. Na, und was den Glühstrumpffabrikanten Wilhelm Giesecke betrifft, diese Paraderolle eines herrlich berlinernden, über alles nörgelnden und mit jedem aneckenden Touristen, so wird Blumenthal als langjähriger Beobachter der Ischler Fremdenverkehrsszene sicherlich auch so manches eigene Erlebnis verarbeitet haben.

Noch im selben Jahr wird Blumenthals Lustspiel „Im Weißen Rössl" uraufgeführt: am 30. Dezember 1897. Es ist das verspätete Weihnachtsgeschenk des Direktors des Lessing-Theaters ans Berliner Publikum. „Ort der Handlung: das Salzkammergut" liest man auf dem Programmzettel. Nur wenige Eingeweihte wissen, daß die „Jejend", wie der quengelnde Herr Giesecke seinen Urlaubsort abschätzig nennt, mit dem langjährigen Sommersitz des Autors identisch ist. Für das einfache Berliner Publikum, das von einer Ferienreise nach Österreich zu dieser Zeit nur träumen kann, sind die folkloristischen Elemente des „Weißen Rössls" von solcher Exotik, die Dialoge der handelnden Personen von solcher Komik und die Verwicklungen der Story von solcher

Drastik, daß des Jubelns kein Ende ist und den über zweihundert En-suite-Vorstellungen in Berlin bald auch Aufführungen an zahlreichen Provinzbühnen folgen. Und wer keine Gelegenheit hat, das Stück zu sehen, liest das Buch. Zur hundertsten Vorstellung wirft der Verlag Max Simson als „Jubiläumsausgabe des Lessing-Theaters" eine Mappe mit „zehn prachtvoll ausgeführten Kunstblättern" auf den Markt, die – zum Preis von 75 Pfennig – Szenen aus dem „Weißen Rössl" im Bild festhalten und – so die Werbung in den Theaterschaukästen – „ein Werk von hohem künstlerischem Werth" darstellen. Auch das Kino bemächtigt sich der Erfolgsstory: Liane Haid und Max Hansen sind die Rössl-Wirtin und der Kellner Leopold des Stummfilms.

Und wie schlägt das Ganze auf den Originalschauplatz zurück? Ischl hat zu dieser Zeit noch keine Operettenfestspiele, bei denen man das Stück auf seine Wirkung am Ursprungsort erproben könnte. Und schon gar nicht käme man auf die Idee, es für touristische Werbezwecke einzuspannen: Ischls Fremdenverkehr floriert auch so.

Dafür aber tritt ein anderes Weißes Rössl auf den Plan: der Gasthof gleichen Namens im sechzehn Kilometer entfernten St. Wolfgang. Das mit einem Baedeker-Stern ausgezeichnete Etablissement kann nicht nur mit moderaten Preisen, einer Veranda zum See und einem Dampfboot-Anlegeplatz, sondern auch mit einer Wirtin aufwarten, die die Gunst der Stunde zu nützen weiß und sich, werbewirksam durch die Lande reisend, als Urbild der Lustspielfigur ausgibt. Antonia Drassl heißt die clevere, zum Zeitpunkt der Berliner Premiere sechsundvierzig Jahre alte Person. Sie also ist es, die den Anstoß dazu gibt, daß sich in einer breiten Öffentlichkeit die Vorstellung festsetzt, Oscar Blumenthals „Weißes Rössl" stehe in St. Wolfgang am Wolfgangsee und nirgendwo sonst.

Bis es zur offiziellen „Beglaubigung" kommt, vergehen allerdings noch gut dreißig Jahre. Im März 1917 stirbt der Autor, vier Monate darauf sein Kellner-Leopold-Urbild Leopold Petter, 1926 die Lauffener Rössl-Wirtin Maria Seerainer verw. Aigner geb. Gandl. Oscar Blumenthals Sprechstück gerät in Vergessenheit. Nach den Schrecknissen des Ersten Weltkrieges wirken die Konflikte dieses Bühnenleichtgewichts läppisch und verstaubt.

Einem allerdings will das „Weiße Rössl" nicht aus dem Kopf: dem Schauspieler Emil Jannings. Es ist eine alte Erfahrung: Je höher einer aufsteigt, desto lieber erinnert er sich an seine kümmerlichen Anfänge. Jannings ist 1929 ganz oben angelangt. Seit 1914 hat er einen Film nach dem andern gedreht, mit Streifen wie „Der letzte Mann", „Tartuffe" und „Faust" zählt er zu den ganz Großen des Stummfilms, für „Way of all Flesh" und „The Last Command" hat ihn Hollywood mit einem „Oscar" geehrt, und sein erster Tonfilm, der soeben abgedrehte „Blaue Engel", wird vollends ein Stück Kulturgeschichte.

Wie aber hat diese Weltkarriere angefangen? So mickerig, wie man sich's für eine pointierte Künstlerbiographie nur wünschen kann: anno 1900 auf einer deutschen Provinzbühne. In Oscar Blumenthals Lustspiel „Im Weißen Rössl". Jannings ist sechzehn, für ihn fällt nur die stumme Komparsenrolle eines jener Musikanten ab, die in Bergmannstracht an Bord des beim „Weißen Rössl" anlegenden Dampfboots – laut Regieanweisung – „einen fröhlichen Ländler spielen".

Amüsiert muß er an jenes so wenig spektakuläre Debüt denken, als er sich neunundzwanzig Jahre später, nun ein erfolgverwöhnter Filmstar mit dicker Brieftasche, am Wolfgangsee niederläßt: Das Grundstück, das er erworben hat, liegt dem dortigen „Weißen Rössl" genau gegenüber. Er ist Stammgast in dem Lokal, das nicht nur für seine einzigartig schöne Lage am See, sondern auch für seine exzellente Küche bekannt ist. Als der Choreograph und Regisseur Erik Charell, der vor kurzem mit seiner Revue „An alle" auf der Riesenbühne des Großen Schauspielhauses die Berliner in einen wahren Revue-Taumel versetzt hat und nun auf der Suche nach einem neuen Stoff ist, Emil Jannings in seinem Domizil in Gschwend seine Aufwartung macht, nimmt man das gemeinsame Nachtmahl im „Weißen Rössl" zu St. Wolfgang ein, und natürlich gibt Jannings bei dieser Gelegenheit die Geschichte seines Debüts zum besten. Und erzählt seinem Gast, was für ein reizendes Stück dieses „Weiße Rössl" doch sei. Noch in derselben Nacht ruft Charell den Berliner Verleger Fritz Wrede an, er möge ihm auf schnellstem Wege das Textbuch schicken.

„Aber gern, die alte Schwarte können Sie haben", lautet die Antwort. „Nur die Aufführungsrechte – die gebe ich Ihnen nicht. Ich will Sie nicht unglücklich machen. Der Blumenthal zieht nicht mehr."

Jetzt geht's Schlag auf Schlag: Charell, fest davon überzeugt, auf eine Goldmine gestoßen zu sein, macht sich auf die Suche nach Mitarbeitern, denen zuzutrauen ist, daß sie aus dem verstaubten Lustspiel eine schwungvoll-frische Revueoperette machen. Der versierte, aus Brünn stammende Theaterschriftsteller Hans Müller schreibt das Libretto, Robert Gilbert, der schon mit Schlagern wie „Ein Freund, ein guter Freund" und „Liebling, mein Herz läßt dich grüßen" Furore gemacht hat, die Liedtexte, Ralph Benatzky die Musik. Bruno Granichstaedten steuert sein „Zuschaun kann i net", Robert Stolz die Einlagen „Die ganze Welt ist himmelblau" und „Mein Lieblingslied muß ein Walzer sein" bei. Sie werden ebenso zu Evergreens wie Gilberts „Was kann der Sigismund dafür, daß er so schön ist" oder Benatzkys „Im Salzkammergut, da kamma gut lustig sein", „Es muß was Wunderbares sein, von dir geliebt zu werden" und „Erst, wann's aus wird sein …"

Der Rest ist Theatergeschichte. Am 8. November 1930 findet im Berliner Großen Schauspielhaus die Premiere statt; sie endet mit einem Beifallssturm. Daß in der Operettenfassung auch Kaiser Franz Joseph auf die Bühne kommt, ist ein zusätzliches Erfolgselement. Und natürlich spielt das Ganze nun nicht mehr – wie noch bei Blumenthal – irgendwo im Salzkammergut, sondern expressis verbis „Im Weißen Rössl am Wolfgangsee". Die konkrete Lokalisierung ist damit endgültig vollzogen und so auch die vorschnelle Usurpierung durch die St. Wolfganger nachträglich legitimiert.

Drei Verfilmungen folgen: 1935 mit Christl Mardayn und Hermann Thimig als Rössl-Wirtin und Kellner Leopold, 1953 mit Hannerl Matz und Johannes Heesters, 1960 mit Waltraut Haas und Peter Alexander. Paris spielt das Stück vier Jahre lang en suite, in London und New York wird aus dem Weißen Rössl ein „White Horse Inn". Als Ralph Benatzky 1957 in Zürich stirbt, erhält er in St. Wolfgang, dessen Ehrenbürger er vor sieben Jahren geworden ist, ein Ehrengrab, und zur Beisetzung wird „Im Weißen Rössl am Wolfgangsee" als Trauermarsch intoniert.

Schwer zu sagen, wie Oscar Blumenthal, der Schöpfer der Urfassung, über deren posthume musikalische Wiedergeburt geurteilt hätte. Erfolgsorientierter Theaterpraktiker, der er war, hätte er wohl in den allgemeinen Jubel mit eingestimmt.

1910, als er seine „Ischler Frühgespräche" niederschreibt, lästert er allerdings noch über die Kollegen von der Komponistenzunft:

59

„Nicht weit entfernt liegt die Musikecke der Esplanade. Da sehen Sie einige Komponisten, denen in der Tat noch etwas einfällt, sowie einige andere, die im Gegenteil eine neue Operette schreiben. Ischl war von jeher der Zentralpunkt der Melodienerzeugung in Österreich. Hier werden die Operettenrefrains des nächsten Winters zu Papier gebracht, von den Notenkopisten zum zweiten Male abgeschrieben und dann in die Weite geschickt – gerade wie die Türharfen, die Kuckucksflöten und andere klingende Erzeugnisse der Ischler Hausindustrie."

Oscar Blumenthal kann sich diese Strenge des Urteils leisten, hat er doch noch – wenige Jahre vor dessen Tod – mit der Nummer eins der Zunft zu tun gehabt. Als er, auf seinem Rundgang durch Bad Ischl, vor der Villa haltmacht, „in der einst Johann Strauß gelebt hat und die nun von ihrem betriebsamen Besitzer in ein einladendes Fremdenheim umgewandelt worden ist", schwelgt er in Erinnerungen an das stolze Erlebnis:

„Mit zögernden Schritten traten wir in den Garten, der mit seinen Buchen- und Lindenwipfeln das Haus umschattet. Die Tage stiegen mir wieder auf, wo ich dem Meister hier vertraulich nähertreten durfte. Hier habe ich ihm zu einer Zeit, da die Operette in Berlin kein rechtes Heim hatte, für seinen ‚Waldmeister' das Lessing-Theater zur Verfügung gestellt. Hier hat er in dem Walzer ‚Trau, schau, wem' eines seiner duftigsten Tonwerke geschaffen, das so echt straußisch zwischen Lyrik und Übermut hinschwebt. Wie ein dichtes Fliedergebüsch, in welchem die Singvögel nisten – so voll war er von Klang und Melodie."

Klang und Melodie – auch der Operettenfassung des „Weißen Rössl" sind die zwei nicht abzusprechen. Oscar Blumenthal – so darf man annehmen – wär's zufrieden.

DIE WAISEN VON LITZLBERG

Maria Cebotaris Kinder am Attersee

Wien, 13. Juni 1949. Die kriegszerstörte Staatsoper ist noch Baustelle – erst in gut sechs Jahren wird sie mit allem Pomp wiedereröffnet werden. Dennoch ist das berühmte Haus am Ring an diesem Frühsommertag Anziehungspunkt Tausender Musikbegeisterter: Es gilt, von einer der beliebtesten Sängerinnen Wiens Abschied zu nehmen. Maria Cebotari, mit neununddreißig von einem Krebsleiden dahingerafft, ist in der Staatsoper aufgebahrt. Eine schier endlose Schlange geduldig wartender Verehrer zieht am offenen Sarg vorbei.

Der Trauerakt, der sich am Nachmittag anschließt, gleicht einem Staatsbegräbnis: Auf über zehntausend wird die Zahl derer geschätzt, die dabei sind, als der Kondukt – nach traditionellem Ritual – die Oper umrundet, um sodann den langen Weg zum Döblinger Friedhof anzutreten. Im schwarz ausgekleideten Aufbahrungsraum erklingt Schuberts „Unvollendete", der Staatsopernchor singt das Mozart-Requiem „Lacrimosa", Bürgermeister Theodor Körner, Bundestheaterchef Egon Hilbert, Staatsoperndirektor Franz Salmhofer und Kammerschauspieler Wilhelm Schmidt, letzterer als Vertreter der Künstlergewerkschaft, sprechen Abschiedsworte.

Die Bestattung erfolgt in einem Grab, in dem bereits eine andere Berühmtheit jener Tage ruht: Vor über einem Jahr ist hier der Schauspieler Gustav Dießl beigesetzt worden. Maria Cebotaris große Liebe, ihr zweiter Mann, der Vater ihrer Kinder. Auch ihn hat der Tod lange vor der Zeit zu sich geholt: mit achtundvierzig.

Der Trauerzug, der sich auf das Grab mit dem schwarzen Marmorstein zubewegt, wird von einer tiefverschleierten Frau um die vierzig und einem Buben von etwa acht angeführt: Es sind Hedwig Cattarius, die Erzieherin der Cebotari-Kinder, und Peter, der ältere der beiden. Fritz, den fünf Jahre jüngeren, hält man von der Zeremonie fern – er ist noch zu klein, um zu begreifen, was da vor sich geht.

Dabei ist der Verlust der Eltern für die zwei nur der erste Akt in einer Tragödie, die in den folgenden Jahren immer wieder aufs neue die Öffentlichkeit beschäftigen wird – beschäftigen und erschüttern. Das Schicksal der Cebotari-Kinder wird zu einem Dauerthema der Medien. Als am 20. Juli 1953 – Peter und Fritz Dießl sind inzwischen zwölf bzw. knapp sieben – ihre Ersatzmutter Hedwig Cattarius durch Selbstmord aus dem Leben scheidet, sind die beiden Vollwaisen ein weiteres Mal entwurzelt. In neuer Obhut und neuer Umgebung sollen sie endlich Ruhe finden: in Litzlberg am Attersee. Wird es ihnen gelingen?

In der bessarabischen Grenzstadt Kischinew, die zu dieser Zeit noch zu Rußland, erst ab 1918 zu Rumänien gehört, kommt Maria Cebotari am 10. Februar 1910 zur Welt. Literaturkenner wissen: Es ist jener „verfluchte" Ort, in den in jungen Jahren der scharfzüngig-freisinnige Alexander Puschkin verbannt worden ist.

Hier ist Vater Cebotaru (so der richtige Familienname) Lehrer. Seine Kinder, zwei Mädchen und ein Bub, teilen mit ihm die Liebe zur Musik. Besonders Maria, die Jüngere, ist, was das Singen betrifft, ein erstaunliches Talent. Schon mit sechs gehört sie dem Kirchenchor an. Bald wird sie den knappen Etat des Elternhauses mit Nebeneinkünften aufbessern, indem sie bei Tauffesten, Hochzeiten und Begräbnissen auftritt. Daß sie dabei nicht immer wählerisch vorgeht, stört keinen: Wo gibt es das schon, daß eine Zwölfjährige die Arie der Santuzza aus „Cavalleria Rusticana" schmettert?

Damit aus dem Wildwuchs – Maria hat sich ihr Repertoire ganz allein erarbeitet – etwas Ordentliches wird, schickt man sie mit vierzehn aufs Konservatorium. Da kommt eines Tages eine Truppe des berühmten Moskauer Künstlertheaters zu einem Gastspiel nach Kischinew – für die verschlafene Grenzstadt eine Sensation, auch wenn es sich nur um die zweite Garnitur handelt. Tolstois „Lebender Leichnam" steht auf dem Programm; Graf Wiruboff, der Regisseur und Hauptdarsteller, hat den Einfall, die Aufführung mit russischem Liedgesang anzureichern. Er hört sich also in der Stadt um, wer für ein solches Solo in Betracht käme. Natürlich nur eine: die junge Maria Cebotaru – so lautet die allgemeine Empfehlung. Und es bedarf auch keiner großen Überredungskunst: Maria steht zum erstenmal auf der Bühne.

Doch Alexander Wiruboff will mehr: Er möchte, daß die hinreißende kleine Person mit der großen Stimme fortan fest seinem Ensemble angehört und ihm nach Paris folgt, wo das Moskauer Künstlertheater seinen Exilsitz hat. Maria nimmt in Kauf, von ihrer Familie verstoßen zu werden, als die noch Minderjährige einen weiteren ungeheuerlichen Schritt wagt: Sie erliegt dem ungestümen Werben des dreißig Jahre Älteren und wird Wiruboffs Frau. Daß sie einen leidenschaftlichen Spieler und notorischen Trinker geheiratet hat, dem sie mit Chansonabenden auf obskuren Pariser Kleinbühnen über so manchen finanziellen Engpaß hinweghelfen muß, sieht sie als Preis dafür an, mit seiner Hilfe ihrem großen Lebensziel näherzukommen: als Opernsängerin Karriere zu machen.

Berlin ist ihre große Chance: Als Wiruboff einem Ruf der UFA folgt, bei einer Reihe von Filmprojekten mitzuwirken (die sich allesamt, was seinen Part betrifft, zerschlagen), wird man auf seine junge Frau aufmerksam. Maria Cebotari erhält, obwohl sie noch kein Wort Deutsch spricht, einen Studienplatz an der Berliner Musikhochschule und erregt mit ihrer außergewöhnlichen Begabung solches Aufsehen, daß der berühmte Dirigent Fritz Busch die erst Einundzwanzigjährige an die Dresdner Oper holt. Ihr sensationelles Debüt als Mimi in „Bohème" hat sofort ein weiteres, noch ehrenvolleres Engagement zur Folge: Bruno Walter bindet Maria Cebotari an die Salzburger Festspiele, denen sie bald als eine der gefeiertsten Mozart- und Richard-Strauss-Interpretinnen unentbehrlich werden wird. Mit vierundzwanzig zur Kammersängerin ernannt, ist sie nun auch „reif" für Berlin: Von 1935 bis Kriegsende singt sie an der Berliner Staatsoper alle Partien ihres umfangreichen Repertoires. Gastspielverpflichtungen in London, Paris und Wien haben zur Folge, daß Maria Cebotari eine der ersten Sängerinnen ist, die sich des Flugzeugs als Verkehrsmittel bedienen – bis zu fünfmal pro Woche steht sie auf der Bühne.

Da sie außerdem eine exzellente Schauspielerin und eine reizvolle Bühnenerscheinung ist, wird auch der Film auf sie aufmerksam: In Streifen wie „Mutterlied" und „Melodie der Liebe" ist der italienische Spitzentenor Benjamino Gigli ihr Partner.

Im Filmstudio werden zugleich die Weichen für ihr künftiges Privatleben neu gestellt: Bei den Aufnahmen für den Streifen „Starke Herzen" in Berlin-Babelsberg verliebt sich Maria Cebotari in ihren Partner Gustav Dießl – und umgekehrt. Der zehn Jahre Ältere, aus Wien stammend, ursprünglich Maler, nun bei der UFA als Typ des eleganten Kavaliers unter Vertrag, ist gerade von seiner Kollegin Camilla Horn geschieden worden, und auch Maria Cebotari, des chaotischen Lebens an der Seite ihres Entdeckers Alexander von Wiruboff müde, ist wieder frei. Am 19. August 1938 treten sie und Gustav Dießl in Berlin-Charlottenburg vor den Standesbeamten. Die Braut hat alle Mühe, den Bräutigam zu erkennen: Dießl kommt geradewegs von den Dreharbeiten für den Film „Kautschuk", ist noch als spanischer Grande geschminkt ...

Drei Jahre später, am 1. Juli 1941, kommt Sohn Peter zur Welt. Beide Elternteile sind vielbeschäftigte Künstler mit intensiver Reisetätigkeit; die sich täglich verschlimmernde Kriegssituation läßt es außerdem geraten erscheinen, den Familiennachwuchs im Hinterland Berlins in Sicherheit zu bringen: Peter landet bei Freunden auf einem Gut in der Nähe von Magdeburg, später für eine Weile auch in einem Nobelhotel in Kitzbühel. Immer an seiner Seite: Hedwig Cattarius, die von den Eheleuten Dießl in Dienst genommene Kinderfrau. Sechs Jahre älter als Maria Cebotari, wird sie zur Ersatzmutter des Buben, und das gilt erst recht für seinen fünf Jahre jüngeren Bruder Fritz, der am 13. Oktober 1946 zur Welt kommt.

Während Maria Cebotaris Karriere auch durch Krieg und Nachkrieg keinerlei Knick erfährt (Karl Böhm holt die Diva, die nicht nur eine unvergleichliche Mimi, Butterfly, Konstanze, Gilda, Arabella, Daphne und Sophie ist, sondern auch Partien wie die Salome, die Turandot und die Carmen beherrscht, sowohl nach Salzburg wie nach Wien, wo sie ab Jänner 1947 dem Ensemble der Staatsoper angehört), geht es mit Gustav Dießl, ihrem Mann, rapid bergab: Schon früher nicht der Gesündeste, strecken ihn nun mehrere Schlaganfälle vollends nieder, zu den Lähmungserscheinungen gesellen sich schwere Depressionen; am 20. März 1948, einen Tag nach der Premiere seines letzten Films, „Der Prozeß", tritt der Tod ein.

Maria Cebotari, mit achtunddreißig Witwe, möchte den Halbwaisen Peter und Fritz in ihrer neuen Heimat Wien wenigstens

Den Bräutigam nur mit Mühe erkannt: Maria Cebotari und
Gustav Dießl vor dem Charlottenburger Standesamt

eine angemessene Bleibe schaffen: Auf einem Ruinengrundstück im Bezirk Währing läßt sie eine Villa errichten, in der es den Kindern an nichts fehlen soll. Doch da schlägt abermals das Schicksal zu: Kaum hat die um den Gatten und Vater dezimierte Familie das neue Quartier in der Weimarer Straße 65 bezogen, da erkrankt auch Maria Cebotari: Die Eurydike in Glucks „Orpheus und Eurydike", die sie im Sommer 1948 in der Salzburger Felsenreitschule kreiert, ist die letzte Partie, die sie neu einstudiert, die Laura in Millöckers „Bettelstudent", die sie am 31. März 1949 im Theater an der Wien, dem Ausweichquartier der Wiener Staatsoper, singt, ihr überhaupt letzter Auftritt. Die Ärzte, die ein Gallenblasenleiden als Ursache ihres rapiden Kräfteschwunds vermuten, ordnen für 4. April eine Operation an. Der Eingriff schafft statt Besserung Klarheit: Maria Cebotari ist nicht zu retten, sie leidet an Pankreas-Leberkarzinom im Endstadium, am 9. Juni tritt der Tod ein.

Was um Himmels willen soll nun aus den beiden unmündigen Kindern werden? Noch auf dem Sterbebett verfügt Maria Cebotari, daß Peter und Fritz unter der Obhut ihrer Erzieherin bleiben mögen. Sollte sich jedoch eine Adoption als unumgänglich erweisen, so nur unter zwei Bedingungen: Peter und Fritz dürfen nicht voneinander getrennt werden, und Frau Cattarius müsse „mitübernommen" werden.

Eine Zeitlang scheint's tatsächlich halbwegs zu klappen: Die Kinderfrau und ihre verwaisten Zöglinge ziehen sich in die Mansardenwohnung der Cebotari-Villa zurück, der gemeinsame Lebensunterhalt wird aus den Zinseinnahmen bestritten, die die Vermietung der übrigen Räume abwirft. Doch das kann keine Lösung auf Dauer sein: Sämtliches Barvermögen ist durch die kostspielige Behandlung von Gustav Dießl und Maria Cebotari aufgebraucht, auch Krieg und Nachkrieg sowie laufende Zuwendungen an Marias Elternhaus in der alten Heimat Bessarabien haben ihrem Besitzstand empfindliche Lücken zugefügt, den Rest hat der aufwendige Villenbau verschlungen. Hinzu kommt, daß die Liegenschaft nicht – wie geplant – in Maria Cebotaris Eigentum übergegangen ist, also in absehbarer Zeit geräumt werden muß.

Die Bemühungen der Bundestheaterverwaltung, den Cebotari-Kindern bis zu ihrer Großjährigkeit eine Art Gnadenpension zu erwirken, scheitern am Widerstand des Fiskus. Die Erträge der von mitfühlenden Künstlerkollegen veranstalteten Wohltätigkeitskonzerte bleiben der berühmte Tropfen auf den heißen Stein. Und so rührend es auch sein mag: Was hilft es den beiden Knirpsen, wenn sich der Friedhofsgärtner bereit erklärt, sich unentgeltlich um die Grabpflege zu kümmern? Es bleibt also dem gerichtlich bestellten Vormund, Rechtsanwalt Dr. Hugo Zörnlaib, keine andere Wahl, als sich schleunigst um Adoptiveltern für die Cebotari-Waisen umzusehen. An Interessenten fehlt es nicht: Zwölf Bewerber melden sich im Lauf der Zeit – darunter Burgschauspieler Albin Skoda (dem allerdings *zwei* Buben zu viel wären) und das Ehepaar Curt Goetz-Valerie von Martens (die im Hinblick auf ihre starke Reisetätigkeit ihr Offert wieder zurückziehen).

Wer sich mit aller Macht gegen jedes der Adoptionsbegehren aufbäumt, ist Hedwig Cattarius: In panischer Angst, die beiden Kinder, die sie wohl längst als ihr eigen ansieht, zu verlieren, fängt sie die einschlägige Post ab, läßt sie unbeantwortet und unternimmt wohl auch alles, Peter und Fritz auf ihre Seite zu ziehen, damit sie gegen jede Änderung des Status quo rebellieren. Als es im Sommer 1953 ernst zu werden droht und in der Person des englischen Konzertpianisten Clifford Curzon und dessen Gattin Lucille zwei Kandidaten auf den Plan treten, die gute Chancen haben, die Cebotari-Kinder vom Vormundschaftsgericht zugesprochen zu bekommen, dreht Hedwig Cattarius durch …

Clifford Curzon, in späteren Jahren von Königin Elizabeth II. zum Sir geadelt, ist zu dieser Zeit ein Mann von fünfundvierzig und auf der Höhe seines Ruhms. Seit zweiundzwanzig Jahren ist er mit Lucille Wallace verheiratet; die zehn Jahre Ältere, die ihm keinen Nachwuchs schenken kann, stammt aus Chikago, ihr Vater ist ein schwerreicher amerikanischer Arzneimittelfabrikant. Sie selbst fühlt sich zur Musik hingezogen, das Cembalo ist das Instrument ihrer Wahl. Ein Stipendium führt sie 1923 nach Wien, für weitere Studien wechselt sie nach Paris und Berlin. Ein Sommeraufenthalt am Attersee öffnet ihr die Augen für die Schönheit der Salzkammergutlandschaft, und so wird aus dem paying guest schon bald eine stolze Villenbesitzerin. In Litzlberg erwirbt sie ein Ackergrundstück in Seenähe, engagiert einen vorzüglichen Architekten, arbeitet selber an dessen Entwürfen mit und kann im Sommer 1929 in ihrem luxuriösen Retiro Einzug halten.

Als sie zwei Jahre darauf Mrs. Curzon wird (und schon bald, ihrem Mann zuliebe, auf die eigene Karriere verzichtet), fehlt zum vollkommenen Glück auf dem Prachtbesitz, den man von nun an Sommer für Sommer bezieht, nur eines: eigene Kinder. 36.000 Quadratmeter mißt der Grund, um die eigentliche Villa sind Gärtnerhaus, Treibhaus und Bootshaus gruppiert, dem weitläufigen Park mit dem herrlichen alten Föhrenbestand werden nach und nach erlesenste exotische Gewächse einverleibt, die man von den diversen Konzertreisen mitbringt. Im Blockhaus, weitab von den Wohnräumen, steht der Flügel, an dem der Meister übt – „Tobzelle" werden es die Nachbarn später scherzhaft nennen.

Auch Curzons Hauptwohnsitz in London kann sich sehen lassen: Das „White House" im Nobelbezirk Highgate – unmittelbarer Nachbar ist ein anderer Großer der Musik: der Geiger Sir Yehudi Menuhin – ist mehr Palast als Villa. An den Wänden Originale von Bruegel, Turner, Degas, Monet. Hier wie dort eine Menge Personal: Köchin, Stubenmädchen, Gärtner, Butler. Dazu der tadellose Leumund der Curzons, ihr künstlerisches Renommee – würdigere Kandidaten kann sich kein Vormundschaftsgericht wünschen, das Adoptionsverfahren kommt in Gang.

Weshalb aber dann dennoch immer wieder diese Verzögerungen? Mrs. Curzon ist nun schon drei Wochen in Wien und wartet in ihrem Hotelzimmer darauf, endlich mit den beiden Buben zusammengebracht zu werden: Noch kennt sie Peter und Fritz nur von Fotos, hat mit ihnen kein Wort wechseln können. Hedwig Cattarius, die Kinderfrau, ist es, die jedes Zusammentreffen zu hintertreiben weiß.

Mrs. Curzon ruft verzweifelt in Vöcklabruck an, schildert der Frau ihres dortigen Rechtsanwalts das Groteske ihrer Situation und bittet die ebenso patente wie resolute Person um Rat. Frau A., den Curzons auch als Verwalterin des Litzlberger Besitzes unentbehrlich, reist nach Wien und heckt folgenden Plan aus: Man werde versuchen, die Kinder während der Unterrichtszeit in der Schule zu kontaktieren, damit Mrs. Curzon sie endlich kennenlernen kann. Der Direktor gibt seine Einwilligung, läßt Peter und Fritz Dießl ins Konferenzzimmer rufen. Hier also stehen sie einander erstmals von Angesicht zu Angesicht gegenüber: mit sichtlichem Entzücken die künftige Mutter, total verschreckt der

Zwölfjährige und der Siebenjährige, die in Bälde den Namen Curzon tragen sollen ...

Der 20. Juli 1953 ist ein Samstag. Hedwig Cattarius ist zusammen mit Fritzl zu Besuch im Haus eines befreundeten Bildhauers in der Sternwartestraße. Peter, der Ältere, ist daheim geblieben. Gegen 18.30 Uhr bittet Frau Cattarius ihre Gastgeber, sie für eine Weile zu entschuldigen, sie habe eine dringende Angelegenheit zu erledigen, man möge sich inzwischen um den Buben kümmern, in längstens einer Stunde werde sie zurück sein und ihn abholen.

Doch Frau Cattarius kehrt nicht zurück.

Am nächsten Morgen fischen Männer vom polizeilichen Suchtrupp ihren Leichnam aus der Donau. Im Kuchelauer Hafen nächst dem Kahlenbergerdorf hat Peters und Fritzls Ersatzmutter Selbstmord verübt. An ihrem Tatmotiv gibt's keinen Zweifel: Da die Eheleute Curzon auf strikter Trennung bestehen, also weder bereit sind, Frau Cattarius in ihren Haushalt aufzunehmen noch auch nur als Begleitperson zum „Antrittsbesuch" in Litzlberg zuzulassen, hat für die Neunundvierzigjährige, die selber ohne Familie ist, das Leben seinen Sinn verloren.

„Sie hätte sich von uns verabschiedet":
Hedwig Cattarius und die Cebotari-Buben

Hier ist nicht der Ort, zu richten – weder über die eine noch über die andere Seite. Nur eines ist festzuhalten: Hedwig Cattarius, die sich gewiß in all den Jahren für die Cebotari-Buben aufgeopfert, sie aber mit ihrer Verzweiflungstat in neues Unglück gestürzt und ein zweites Mal zu Vollwaisen gemacht hat, wird nicht an irgendeinem x-beliebigen Ort bestattet, sondern in demselben Grab wie Maria Cebotari und Gustav Dießl. Und der Dauerauftrag, der bis zum heutigen Tag Unterhalt und Pflege der Grabstätte sichert, erstreckt sich ausdrücklich auch auf sie. Wie immer man also über sie denken mag, ob man sie als verblendete Egoistin anklagen oder als grausam ihres Liebsten Beraubte bedauern mag: Sie gehört mit zur Familie.

Das plötzliche Verschwinden der „Teta" (wie die Buben ihre Kinderfrau rufen) löst bei beiden schwerste Irritationen aus. Daß sie, einem dringenden Telegramm folgend, überstürzt nach Deutschland gereist sei, um ihrer lebensgefährlich erkrankten Mutter beizustehen, können sie nicht glauben: „Sie hätte sich von uns verabschiedet." Schließlich rückt man mit der vollen Wahrheit heraus. Und noch in derselben Woche – die Schulferien haben schon begonnen – treten Peter und Fritz Dießl in Begleitung ihres Wiener Vormunds Dr. Zörnlaib die Reise an den Attersee an und werden in die Obhut ihrer künftigen Adoptiveltern überstellt. Hier, auf dem Prachtbesitz der Curzons, sollen sie versuchen, all die Schrecknisse ihrer Kindheit zu verkraften, zu verarbeiten, zu vergessen.

Wie Clifford Curzon und vor allem seine Frau Lucille es anstellen, die Liebe ihrer verstörten Schützlinge zu gewinnen, darüber dringt nichts nach außen: Die Nachbarskinder bekommen sie kaum zu Gesicht. Und nach Ablauf der Ferien schon gar nicht: Man übersiedelt nach London, das englische Adoptionsgesetz schreibt einen dreimonatigen Mindestaufenthalt vor. Erst im darauffolgenden Frühjahr hat es mit der komplizierten Prozedur ein Ende, und die Hausdruckerei der Curzons erhält Auftrag, die Adoptionsanzeige anzufertigen:

Lucille and Clifford Curzon
announce the adoption of
Peter and Fritz
14th May 1954
Sons of the late Gustav Dießl and Maria Cebotari

Es ist ein Faltblatt, das den jetzt knapp Dreizehn- und den Siebeneinhalbjährigen in Porträtphotos zeigt, als Deckblattschmuck ein Blumenkorb. Annoncen wie diese werden fortan alljährlich zu Weihnachten an die Curzon-Freunde in aller Welt hinausgehen, und immer werden sie die nunmehr vierköpfige Familie in Aufnahmen zeigen, die am Ort ihrer Vereinigung entstanden sind: in Litzlberg am Attersee. Einmal auf der Terrasse des Hauses, ein andermal am Bootssteg, schließlich im Park. Es sind Weihnachtsbilletts, die wohl auch die fortschreitende Integration der Cebotari-Kinder in ihrem neuen Heim sichtbar dokumentieren sollen. Peter und Fritz – nunmehr auf den Familiennamen Curzon umbenannt – verschwinden aus den Zeitungsschlagzeilen.

Ein kleiner Rest von Unterschied bleibt dennoch, wenn sie in den folgenden Sommern an den Attersee zurückkehren: Sie sind strenger als die anderen Kinder von Litzlberg ans Haus gebunden, leben behüteter, ihr Auftreten ist spärlicher. Man geht miteinander schwimmen, segeln, Ballspielen, beteiligt sich auch an manchen Streichen, aber während die übrige Dorfjugend bis in den Abend hinein im Freien herumtollt, heißt es für die Curzon-Buben jedesmal beizeiten aufbrechen: Zum Dinner hat man sich umzukleiden, im Hause Curzon geht's formell-vornehm zu. Abendliches Ausgehen ist höchstens gestattet, wenn in einer der Nachbarvillen Hausmusik auf dem Programm steht. Größter Wert wird auf die weitere Vervollkommnung im Englischen gelegt: Für den Sprachunterricht sind Sommer für Sommer zwei Cambridge-Studenten im Haus. Und noch etwas, woran den neuen Eltern besonders gelegen ist: Bei allem Luxus, dessen sich Peter und Fritz in ihrer nunmehrigen Umgebung erfreuen dürfen, sollen aus ihnen keine verzogenen, verwöhnten Jünglinge werden. Obwohl für jeden Handgriff im Hause reichlich Personal zur Verfügung steht, werden sie beim Tennisspielen dazu angehalten, selber fürs Einsammeln der Bälle zu sorgen: Zu einer guten Erziehung gehört auch, daß man nicht nur „anschaffen", sondern auch dienen lernt.

Ein heikles Kapitel ist die Erinnerung an ihre Herkunft: Tut man einerseits alles, den Heranwachsenden die Überwindung ihrer traumatischen Kindheitsschrecknisse zu erleichtern, so sollen sie andererseits nicht um den Stolz gebracht werden, sich einer leiblichen Mutter rühmen zu dürfen, die nicht ihresgleichen hat. Alles, was im Schallplattenhandel an Cebotari-Aufnahmen aufzutreiben ist, wird gekauft.

Als Peter und Fritz das dritte Mal in ihrem Leben Waisen werden – Lucille Curzon stirbt 1977, Gatte Clifford fünf Jahre später –, sind sie beide erwachsene Männer und stehen auf eigenen Beinen: Der Ältere ist Arzt geworden, der Jüngere Photograph. Peter, der Ernstere und Melancholischere, ist mehr dem Vater nachgeraten, Fritz hat das fröhliche Temperament der Mutter geerbt, das Unbeschwerte, die Künstlernatur. Nach Neuseeland zieht es den einen, nach Indien den anderen. Den Besitz, der von den Adoptiveltern auf sie übergeht, stoßen sie ab: Sowohl das „White House" in London-Highgate wie die Sommervilla am Attersee gehen in andere Hände über.

In Litzlberg wird man sie fortan nie wieder zu Gesicht bekommen – und schon gar nicht in Wien, das für sie beide mit so entsetzlichen Erinnerungen verbunden bleibt. Harald B., der Mitschüler aus den Währinger Kindertagen, der mehrere Anläufe unternimmt, mit Jugendfreund Peter aufs neue in Kontakt zu treten, bleibt ohne Antwort: Sein Brief kommt ungeöffnet zurück; beruflich bedingte England-Aufenthalte, die er dazu benützt, Nachforschungen nach Peters Verbleib anzustellen, bleiben gleichfalls ohne Erfolg. Die gemeinsamen Stunden in der Weimarer Straße, wo man unter dem Klavier Eisenbahn spielte, während Maria Cebotari Tonleitern übte; das stolze Privileg, Peters Fahrrad, damals das erste seiner Art weit und breit, mitbenützen zu dürfen; oder die alte Klassenlehrerin in der Volksschule Cottagegasse, die, ihres Lieblingsschülers Peter Dießl wegen, ihre Pensionierung hinausschob: Was für Harald B. kostbare Kindheitserinnerungen sind, die er heute, als Mann von Anfang fünfzig, nur zu gern auffrischen würde, risse bei seinem einstigen Mitschüler mühsam vernarbte alte Wunden auf. Er wird sie also wohl auch weiterhin für sich behalten müssen.

DIE UNGEKÜSSTE

Gustav Klimt in Kammer

Die Frage, wer für Leonardo da Vincis Mona Lisa Modell gestanden ist, beschäftigt seit Jahrhunderten die Fachleute. Die einen tippen auf diese, andere auf jene, die Liste wird immer länger, weist nicht nur Frauen-, sondern auch Männernamen auf – alles ist denkbar.

Bei Gustav Klimts „Kuß" haben es die Exegeten nur insofern leichter, als es in puncto *Geschlecht* keinerlei Zweifel gibt: Der Mann ist ein Mann und die Frau eine Frau. Was die Sache jedoch auch hier knifflig macht: *Welche* Frau? Es waren so viele, die den Weg des malenden Fauns aus Wien gekreuzt haben, und da wurden nicht nur Küsse getauscht. Als Gustav Klimt, bis ans Ende seiner Tage unverheiratet, am 6. Februar 1918 fünfundfünfzigjährig stirbt, ist von nicht weniger als vierzehn unehelichen Kindern die Rede, und ein rundes Dutzend Frauen meldet bei der Verlassenschaftsabhandlung Erbansprüche an.

Auch angesichts der Frauengestalt auf Gustav Klimts Gemälde „Der Kuß" setzt ein lebhafter Wettstreit ein, und so manche der in Frage kommenden Schönen beschwört:

„Ich bin's!"

„Nein, ich!" ertönt's im Chor.

Das Gerangel wäre weniger heftig, handelte es sich beim „Kuß" nicht um Klimts populärstes Werk: Als das Bild 1908 bei der Wiener Kunstschau zum erstenmal der Öffentlichkeit gezeigt wird und im Jahr darauf – für den ansehnlichen Preis von 25.000 Gulden – in österreichischen Staatsbesitz übergeht, ist es noch unfertig. So groß ist das G'riß um das Jahrhundertwerk, das Millionen Kunstfreunden in der ganzen Welt – und heute vor allem den Italienern, bei denen in den sechziger Jahren eine wahre Klimtomania ausbricht – als die Inkarnation des Jugendstils schlechthin gilt. Da kann's nicht mit dem Aufhängen von Klimt-

Kalendern, mit dem Sammeln von Klimt-Postern, mit dem Naschen aus Klimt-Bonbonnieren und mit der Verwendung von Klimt-Parfum sein Bewenden haben, da will man's genau wissen.

Die Lösung des Problems braucht ihre Zeit: Erst 1982 gelingt der Wiener Kunsthistorikerin Alice Strobl der Nachweis, daß der Meister des „Kusses" (der sein Werk übrigens „Liebespaar" nannte) bei der weiblichen Figur an seine langjährige Seelenfreundin Emilie Flöge und bei der männlichen an sich selbst gedacht hat. Neun Jahre nach dem „Kuß" nimmt er in einer kleinen Bleistiftskizze – und nun noch stilisierter – das Liebespaar-Motiv wieder auf und versieht das Blatt mit einer ornamentalen Schriftleiste, die unschwer als „Emile" zu entziffern ist. Zwei Schmuckstücke hat er für Emilie Flöge schon in früheren Jahren entworfen; die Skizze ist eine Vorstudie für ein drittes, eine Brosche. Doch das Projekt bleibt unausgeführt: Es ist Klimts letztes Lebensjahr.

Emilie Flöge selber, zu stolz, sich an der öffentlichen Diskussion um den „Kuß" und dessen biographische Bezüglichkeiten zu beteiligen, ist zu keiner persönlichen Auskunft zu bewegen – auch in den vierunddreißig Jahren nicht, die sie, die zwölf Jahre Jüngere, Gustav Klimt überlebt. Doch da sind Indizien, die für sich sprechen: Zeit ihres Lebens hat Emilie eine Reproduktion des „Kusses" über ihrem Bett hängen.

Die zweite Spur, die für Emilie Flöge als Modell spricht, hat mit dem Blumenteppich zu tun, auf das das küssende Paar – er stehend, sie kniend – postiert ist: ein Indiz, das uns an den Attersee führt. Hier verbringen Gustav Klimt und Emilie Flöge zwischen 1900 und 1916 alljährlich in engster Nachbarschaft den Sommer, hier zeichnet und malt (und photographiert) er seine „liebste Midi", und hier, in der Oleandervilla in Kammerl am Ortsrand von Schörfling, gibt er der Haushälterin Anweisung, sich mit besonderer Sorgfalt des Gartens anzunehmen und Beete voller hochroter Blumen anzulegen. Es sind dieselben Blumen, inmitten derer Emilie Flöge in lang wallenden Kleidern wieder und wieder für Klimt posiert. Und dieselben, die im Bildvordergrund des „Kusses" verewigt sind …

Hiermit könnten die Akten zum Fall „Kuß" geschlossen und die Diskussion um die Frage „Who is who?" beendet werden – wäre da nicht noch dieses heikle Kapitel *Schein und Wirklichkeit*,

das die so emphatisch „Geküßte" als in Wahrheit Ungeküßte aus-
weist. Der *Maler* Klimt und der *Liebhaber* Klimt sind zwei
verschiedene Personen: Wenn er seiner „ewigen Braut" Emilie
Flöge in Zeiten des Getrenntseins bis zu acht Korrespondenzkarten an einem Tag schreibt, so lesen sich diese dennoch nicht
wie Liebesbriefe, sondern eher wie Wetterberichte. Die Küsse –
die kassieren andere …

Gustav Klimt und Emilie Flöge kennen einander seit 1891:
Sein zwei Jahre jüngerer Bruder Ernst und ihre drei Jahre ältere
Schwester Helene gehen miteinander den Ehebund ein. Die bei-
den Familien sind von gleichem Stand: Klimts Vater ist Graveur,
Vater Flöge Drechsler und Meerschaumpfeifenfabrikant.

Klimts Beziehung zum Haus Flöge, wo er schon bald ein und
aus geht, wird noch enger, als Emilies Bruder Hermann die Tochter des k. u. k. Hoftischlermeisters Friedrich Paulick heiratet: Die
Paulicks haben eine Villa am Attersee, die in puncto Herrschaft-
lichkeit und kunsthandwerklicher Raffinesse weit und breit ihresgleichen sucht, und hier verbringen alle miteinander ab Sommer
1900 die warme Jahreszeit.

Auch Gustav Klimt ist auf den Seewalchener Prachtbesitz mit
dem eigenen Bootshaus und dem eigenen Landungssteg eingeladen, und es gefällt ihm dort so gut, daß aus der geplanten einen
Woche fünf werden. Da es aber für längere Aufenthalte bei so
vielen Personen doch etwas eng wird in der Villa Paulick, sehen
sich die Flöges samt ihrem Gast um ein anderes Quartier um. Sie
finden es in nächster Nähe: Im Wohntrakt des Brauhofs Litzlberg
werden Sommerwohnungen vermietet, und hier nistet man sich
für die nächsten sieben Jahre ein. Erst als der zunehmende Tourismus zu immer ärgerer Lärmbelästigung führt, wird eine
abermalige Übersiedlung fällig: Die sogenannte Oleandervilla in
Kammerl ist genau das Retiro, das ein auf Abgeschiedenheit und
Ungestörtheit erpichter Künstler wie Klimt für seine Arbeit
braucht.

Die Damen – Emilie und ihre beiden älteren Schwestern
Helene und Pauline Flöge sowie die seit 1897 verwitwete Mutter
– lassen sich von Juni bis September am Attersee nieder; die
Männer, die in Wien ihren Berufen nachgehen, stoßen später
dazu und bleiben kürzer. Auch Klimt trifft meist erst Ende Juli
ein.

*Reformkleid und Tunika: Emilie Flöge und Gustav Klimt
im Garten der Oleandervilla*

Man unternimmt gemeinsame Bootsfahrten auf dem See, auch Landausflüge stehen auf dem Programm, die Mahlzeiten werden zusammen eingenommen. Da man mit dem kompletten Hausstand aus Wien übersiedelt, werkt auch die eigene Köchin am Herd. Die Ferienkleidung ist von der Mode geprägt, die die „Schwestern Flöge" (so der Name des von ihnen über dem Café „Casa piccola", Mariahilfer Straße 1 b, betriebenen Haute-Couture-Salons) kreieren und mit beträchtlichem Erfolg unter die Leute bringen: Das reich ornamentierte Reformkleid im Stil der Wiener Werkstätte ist „in". Klimt bevorzugt, hervorragend dazu passend, die weit und bodenlang geschnittene Tunika. Sportsmann, der er ist, führt er bei den gemeinsamen Kahnpartien das Ruder, auch mit dem Segel weiß er umzugehen, und als das Motorboot aufkommt, ist er einer der ersten, die sich der stolzen neuen Errungenschaft rühmen können. Bei einer Regatta auf dem Attersee stellt er sich als Schiedsrichter zur Verfügung.

Aber das Wichtigste ist und bleibt für ihn natürlich das Malen und das umso mehr, als er im Zuge seiner Salzkammergut Auf enthalte einen neuen Gegenstand für seine Zeichnungen und Ölbilder entdeckt: die Landschaft. Der Meister der Allegorie – in Wien hat er das Stiegenhaus des neuen Burgtheaters, das Kunsthistorische Museum und das Musikzimmer im Palais Dumba ausgeschmückt, die von einer borniertem Professorenschaft befehdeten Deckengemälde für die Aula der Universität kauft er demonstrativ vom Kultusministerium zurück, jetzt arbeitet er an einem Fries für die von Freund Josef Hoffmann in Brüssel entworfene Villa des belgischen Stahlmagnaten Alphonse Stoclet – erkennt also auf einmal die besonderen Reize von Mohnfeldern und Buchenwäldern, von bunten Bauerngärten und stillen Weihern, von Obstbäumen und Sonnenblumen, er malt Schloß Kammer und dessen Allee, den Litzlbergkeller und die Ortschaft Unterach, und selbst der „Kuß", wiewohl im Wiener Atelier ausgeführt, wäre ohne das Erlebnis Attersee schwer denkbar: Nie wieder hat er mit seinem Modell Emilie Flöge in so enger Nachbarschaft gelebt wie hier.

Da Klimt für seine Arbeit absolute Stille braucht und beim Malen keinerlei Gesellschaft um sich duldet, verläßt er oft schon im Morgengrauen sein Quartier und geht auf Motivsuche. Nicht einmal für den Transport der schweren Malsachen – Leinwände von 110 mal 110 Zentimeter Ausmaß, Farbkasten und Staffelei –

mag er fremde Hilfe in Anspruch nehmen. Um sich das ständige Hin- und Herschleppen zu ersparen, läßt er bei gutem Wetter die Traglast, unter Laub vergraben, an Ort und Stelle zurück. Vorsorglich wählt er Motive, die nicht zu weit von seinem Logis entfernt sind, und er bedient sich dabei eines eigenen Instrumentariums, das er aus Wien mitgebracht hat: Opernglas, Fernrohr mit Stativ, Sucher in Gestalt einer mit quadratischem Ausschnitt versehenen Pappscheibe. Das größte Unglück ist es für ihn, von Sommerfrischlern, die ihn auf einer ihrer Wanderungen entdekken, angesprochen zu werden: Er reagiert mit mürrischem Schweigen.

Was Klimt während seiner Urlaube im Salzkammergut womöglich noch mehr stört, sind Lebenszeichen seiner diversen Amouren. Ob liebevolle Erkundigung oder gar sanfte Ermahnung – nichts ist ihm verhaßter als Post aus seinem Wiener Harem.

Nun, das meiste, was sich diesbezüglich in Klimts Wiener Atelier – in dem Pavillon im Gartentrakt des Hauses Josefstädter Straße 21 tummeln sich fast immer irgendwelche Modelle – abspielt, ist denkbar flüchtiger Natur: anspruchslose junge Mädchen „aus dem Volke", die sich ihm für geringes Entgelt zur Verfügung halten, wenn der Meister, vom Malen ermüdet, zeichnen und vielleicht auch gleich der körperlichen Liebe frönen will. Sie sind schnell wieder vergessen, im Nu durch andere abgelöst, absolut ungefährlich.

Aber da gibt es auch Liaisons mit Tiefgang, bei denen das Herz mit im Spiel ist – und auch von seiten Klimts. Zur Zeit seiner ersten Attersee-Aufenthalte gilt dies vor allem für eine gewissen Mizzi Zimmermann, mit der er mehr als drei Jahre hindurch engsten Umgang pflegt. Auch sie schneit ihm als Modell ins Haus, hat wohl auch selber künstlerische Ambitionen und weiß Klimt mit ihrem Liebreiz so sehr an sich zu fesseln, daß aus der Verbindung zwei Kinder hervorgehen, für die der Vater sogar zu sorgen bereit ist. Otto, der jüngere der beiden, stirbt im zartesten Alter, Gustav, der ältere, wird so etwas wie Klimts Herzbinkerl, dem er, lange bevor der Kleine lesen kann, die zärtlichsten Briefe schreibt. Zum Beispiel, als Gustl ein Jahr alt wird:

„Ich gratuliere Dir von ganzem Herzen zu Deinem Geburtstag und wünsche Dir das Allerbeste für die Zukunft. Nun bist Du schon ein ganzes Jahr alt, das heißt also, Du bist schon ein ganz ein kleiner Mann, von dem man verlangt, daß er allein gehen kann, daß er Mama und Papa sagen kann oder lernt, daß er verschiedene Dinge höchsteigen verlangt und zwar mit dem Worte, Dinge, welche er bis jetzt, ohne das Wort zu nehmen, unter gewisser Stille vor sich gehen ließ. Ich bin neugierig, ob Du das alles fein treffen wirst, damit man Dich ein feines Bübchen nennen kann."

Mizzi Zimmermann wohnt in nächster Nähe von Klimts Atelier; die Adresse – Tigergasse 38, 4. Stock, Tür 17 – läßt auf ärmliche Verhältnisse schließen. Immer wieder steckt ihr der zweifache Vater Geld zu. Und mit ihr hält er auch, wenn er in der Sommerfrische ist, Kontakt: informiert sie über Reiseverlauf und Ankunft, über Aufenthalt und Befinden, über den Fortgang seiner Arbeit. Ja, er erkundigt sich sogar auch nach *ihren* Lebensumständen, gibt ihr Gesundheitsratschläge, freut sich aufs Wiedersehen mit ihr und den Kleinen und versäumt fast nie, den Briefen Geldscheine beizulegen.

Als Mizzi im August 1903 – die Beziehung geht nun schon dem Ende zu – den am Attersee weilenden Geliebten um eine ausführliche Schilderung seines dortigen Lebens bittet, schreibt er ihr – verbunden „mit den herzlichsten Grüßen und Küssen" – nach Wien:

„Du willst eine Art Stundenplan wissen, die Tageseinteilung. Nun, die ist wohl sehr einfach und ziemlich regelmäßig.

Früh morgens, meist um 6 Uhr, ein wenig früher, ein wenig später, steh ich auf. Ist das Wetter schön, geh ich in den nahen Wald – ich male dort einen kleinen Buchenwald (bei Sonne) mit einigen Nadelbäumen untermischt, das dauert bis 8 Uhr. Da wird gefrühstückt, danach kommt ein Seebad, mit aller Vorsicht genommen, hierauf wieder ein wenig Malen, bei Sonnenschein ein Seebild, bei trübem Wetter vom Fenster meines Zimmers. Manchmal unterbleibt dieses vormittägige Malen, statt dessen studiere ich in meinen japanischen Büchern, im Freien. So wird's Mittag. Nach dem Essen kommt ein kleines Schläfchen oder Lektüre – bis zur Jause. Vor oder nach der Jause ein zweites Seebad – nicht regelmäßig, aber meistens. Nach der Jause kommt wieder die Malerei – eine große Pappel in der Dämmerung bei aufsteigendem Gewitter. Hie und da kommt statt dieser Abendmalerei eine kleine Kegelpartie in einem benachbarten kleineren Orte – jedoch selten. Es kommt die Dämmerung, das Nachtmahl, dann zeitlich zu Bette und wieder zeitlich morgens heraus aus den

Federn. Ab und zu ist in diese Tageseinteilung noch ein kleines Rudern eingeschaltet, um die Muskeln ein wenig aufzurütteln. In dieser erwähnten Art läuft Tag für Tag, schon sind zwei Wochen passé, die kleinere Hälfte des Urlaubs ist vorüber, man geht dann wieder ganz gern nach Wien." Kein Wort verliert er über Art und Zusammensetzung seines Umgangs in der Sommerfrische. Und wie auch? Es könnte der samt Kindern in der Stadt Zurückgelassenen nur weh tun. Der Flöge-Clan, in den er am Attersee eingegliedert ist, bleibt in Klimts Korrespondenz mit Mizzi Zimmermann sorgfältig ausgespart: Das sind Dinge, die das „süße Mädel" in Wien nichts angehen ...

Aber noch größer ist Klimts Sorge, seine Urlaubsgefährten könnten von der heimlich geführten Korrespondenz mit der Geliebten Wind bekommen. Am liebsten wäre ihm, sie begnügte sich mit seinen Briefen und schriebe nicht auch selber welche. Doch das kann er ihr schwer verbieten, also beläßt er es bei Andeutungen und versucht, bei Mizzi wenigstens Verständnis dafür zu wecken, daß ihm in puncto Korrespondenz die Hände gebunden sind:

„Mit dem Schreiben, liebe Mizzi, geht's hier herzlich schlecht ... Fast alle Welt weiß, wem man schreibt und von wo man Briefe bekommt. Das ist zu dumm und zuwider. Der Briefträger kommt und bläst auf einer kleinen Trompete, die ganzen Inwohner des Hauses laufen bei ihm zusammen, gelockt durch diese Trompete, übernehmen und übergeben ihre Briefe, und so weiß alle Welt, von wannen ein Brief kommt und wohin er geht. Ich muß also meine Correspondenz auf das notwendigste beschränken."

Auch auf anderes redet er sich aus:

„Überdies bin ich ein äußerst schreibfauler Mensch überhaupt, mehr noch am Lande, wo man im ganzen schon fauler ist, und so kommt's, daß mein Brief so lang ausbleibt, was Dich aber nicht zu verdrießen braucht, denn es ist ja doch der erste Brief, den ich schreibe."

Alle andern – Mutter, Schwager etc. – bekämen überhaupt nur Ansichtskarten von ihm. Und wenn Mizzi ihm Vorwürfe macht (welche wohl?), blockt er kühl ab:

„Es hat mich sehr gefreut, daß Dein Brief so wohlgemut begonnen. Im Verlauf ist er weniger erfreulich ... Von Stolz und

‚eh schon wissen' habe ich nicht verstanden, will auch keine Erklärung. Wir wollen das in Wien mündlich ausmachen …"

Ja, am Attersee im Umkreis der Flöges, da will er seine Ruhe haben: Kein Erotikballast soll das Bild vom Künstler, der nichts als seinen Dienst an der Kunst kennt, trüben. Nicht auszudenken, wie Emilie vor den Einheimischen dastünde, wenn publik würde, daß Klimt in Wien eine heimliche Geliebte hat! Und mit ihr zwei Kinder! Die „himmlische Braut" und ihr „Waldschratt" – so nennen sie die beiden liebevoll, wenn sie ihrer bei Bootspartien oder Spaziergängen rund um Seewalchen ansichtig werden, und niemand hegt auch nur den leisesten Zweifel, daß sie ein Paar im landläufigen Sinne sind. Daß sie auch nach sechzehn Sommern in Oberösterreich – 1916 ist Klimt, inzwischen Untermieter im Forsthaus Weißenbach, zum letztenmal mit von der Partie – noch immer nicht miteinander verheiratet sind, schreibt man den lokkeren Sitten ihres Milieus zu: typisch Künstler!

Was für ein zärtlicher Liebhaber: Wohl noch nie hat eine Frau von ihrem Galan so viel Post bekommen wie Emilie Flöge. Einmal – es ist der 10. Juli 1909 – gehen nicht weniger als acht Korrespondenzkarten an einem Tag von Wien nach Kammerl! Da ihr Inhalt wegen des chaotischen Mischmaschs aus Kurrent- und Lateinschrift, aus Hochdeutsch und Dialekt, aus Privatsprache und Telegrammstil für den Uneingeweihten nur schwer

Bis zu acht Karten an einem Tag: Grüße vom Attersee

zu entschlüsseln ist, entgeht allfälligen „Zensoren", daß es sich bei Klimts Depeschen an Emilie Flöge durchaus nicht um Liebesbotschaften handelt, sondern um Wetterberichte, um hypochondrische Schilderungen seines jeweiligen Befindens, um Reiseeindrücke, um Dinge des praktischen Alltags, um Tratsch. „Herzlichst Gustav" oder „Beste Grüße GUS" – so nüchtern enden sie allesamt. Nicht eine einzige Schlußfloskel, in die sich ein Kuß verirrt. Machen wir ein paar Stichproben:
„Es ist saukalt, kriege steife Finger!"
„Es taut gewaltig – allerdings nur, wo die Sonne hinkommt."
„Der Teufel hole den Winter!"
„Frisch weht der Wind."
„Durch Blitz und Donner geweckt."
„Wenig Sauerstoff im Gehirn."
„Hie und da Sodbrennen."
„Mein Schnupfen erblüht herrlich."
„Ganze Nacht Gußregen – sogar im Hotelzimmer vom Plafond herunter."
„Leidlich gut geschlafen. Capricerl sehr gut, ditto Strudel. Heute prachtvolles Wetter und wunderschöne Fahrt."

So und ähnlich geht das all die Jahre hindurch, und Emilie Flöge scheint sich nach und nach damit abzufinden, nur Muse und Seelenfreundin ihres „ewigen Bräutigams" zu sein. Die beinah sakral entrückte „hohe Minne". Die Respektsperson, die man nicht anrührt. Ist ihr das wirklich genug? Oder will sie es am Ende selber nicht anders? Wir wissen es nicht. Die blühende junge Frau von königlicher Erscheinung, die sich für den Mann an ihrer Seite (aber natürlich gehört dies auch zu ihrem Metier als Modeschöpferin) in immer neue, immer noch phantastischere Roben wirft, die ihn, selber eine Künstlerin von Graden, in allen Fragen seiner Arbeit kompetent beraten kann, die ihm dabei sogar (etwa wenn ihn die Lust an den Entwürfen des Stoclet-Frieses verläßt) hilfreich zur Hand geht – ist es ihr Befriedigung genug, dafür in seinem Werk verewigt zu sein? Braucht, wer im „Kuß" den Part der „Hauptdarstellerin" innehat, nicht auch noch leibhaftig geküßt zu werden?

Wer sich heute, auf Gustav Klimts Spuren, am Attersee umsieht, kommt voll auf seine Kosten: Die Oleandervilla strahlt nach wie vor viel von ihrem alten Zauber aus, insbesondere, wenn man sich ihr vom See her nähert. Schloß Kammer und seine berühmte Lindenallee wirken zwar ein wenig devastiert, und aus dem umgebauten Brauhof Litzlberg sind gesichtslose Eigentumswohnungen geworden, aber dafür steht die denkmalgeschützte Villa Paulick mit all ihren Veranden und Salons, ihren Türmchen und Giebelchen dem allgemeinen Touristenpublikum offen. Freilich – zu hohe Ansprüche an den Genius loci sollte sich, wer in dem prachtvollen alten Gemäuer logiert, aus dem Kopf schlagen: Der Meister des „Kusses" und seine „Geküßte" haben hier zwar einige Tage Tür an Tür residiert, aber geküßt haben sie einander offensichtlich nicht. Das kunstsinnige junge Urlauberpaar, das unlängst in der Villa Paulick vorstellig wurde, um während der Flitterwochen das „Klimt-Flöge-Zimmer" zu beziehen und an dem für sie geheiligten Ort ein Kind zu zeugen, wird hoffentlich darüber aufgeklärt worden sein, daß man ihren Wünschen nicht entsprechen kann.

ISOLDES RUHE

Mathilde Wesendonk am Traunsee

Emil Hess ist Hofmusikus beim Herzog von Cumberland. Er erteilt den hohen Herrschaften in ihrem Gmundner Schloß Klavierunterricht, musiziert mit ihnen, arrangiert Hauskonzerte. Was seine eigenen musikalischen Präferenzen betrifft, so steht für ihn Richard Wagner an erster Stelle. Wenn er den Klavierauszug der „Meistersinger" aufs Notenpult legt, bleibt es nie beim bloßen Spiel der Hände: Obwohl kein ausgebildeter Sänger, intoniert er auch sämtliche Gesangspartien – anders wär's für ihn nur eine halbe Sache.

Seit Weihnachten 1878 lebt in der Villa Traunblick am Westufer des Sees die Wagner-Muse Mathilde Wesendonk. Vier Tage vor ihrem fünfzigsten Geburtstag hat ihr Gemahl, der Seidenfabrikant Otto Wesendonk, den schloßähnlichen Besitz am südlichen Ortsausgang von Altmünster – Ebenzweier-Nachdemsee Nr. 15 lautet die exakte Bezeichnung der Parzelle – erworben. Sein beträchtliches Vermögen, das der dreizehn Jahre Ältere als Teilhaber der New Yorker Importfirma Loeschigk, Wesendonk & Co. in Amerika und Deutschland angehäuft hat, versetzt den erfolgreichen Geschäftsmann in die Lage, sich ins Privatleben zurückzuziehen und sich ganz und gar seinen persönlichen Neigungen zu widmen.

Das gilt noch mehr für seine Frau, die, von den einen bewundert, von den anderen belächelt, aus ihrem Alterssitz am Westufer des Traunsees den reinsten Wagner-Tempel macht: Isolde, die ihrem Tristan huldigt. Auch der Vergleich mit der „Rheintochter", die das „Rheingold" hütet, wäre zulässig: Mathilde Wesendonk stammt nicht nur – wie ihr Mann – aus dem rheinländischen Elberfeld, sie ist auch im Besitz der Urhandschrift der Orchesterpartitur der „Walküre". Der Meister hat ihr das Original zum Geschenk gemacht.

Für den Wagnerianer Emil Hess ist es einer der aufregendsten Augenblicke seines Lebens, als er zum erstenmal dieser Frau gegenübersteht. Freunde haben ihm die Einladung in die Villa Wesendonk vermittelt. Die Equipage fährt vor, der Bediente geleitet den Herrn Hofmusikus zum Portal des aus rotem Sandstein errichteten, mit Turm und Terrasse ausgestatteten Gebäudes. An der Treppe steht der Hausherr bereit, den Gast in Empfang zu nehmen: Otto Wesendonk ist eine stattliche Erscheinung von hünenhaftem Wuchs, blaue Augen, weißer Vollbart. König Marke, wie er leibt und lebt.

Die Zeit, bis die Frau des Hauses bereit ist, sich ihrem Besuch zuzuwenden, verbringt man mit angeregtem Geplauder über Eigenart und Erwerb des Anwesens. Es ist die typische Erfolgsstory des besitzstolzen Selfmademans, der in jungen Jahren in Amerika gelernt hat, anderen seinen Willen aufzunötigen. Auf der Suche nach einem standesgemäßen Altersdomizil bereist der Dreiundsechzigjährige das Salzkammergut, kommt so auch durch Altmünster und entdeckt am Zufahrtstor der am Ortsende auf halber Höhe gelegenen Herrschaftsvilla eine Tafel, die darauf hinweist, daß der betreffende Besitz zum Verkauf steht. Otto Wesendonk schreitet ohne Zögern zur Besichtigung des attraktiven Anwesens, und statt den Vorbesitzer nach dem Kaufpreis zu fragen, bestimmt er diesen kurzerhand selbst: „Sobald ich mir von allem ein Bild gemacht habe, sage ich Ihnen, was es mir wert ist, und wenn Ihnen mein Angebot zusagt, sind wir auf der Stelle einig." Wesendonk nennt „seinen" Preis, sein Gegenüber stimmt zu, und Park und Villa wechseln den Eigentümer.

Hofmusikus Hess imponiert die Rede des Hausherrn, leutselig geleitet ihn dieser in den Salon seiner Frau, die nun bereit ist, den Besucher zu empfangen. Auch sie ist von hochwüchsiger Gestalt, die feinen Gesichtszüge verraten die einstige Schönheit, die sanfte und leise Stimme hat etwas Müdes im Ton. Obwohl Hochsommer ist, sind sämtliche von ihr benützten Räume geheizt. „Sie müssen wissen, ich bin eine Art Treibhauspflanze." Mathilde Wesendonk wechselt mit ihrem Gast die üblichen Artigkeiten, erkundigt sich nach Art und Umfang seiner Tätigkeit bei den Cumberlands, nicht ohne sich seiner Zuneigung zur Musik Richard Wagners zu vergewissern, und spricht in auffälliger Eile eine definitive Einladung zu künftigem gemeinsamem Musizieren aus.

Es vergehen keine acht Tage, da flattert Emil Hess ein Billett von Mathilde Wesendonk ins Haus, mit dem sie ihn zur ersten gemeinsamen Soiree in die Villa Traunblick bittet. Zur vereinbarten Stunde fährt ihr Wagen vor, der Herr Hofmusikus wird abgeholt und, noch bevor das Diner angerichtet ist, an den Konzertflügel gebeten. Im Musiksalon sind alle Vorbereitungen getroffen, die Noten fürs „Tristan"-Vorspiel aufgeschlagen: „Bei mir pflegt nichts anderes gespielt zu werden als das Höchste."

Frau Mathilde duldet kein Zögern, Meister Hess greift in die Tasten, die Gastgeberin stellt sich hinter ihm in Positur und blättert die Noten um. Erst als Vorspiel und erster Akt beendet sind, gönnt sie dem Gast eine Pause, legt ihm wohlwollend die Hand auf die Schulter und flüstert Worte emphatischer Anerkennung: „Wie ich die Cumberlands um Sie beneide! Noch kein Pianist hat mir mit solcher Vollkommenheit Wagner vorgespielt. Fürwahr, Sie haben seine Musik voll erfaßt!"

Mathilde Wesendonk ist wie verwandelt, die blassen Wangen sind gerötet, erregt setzt sie ihre Erkundigungen fort:

„Unter Ihren Händen wird der Flügel zum Orchester! Sagen Sie nur, wo haben Sie studiert?"

Emil Hess wehrt ab, es ist ihm zuviel der Komplimente. Vor allem für seinen dilettantischen Gesang geniert er sich: Kühn hat er alle Partien mitgesungen. „Wenn ich doch nur eine Stimme hätte, ich krächze ja bloß!"

Abermals entschiedener Widerspruch: „So mancher ausgebildete Sänger kann sich hinter Ihnen verstecken! Die Seele ist das Entscheidende, nicht die Stimme! Mein Gott, wie sehr Sie mich an den Meister erinnern – er hat gesungen wie Sie. Pianist war er keiner. Doch wo seine Finger nur andeuteten, hat seine Stimme alles andere vergessen gemacht."

Emil Hess, zutiefst beschämt von so viel Weihrauch, atmet erleichtert auf, als die Stimme des Kammerdieners zur Tafel ruft: „Es ist serviert." Der Besucher reicht der Dame des Hauses den Arm, man begibt sich zu Tisch. Emil Hess muß nur darauf achten, daß er nicht zu reichlich bei dem delikaten Mahl zulangt, und von dem erlesenen Rheinwein, der eingeschenkt wird, darf er bloß kosten. Denn nach Tisch soll's mit dem zweiten Akt von „Tristan und Isolde" weitergehen …

Die Einladungen in die Villa Traunblick mehren sich: Mathilde Wesendonk hat im Klavierlehrer der Cumberlands die ideale

Ergänzung gefunden, ihren Wagner-Kult auszuleben. Beim nächstenmal liegen die „Fünf Dilettanten-Gedichte für Frauenstimme, in Musik gesetzt von Richard Wagner" aufgeschlagen auf dem Flügel. Und wieder erwartet die Frau des Hauses von ihrem Gast, daß er sich beidem unterzieht: dem Spielen und dem Singen.

Zuvor aber richtet sie eine Frage an ihn:

„Sie wissen doch wohl, von wem die Texte sind?"

„Hat Wagner denn jemals anderes als seine eigenen Dichtungen vertont?"

„Es ist der Stolz meines Lebens, daß der Meister meine bescheidenen Worte in Musik gesetzt und für würdig erachtet hat, unter seinem Namen veröffentlicht zu werden."

Die Wesendonk-Lieder, Emil Hess hat es nicht gewußt. Jetzt, wo er's weiß, bedeuten ihm seine Besuche in der Villa Traunblick noch um vieles mehr.

Nach und nach wird er – wiewohl mit aller gebotenen Zurückhaltung – auch in so manches Detail der Beziehung Wagner–Wesendonk eingeweiht: wie der Meister seiner Muse zuerst den Genius Beethovens erschlossen, wie er ihr später, nun Tür an Tür auf dem Zürcher „Grünen Hügel" lebend, regelmäßig zur Dämmerstunde vorgespielt, was er am Vormittag komponiert, und wie er überhaupt sie, die fünfzehn Jahre Jüngere und ihn schwärmerisch Verehrende, Schritt für Schritt in sein Werk einbezogen habe. Sogar einen Seitenhieb auf Frau Cosima, die es so schwer verwinde, an der Entstehung von „Tristan und Isolde" keinerlei Anteil zu haben, kann sie sich nicht verkneifen: „Als sie in Wagners Leben trat, war dieses Werk schon lange da ..."

Kein Wort hingegen von dem heiklen Part, den Ehegatte Otto Wesendonk in jenen Jahren leidenschaftlicher Zuneigung zu spielen hatte. Nur aus manchem Verhalten des Hausherrn kann Emil Hess seine Schlüsse ziehen. Einmal bringt er seinen Bruder mit, er darf einer der musikalischen Soireen in der Villa Traunblick beiwohnen. Zu fünft ist man im Musiksalon versammelt: Mathilde Wesendonk und Emil Hess am Flügel, dessen Bruder, Hausherr Otto Wesendonk und Sohn Paul als Zuhörer im Hintergrund. Auf einmal, mitten im Musizieren, sind die drei verschwunden. Später erfährt Emil Hess, was sich zugetragen hat: Otto Wesendonk habe Sohn und Besucher diskret aufgefordert, ihm unauffällig zu folgen, um sich gemeinsam in eines der entlegensten Zimmer der Villa zurückzuziehen, eine Batterie Bierflaschen aufzumachen und miteinander Studentenlieder zu singen …

Zeuge einer anderen Spielart sanften Aufbegehrens gegen den exzessiven Wagner-Kult im Hause wird Emil Hess, als bei einer der Soireen der greise Otto Wesendonk eine Musikpause dazu benützt, sich auf seine Weise in Szene zu setzen und eine der seit Jugendtagen geliebten Balladen zu deklamieren: „Columbus“. Frau Mathilde läßt ihn nachsichtig gewähren, bis er bei jener hochdramatischen Stelle anlangt, wo einer der Matrosen „Land! Land!“ ruft. Otto Wesendonks Stimme steigert sich zu höchster Erregung – da fährt ihm Frau Mathilde rücksichtslos dazwischen und bemerkt mit mildem Spott: „Nun haben wir also wieder einmal Amerika entdeckt! Ist ja gut und schön, Papa, aber jetzt iß weiter, es wird ja alles kalt auf deinem Teller!“

1896 stirbt Otto Wesendonk, sechs Jahre nach ihm, am 31. August 1902, seine Frau. Die Leiche wird in der Villa Traunblick einbalsamiert und nach Deutschland überführt, um in der Familiengruft in Düsseldorf beigesetzt zu werden.

Eine der letzten Handlungen der Wagner-Muse vor ihrem Tod ist es, die in ihrem Besitz befindlichen Briefe des Meisters für den Druck vorzubereiten. Sie tut es nicht aus Eitelkeit und Wichtigtuerei, sondern um der Nachwelt Einblick zu gewähren in eines der aufregendsten Kapitel der Musikgeschichte. Richard Wagners Wunsch nach Vernichtung der Korrespondenz ignorierend, stimmen auch dessen Nachlaßverwalter der Veröffentlichung zu, indem sie selber auf die Autorenrechte verzichten und sie an Mathilde Wesendonks Sohn Paul und Enkel Friedrich Wilhelm abtreten, die ihrerseits verfügen, daß der Erlös der Publikation dem Bayreuther Stipendienfonds zufließt. Schon 1904 erscheinen „Richard Wagners Tagebuchblätter und Briefe an Mathilde Wesendonk“ im Druck, und damit erhält auch der Gmundner Hofmusikus Emil Hess, der auf dem Alterssitz der Wesendonks mehrere Jahre hindurch ein und aus gegangen ist, bis ins letzte Aufschluß über jenes einzigartige Drama, das sich da in den fünfziger und sechziger Jahren des vorigen Jahrhunderts im fernen Zürich abgespielt hat …

Frühjahr 1849. Infolge Beteiligung an der Dresdner Mai-Revolution muß Richard Wagner fluchtartig seine Heimat verlas-

*„Es ist der Stolz meines Lebens, daß der Meister meine bescheidenen
Worte in Musik gesetzt hat": Mathilde Wesendonk*

sen. Mit folgendem Steckbrief, am 16. Mai 1849 von der Dresdener „Stadt-Polizei-Deputation" erlassen, versucht die Obrigkeit seiner habhaft zu werden:

„Der unten etwas näher bezeichnete Königliche Capellmeister Richard Wagner von hier ist wegen wesentlicher Theilnahme an der in hiesiger Stadt stattgefundenen aufrührerischen Bewegung zur Untersuchung zu ziehen, zur Zeit aber nicht zu erlangen gewesen. Es werden daher alle Polizeibehörden auf denselben aufmerksam gemacht und ersucht, Wagner im Betretungsfalle zu verhaften und davon uns schleunigst Nachricht zu ertheilen. Wagner ist 37–38 Jahre alt, mittlerer Statur, hat braunes Haar und trägt eine Brille."

Von Freund Liszt in Weimar mit dem Nötigsten an Geld ausgestattet, versucht der Flüchtige sein Glück in Paris – doch ohne Erfolg, und so wendet er sich in die Schweiz. Das liberale Zürich nimmt ihn gastlich auf: Am Stadttheater ist die Position des Musikdirektors vakant, außerdem wird ihm die Leitung der Symphoniekonzerte der „Allgemeinen Musikgesellschaft Zürich" angetragen. Gattin Minna – seit knapp dreizehn Jahren ist er mit der Sängerin Minna Planer verheiratet – wird herbeigerufen, um einen neuen Hausstand einzurichten. In ihrem Gefolge Minnas voreheliche Tochter Natalie (die in dem Glauben aufgezogen worden ist, ihre jüngere Schwester zu sein), Hund Peps sowie Wagners heißgeliebter Papagei Papo, der nicht nur Motive aus Beethoven-Symphonien, sondern auch die Rienzi-Ouvertüre pfeift und das Fagottspiel täuschend nachahmt. Seine wunderliche Menagerie ersetzt ihm die eigenen Kinder, mit Wagners Ehe steht es nicht zum besten: „Mit fürchterlichem Schmerz empfand ich mehr als je die unfehlbare Gewißheit, daß wir uns nicht mehr angehören."

Auch die Möbel aus der Dresdner Wohnung treffen ein, nur die Bücher hat Heinrich Brockhaus als Pfand für ein nicht zurückgezahltes Darlehen einbehalten. Dies sind denn auch Wagners Hauptsorgen zu dieser Zeit: daß er sich ohne ererbtes Vermögen durchs Leben schlagen muß und daß er „nie das eigentliche Glück der Liebe genossen" hat. „Ich kenne nicht, was Familie, Verwandte, Kinder sind", vertraut er seinem geheimen Tagebuch an. „Was ist nun solch eine Ehe, die wir in taumelnder Jugend auf die erste Regung des Gattungstriebes hin für das Leben eingehen?"

Im September 1849 beziehen die Wagners ihre erste Wohnung in Zürich: in den sogenannten hinteren Escher-Häusern am Zeltweg, unweit vom Stadtkern, damals aber noch ländliche Vorstadt. Die Zimmer sind kalt und unfreundlich. Auch das Quartier, das man im darauffolgenden Sommer bezieht, entspricht nicht den Anforderungen: in der Sternengasse auf der anderen Seite des Zürchersees. Besser wird es erst, als man – inzwischen ist es November 1851 – in den vorderen Escher-Häusern, einer vornehmen Vorstadtstraße mit hübschen Gartengründen, eine geräumige Unterkunft findet, nicht weit von Gottfried Kellers Geburts- und von Georg Büchners Sterbehaus entfernt.

Ohne Probleme geht es freilich auch hier nicht ab: Wie soll der Meister „Rheingold" und „Walküre" vollenden, wenn er von derart lärmender Nachbarschaft inkommodiert ist? Fünf Klaviere und „eine sonntägliche Flöte" stören ihn beim Komponieren, und mit einem Blechschmied, der in nächster Nähe seinem überlauten Handwerk nachgeht, muß er einen Pakt schließen, der ihm wenigstens in den schöpferischen Vormittagsstunden Ruhe garantiert. Ein Gutes hat das lärmende Visavis dennoch: Ihm verdankt Wagner, als er sich an die Komposition des „Siegfried" macht, die musikalische Inspiration zu dem zornigen Diskurs mit Mime, dem stümperhaften Schmied …

Wovon Wagner allemal träumt, ist ein eigenes Haus auf dem Lande, umgeben von Blumen und Tieren – können denn die Verleger, denen er „Holländer", „Tannhäuser" und „Lohengrin" anvertraut hat, nicht die dafür nötigen Mittel aufbringen?

Da macht Richard Wagner eine Bekanntschaft, die ihn schlagartig aller dieser Sorgen entbebt – und wie es den Anschein hat, auf Dauer: Ein seit 1851 in Zürich ansässiger rheinländischer Großindustrieller holländischer Abkunft und dessen feinsinnige, hochmusikalische Gemahlin, Otto und Mathilde Wesendonk, mit Wagner seit einem von ihm geleiteten und vom Zürcher Publikum enthusiastisch akklamierten Beethoven-Konzert in stetem gesellschaftlichem Verkehr (den ein ebenfalls in Zürich ansässiger Wagner-Freund aus gemeinsamen Dresdner Zeiten, der Rechtsanwalt Marschall von Bieberstein, vermittelt hat), haben sich entschlossen, ihr provisorisches Logis im Hotel Baur au Lac aufzugeben, auf einem der schönstgelegenen Hügel am Stadtrand, dem Rietberg im Stadtteil Enge, eine Villa zu errichten, das auf dem Nachbargrundstück schon bestehende Landhäuschen mitzuerwerben und dieses Richard Wagner zu günstigsten Konditionen zur Verfügung zu stellen.

Noch bevor der umfangreiche Prachtbau im nachgeahmten Renaissancestil vollendet ist, halten die Wagners um Ostern 1857 in der zwar vergleichsweise bescheidenen, doch dafür traumhaft schön gelegenen und obendrein spottbilligen „Dependance" Einzug. Am 8. Mai berichtet Wagner seinem Freund Liszt: „Ich habe eine üble Zeit hinter mir, die nun allerdings einem recht angenehmen Zustande zu weichen scheint. Seit zehn Tagen haben wir das bewußte Landgütchen neben der Wesendonkschen Villa bezogen, das ich der wirklich großen Teilnahme dieser befreundeten Familie verdanke … Alles ist nach Wunsch und Bedürfnis für die Dauer hergerichtet und eingeräumt; alles steht am Platz, wo es bis an meinen Tod stehen soll. Mein Arbeitszimmer ist mit der Dir bekannten Pedanterie und eleganten Behaglichkeit hergerichtet; der Arbeitstisch steht an dem großen Fenster mit dem prachtvollen Überblick des Sees und der Alpen; Ruhe und Ungestörtheit umgeben mich. Ein hübscher, bereits sehr gut gepflegter Garten bietet mir Raum zu kleinen Promenaden und Ruheplätzchen und meiner Frau die angenehmste Beschäftigung und Abhaltung von Grillen über mich; namentlich nimmt ein größerer Gemüsegarten ihre zärtlichste Sorge in Beschlag. Du siehst, ein ganz hübscher Boden für meine Zurückgezogenheit ist gewonnen, wenn ich bedenke, wie sehr ich seit langem nach einem solchen verlangte und wie schwer es wurde, nur eine Aussicht dafür zu gewinnen, so fühle ich mich gedrängt, in diesem guten Wesendonk einen meiner größten Wohltäter anzuerkennen."

Hier kann Wagner auch seine Neigungen als Naturfreund voll ausleben: In seinem Garten belauscht er das Nest der Grasmücke, stets stehen frische Rosen vom eigenen Beet auf seinem Schreibtisch, und zum Waldweben im „Siegfried" inspiriert ihn das Geflüster der Baumwipfel im nahen Sihltalwald, den er bei seinen Wanderungen in Begleitung des Dichters Georg Herwegh wieder und wieder aufsucht, mit dem vier Jahre Jüngeren, gleichfalls im Schweizer Exil Lebenden in tiefe Gespräche über die Philosophie des gemeinsamen Idols Schopenhauer vertieft.

Drei Monate darauf halten auch die Wesendonks auf ihrem Besitz Einzug, und damit sind die Weichen gestellt für Zuspitzung, Höhepunkt und – Katastrophe einer Affäre, an deren

Ende eines der erhabensten Werke der Musikliteratur stehen wird: „Tristan und Isolde".

Schon in den Jahren davor „knistert" es zwischen Wagner und Frau Wesendonk, wobei wohl sie die treibende Kraft ist; in einem ausführlichen Bekenntnisbrief an seine Schwester Kläre wird Richard Wagner sich später offen darüber äußern:

„Was mich seit sechs Jahren erhalten, getröstet und namentlich auch gestärkt hat, an Minnas Seite trotz der enormen Differenzen unseres Charakters und Wesens auszuhalten, ist die Liebe zu jener jungen Frau, die mir anfangs und lange zagend, zweifelnd, zögernd und schüchtern, dann aber immer bestimmter und sicherer sich näherte. Da zwischen uns nie von einer Vereinigung die Rede sein konnte, gewann unsere tiefe Neigung den traurig wehmütigen Charakter, der alles Gemeine und Niedere fernhält und nur in dem Wohlergehen des andern den Quell der Freude erkennt. Sie hat seit der Zeit unserer ersten Bekanntschaft die unermüdlichste und feinfühlendste Sorge für mich getragen und alles, was mein Leben erleichtern konnte, auf die mutigste Weise ihrem Mann abgewonnen. Dieser konnte der offenen Unumwundenheit seiner Frau gegenüber nicht anders als bald in wachsende Eifersucht verfallen. Ihre Größe bestand nun darin, daß sie stets ihren Mann von ihrem Herzen unterrichtet hielt und ihn allmählich bis zur vollsten Resignation auf sie bestimmte."

Es fängt damit an, daß Wagner seine Verehrerin, zu Beginn der Beziehung keine vierundzwanzig Jahre alt, auf Konzerte, denen sie beizuwohnen gedenkt, liebevoll vorbereitet:

„Da ich Beethoven liebte, spielte er mir die Sonaten; war ein Konzert in Sicht, wo er eine Beethovensche Sinfonie zu leiten hatte, so war er unermüdlich und spielte vor und nach der Probe die betreffenden Sätze so lange, bis ich mich ganz heimisch darin fühlte. Es freute ihn, wenn ich ihm zu folgen vermochte und an seiner Begeisterung die meinige entzündete."

Als Wagner in der zweiten Jahreshälfte 1854 die Skizzen zur „Walküre" vollendet, versieht er die Originalpartitur des Vorspiels mit der Widmung GSM: „Gesegnet sei Mathilde!" Der Dank dafür folgt auf dem Fuß: Mäzen Otto Wesendonk verehrt auf Betreiben seiner Frau dem Meister eine amerikanische Goldfeder, und als, mit Hilfe dieses Instruments zu einem Meisterwerk der Kalligraphie gestaltet, die komplette Orchesterpartitur vorliegt, erwirbt Wesendonk diese um teures Geld. Sie wird ihm später, wenn er sie König Ludwig II. von Bayern zum Geschenk macht, ein handschriftliches Dankschreiben Seiner Majestät eintragen.

Unter Wagners Anleitung entwickelt sich Mathilde zu einer Muse von stupender Kennerschaft, die er mehr und mehr am Gedeihen seiner Werke teilhaben läßt:

„Was er am Vormittage komponierte, das pflegte er am Nachmittage auf seinem Flügel vorzutragen und zu prüfen. Es war die Stunde zwischen 5 und 6 Uhr – er nannte sich selbst ‚der Dämmermann‘."

Auch in den Dingen des praktischen Alltags ist Mathilde Wesendonk, wo immer ihre Hilfe gebraucht wird, mit Freude zur Stelle. Als Wagner 1856, an einer Gesichtsrose laborierend und dadurch am Fortgang der „Walküre"-Partitur behindert, auch noch sein geliebtes Hündchen Peps verliert, sorgt Frau Mathilde unverzüglich für Ersatz:

„Ein Wesen von unerschütterlicher Freundlichkeit – das ist das Hündchen, das Sie einst auf dem Krankenbette für mich bestimmten; es ist unsäglich, wie liebenswürdig dieses unvergleichliche Tier gegen mich ist."

Wer ist diese Frau, der er später einmal gestehen wird: „Mit Dir kann ich alles, ohne Dich nichts!"?

Mathilde Wesendonk kommt am 23. Dezember 1828 in Elberfeld, das heute einer der Ortsteile der rheinländischen Industriestadt Wuppertal ist, als Agnes Luckemeyer zur Welt – den Vornamen Mathilde wird sie erst als Neunzehnjährige annehmen, wenn sie Otto Wesendonk ehelicht. Dessen frühverstorbene erste Frau hieß Mathilde, und da er dieser in tiefer Liebe verbunden war, bittet er ihre Nachfolgerin, den gleichen Namen zu führen.

Auch ihre Eltern stammen aus dem Rheinland, der Vater, königlich preußischer Kommerzienrat, hat die Deutsch-Holländische Schiffahrtsgesellschaft gegründet. Das Mädchen erhält eine sorgfältige Erziehung, neben Sprachunterricht in Italienisch, Französisch, Englisch und Griechisch wird besonderer Wert auf musikalische Ausbildung gelegt, ein preußischer Feldwebel bringt ihr, wie es der Zeitstil verlangt, vorbildliche Haltung bei.

Von den vier Kindern, die sie ihrem dreizehn Jahre älteren Mann, dem wohlhabenden Seidenhändler Otto Wesendonk, schenkt, sterben die Söhne Hans und Guido in jungen Jahren,

Tochter Myrrha mit siebenunddreißig. Als sie im vierten Ehejahr – Otto Wesendonk betreibt seine Geschäfte für die Seidenexportfirma Loeschigk, Wesendonk & Co. inzwischen von Zürich aus – Richard Wagner kennenlernt, ist sie, wie sie es später in ihrem Lebensrückblick ausdrücken wird, „eine leere Seite, auf der er schreiben konnte".

Richard Wagner, bei einem früheren Versuch, in eine bestehende Ehe einzubrechen, gescheitert (es handelte sich um die mit dem reichen französischen Weinhändler Eugène Laussot verheiratete Engländerin Jessie Taylor), läßt sich diesmal gern auf alle Risiken einer heiklen Dreiecksbeziehung ein – umso mehr, als es der raffinierten Mathilde spielend gelingt, ihren Ehemann auch noch zu Wagners Wohltäter zu machen. Ganz uneigennützig ist dieser Otto Wesendonk allerdings nicht, als er auf Betreiben seiner Frau im Frühjahr 1857 dem Komponisten das Offert macht, in dem der Wesendonk-Villa auf dem Zürcher Rietberg attachierten Fachwerkhaus Quartier zu nehmen: Mit dem Ankauf des Nachbargrundstücks kann Wesendonk den Plan eines Irrenarztes durchkreuzen, dort eine Krankenstation zu errichten.

„O, möge dieses Häuschen ein wahres Asyl des Friedens und der Freundschaft sein", schreibt Mathilde Wesendonk an die Gattin des künftigen Nachbarn, „eine heilige Stätte inmitten einer Welt voll Haß und Mißgunst, eine sichere Zuflucht vor allen Sorgen und Mühsalen dieser Erde! Es ist natürlich alles höchst einfach und ländlich darin. Schweizer Einrichtungen sind immer etwas wunderlich, und so ist auch hier die Küche auf den zweiten Stock verlegt. Jeder Stock hat drei Zimmer, und im rez-de-chaussée ist eine Art Pächter- oder Gärtnerwohnung. Wie freue ich mich, Sie bald wiederzusehen und mich mit eigenen Augen zu überzeugen, daß Sie der Besitz des Häuschens glücklich macht. Den Namen dafür muß Wagner ausfindig machen, die Taufe feiern wir zusammen."

Wagner erwägt, die neue Heimstatt „Fafners Ruhe" zu nennen. Schließlich aber entscheidet er sich doch für den Namen, den Frau Mathilde in ihrem Brief kreiert hat, und es bleibt beim „Asyl".

Jetzt, wo man nur durch einen Fahrweg zwischen Villa und Nebenhaus voneinander getrennt ist, gewinnt auch die Beziehung zwischen dem Meister und seiner Muse weiter an Intensität: Es bleibt nicht beim gemeinsamen Musizieren, nicht beim bloßen

Gedankenaustausch. Als der Diener Richard Wagner, der gerade die Arbeit am „Tristan" aufgenommen hat, fünf Gedichte zustellt, erste Versuche der nunmehr auch schriftstellernden Mathilde Wesendonk, fühlt sich der Empfänger von diesen Versen so stark angesprochen, daß er keinen Augenblick zögert, sie zu vertonen, und zwei der fünf („Die Träume" und „Im Treibhause") werden sogar – in veränderter Form – in die Tristan-Komposition eingehen. „Besseres als diese Lieder habe ich nie gemacht", wird er später der Textautorin der „Wesendonk-Lieder" versichern, „und nur sehr weniges von meinen Werken wird ihnen zur Seite gestellt werden."

Zuvor schon, am Morgen des 23. Dezember 1857, hat er Mathilde Wesendonk mit der Aufführung der „Träume" das denkbar schönste Geburtstagsgeschenk gemacht: Wagner engagiert ein zehn Mann starkes Orchester mit Solovioline, das im Vestibül der Wesendonk-Villa das fünfstrophige Werk aus der Taufe hebt. Es soll ein Vorschuß jenes Dankes sein, den er Mathilde für die Inspiration zu seiner vielleicht bedeutendsten Schöpfung schuldet: „Daß ich den Tristan geschrieben, danke ich Ihnen aus tiefster Seele in alle Ewigkeit."

Mögen die Emotionen zwischen Wagner und seiner Muse sich noch so sehr steigern, ein Ehebruch im engsten Sinne kommt für keinen der beiden in Betracht: „Die ungeheuren Kämpfe, die wir bestanden", schreibt er ihr in einem Brief am 6. Juli 1858, „wie könnten sie enden als mit dem Siege über jedes Wünschen und Begehren?" Im „Tristan" sublimiert Richard Wagner dieses Wünschen und Begehren, wie er dies schon Jahre zuvor in einem Brief an Franz Liszt angekündigt hat:

„Da ich nun aber doch im Leben nie das eigentliche Glück der Liebe genossen habe, so will ich diesem schönsten aller Träume noch ein Denkmal setzen, in dem von Anfang bis zum Ende diese Liebe sich einmal so recht sättigen soll."

Jetzt, wo das Werk vorliegt, ist für alle Eingeweihten klar, was Wagner für Mathilde empfindet. Wie sie selbst darauf reagiert, vertraut er nur seiner Schwester Kläre an, der er in späteren Jahren schreibt:

„Diese Liebe, die stets unausgesprochen zwischen uns blieb, mußte sich endlich auch offen enthüllen, als ich vorm Jahr den Tristan dichtete und ihr gab. Da zum ersten Male wurde sie machtlos und erklärte mir, nun sterben zu müssen ...""

Dazu kommt es zwar nicht, aber das Unheil nimmt dennoch seinen Lauf. Einschlägiges Gemunkel gibt es in Zürich schon seit geraumer Zeit: in den Cafés, in denen die gebildete Welt verkehrt; im „Orsini" und auf dem „Rüden", wo die Aristokratie ihren Dünkel pflegt; im „Littéraire", wo das deutsche Philistertum, in den Zunfthäusern, wo die Zürcher Spießigkeit ihre Heimstatt hat. Doch das eigentliche Signal zur Katastrophe kommt aus Wagners allerengstem Umkreis: Minna, seine Frau, dreht durch. Und wieder ist der „Tristan" mit im Spiel ...

3. April 1858. Wagner hat soeben den Federhalter, mit dem er die Partitur des ersten Aktes von „Tristan und Isolde" zu Papier gebracht hat, aus der Hand gelegt. Und während das Manuskript zur Drucklegung nach Leipzig unterwegs ist, schickt er den Diener mit den Bleistiftskizzen des Vorspiels ins Nachbarhaus, um sie Mathilde Wesendonk, wie seit längerem versprochen, zum Geschenk zu machen. Der Sendung ist ein Brief beigeschlossen, „in welchem ich ernst und ruhig die damals mich beherrschende Stimmung mitteilte".

Minna Wagner, die sich gerade im Hausgarten aufhält, fängt den Boten ab, entreißt ihm den Brief, öffnet und liest ihn. Und interpretiert ihn auf ihre Weise:

„Da ihr das Verständnis der in diesen Zeilen ausgesprochenen Stimmung durchaus unmöglich war, hielt sie sich desto mehr an eine ihr geläufige triviale Deutung der Worte und glaubte sich demnach berechtigt, in mein Zimmer zu treten, um mir die sonderbarsten Vorwürfe zu machen."

Wagner versucht, seine Frau von der Grundlosigkeit ihrer Eifersucht zu überzeugen:

„Leider stand die Ärmste aber bereits unter der Einwirkung einer bedenklichen Steigerung ihres Herzleidens auf ihr Gemüt. Die eigentümliche Schwarzsichtigkeit und qualvolle Unruhe, welche vollständige Herzerweiterungen auf die Leidenden ausüben, mochten sie nicht mehr verlassen. Sie glaubte nach einigen Tagen, sich das Herz erleichtern zu müssen, was ihr nur dadurch möglich dünkte, daß sie unsere Nachbarin, ihrer Ansicht nach wohlmeinend, vor den Folgen etwaiger unvorsichtiger Vertraulichkeiten gegen mich warnte ... In ihrer gröblichen Mißverkennung meines wirklichen, freundschaftlichen Verhältnisses zu der stets angelegentlich um meine Ruhe und um mein Wohlergehen besorgten jungen Frau war Minna so weit gegangen, mit Mitteilungen an deren Mann zu drohen, und hatte diese, welche in Wahrheit keines Fehltrittes sich bewußt war, dadurch so sehr beleidigt, daß sie über mich selbst in Verwunderung geriet, weil sie nicht begriff, wie ich meine Frau in solche Verwirrung hatte geraten lassen können."

Das Weitere ist rasch erzählt: Wagner ist sich darüber im klaren, daß er nicht länger die Gastfreundschaft seiner solcherart brüskierten Gönner in Anspruch nehmen kann; am 17. August erfolgt der Auszug aus dem „Asyl". Aber auch sein Zusammenleben mit Gattin Minna kann keine Fortsetzung finden: Sie geht nach Deutschland auf Kur, er nimmt das unstete Wanderleben von einst wieder auf. Genf, Venedig, Paris und Wien sind unter den nächsten Stationen.

Als zwei Monate darauf eine weitere Katastrophe eintritt und Guido, das vierjährige Söhnchen der Wesendonks, stirbt, deutet Minna Wagner in ihrer Verblendung den tragischen Todesfall als einen gerechten Akt der Vorsehung. Was sie von ihrer Nebenbuhlerin hält, hat sie dieser schon zuvor in einer Art sarkastischem „Abschiedsbrief" unverblümt mitgeteilt. Nicht nur, daß sie Mathilde Wesendonk vorhält, ihre „beinahe zweiundzwanzigjährige Ehe" zerstört zu haben, versteigt sie sich auch zu dem lächerlichen Vorwurf, ihren Mann „lange Zeit so schmählich" vom Komponieren abgehalten zu haben: „Nun endlich wird er wieder arbeiten."

Auch lange nach Minna Wagners Tod – sie stirbt am 25. Jänner 1866 in Dresden – wirkt das Gift der Eifersucht weiter: Jetzt ist es ihre Tochter Natalie, die in einem Brief an eine englische Wagner-Biographin die einstige Komponisten-Muse als „aalglatte Schlange", „giftiges Reptil" und „Oberteufelin" verunglimpft. Zornbebend die Partei ihrer Mutter ergreifend, teilt Natalie Planer dieser Mrs. Burrell im Jahr 1892 mit, „daß Mathilde sehr viel in reizendem, elegantem Morgenanzug vormittag zu Wagner hinaufging und sehr lange bei ihm im Zimmer blieb. Ja, hochverehrte Frau, von all diesen teuflischen Nichtswürdigkeiten hat Ihnen dieses gefeierte, lammfromme, süße Teufelchen wohlweislich nichts erzählt, um sich nicht vor Ihren Augen die Krone der Unvergleichlichkeit vom Haupte zu reißen!"

Wagner und Mathilde Wesendonk sind zwar fortan räumlich voneinander getrennt, halten aber weiterhin brieflich Kontakt:

„Fällt mir etwas Mitteilenswertes ein, so zeichne ich es auf, sammle es, und Du erhältst es, sobald Du es wünschest. Nachrichten von uns geben wir uns wohl so oft wie möglich? Sie können uns jetzt nur noch erfreuen, denn zwischen uns ist alles licht und rein, und kein Mißverständnis, kein Irrtum kann uns mehr beschweren. So leb denn wohl, Du mein Himmel, meine Erlöserin, mein seliges, reines, liebes Weib!"

Außerdem geben sie einander das Versprechen, über ihr weiteres Leben Tagebuch zu führen. Heikle Korrespondenz wird über eine gemeinsame Vertraute aus Zürcher Tagen, Eliza Wille in Mariafeld, abgewickelt. Einer dieser Briefe, am 5. Juni 1863 in Wien-Penzing aufgegeben, gerät Wagner so leidenschaftlich, daß der Schreiber vor direkter Adressierung zurückschreckt und es vorzieht, das Wort an die mitfühlende Vertraute zu richten:

„Ich liebe die Frau zu sehr, mein Herz ist so überweich und voll, wenn ich ihrer gedenke, daß ich unmöglich an sie in der Form mich wenden kann, die nun zwingender als je mir gegen sie auferlegt sein müßte. Wie mir's ums Herz ist, kann ich ihr aber nicht schreiben, ohne Verrat an ihrem Manne zu begehen, den ich innig schätze und wert halte. Was ist da zu tun? Ganz in meinem Herzen verheimlicht kann ich es auch nicht halten: Ein Mensch wenigstens muß wissen, wie es mit mir steht. Drum sag ich's Ihnen: Sie ist und bleibt meine erste und einzige Liebe!"

Eine weitere Begegnung – im Oktober 1861 in Venedig, wohin die Wesendonks zu einer Kunstreise aufgebrochen sind – verläuft enttäuschend: Aus dem offen zur Schau getragenen Einvernehmen der Eheleute zieht Wagner den richtigen Schluß, daß für ihn in dieser Konstellation endgültig kein Platz mehr ist: „Nun erst bin ich ganz resigniert." Und als er im März 1864, in Wechselschulden verstrickt, aus Wien flüchten muß, wird sein Ansuchen um Aufnahme bei den Wesendonks prompt abschlägig beschieden. Auch der Briefverkehr mit Mathilde schläft nach und nach ein.

Umso intensiver wendet sie sich nun, eine Art großbürgerlicher Blaustrumpf, der eigenen künstlerischen Verwirklichung zu: der Schriftstellerei. Sie übersetzt aus dem Italienischen, Französischen, Englischen und Griechischen, versucht sich an Epen und (durchwegs unaufgeführt bleibenden) Dramen über Stoffe wie Genoveva, Perseus und Friedrich den Großen, auch ein Wagner-nahes Motiv, die Gudrun, findet sich darunter, und einiges davon erscheint sogar in Buchform. Isoldes Nachsommer …

1872 vertreiben deutschfeindliche Strömungen die Wesendonks aus Zürich, der Besitz (der heute die Sammlung außereuropäischer Kunst beherbergt) wird verkauft; nach Zwischenstationen in Dresden und Kairo läßt sich das Ehepaar in Berlin nieder. Als Sommersitz aber wählen sie die Villa Traunblick im Salzkammergut, die zehn Jahre vor ihrem Einzug von Moritz Freiherr Taets von Amrongen an der Stelle eines niedergerissenen Bauernhofs errichtet worden ist. Hier wird in Hinkunft ein anderer Großer der Musik ein und aus gehen: der im nahen Ischl übersommernde Johannes Brahms. Doch Vorsicht vor jedem vorschnellen Vergleich! Nicht nur, daß Brahms sich standhaft weigert, neuere Gedichte seiner Gastgeberin zu vertonen, mokiert er sich auch über deren Wagner-Kult – etwa wenn er, in Begleitung anderer Gäste, sich im Park ergeht und witzelt: „Geben Sie gut acht, daß Sie beim Lustwandeln zwischen den Beeten nicht unversehens eine Wagner-Melodie zertreten!"

Respektvoller als Brahms verhält sich der mit diesem eng befreundete Wiener Arzt Theodor Billroth, der in jungen Jahren selber mit dem Komponistenberuf geliebäugelt hat: Er zeigt sich an der Vertonung von Mathilde Wesendonks lyrischen Ergüssen interessiert. Eines dieser Gedichte besingt die neue Heimat am Traunsee:

Ich weiß ein liebes, stilles Haus
Auf grüner Hügelhalde,
Das lugt ins weite Land hinaus
Und ist begrenzt vom Walde.
Und vor ihm, weithin sichtbarlich,
Ein hoher Mastbaum steht.
Von seinem Gipfel, schwarz, weiß, rot,
Die deutsche Fahne weht.
In seinem Hof ein Nußbaum wächst
Mit weitverzweigten Ästen,
Ein Springbrunn plätschert, Rosen blühn,
Dort rastet sich's am besten.
Zu seinen Füßen liegt der See,
Von spiegelblanker Helle,
Die goldnen Sterne baden sich
In seiner reinen Welle.

Wagner-Tempel am Traunsee: die Villa Traunblick

Und drüben, hart an Ufers Rand,
Ein Bergesriese ragt,
Der wird der Traunstein genannt,
Ein Hüne, hoch betagt.
Zu seiner Seite schläft ein Weib
Den tiefen Todesschlummer.
Genesen ist ihr süßer Leib
Von Erdenweh und Kummer.
Der Traunstein hält die Totenwacht
An ihrem Felsengrabe,
Er harrt und wachet, Nacht für Nacht,
Verschmäht des Schlafes Labe.
Sooft der lichte Morgen schleicht
Zur Schläferin mit Küssen.
Dann wird des Alten Auge feucht,
Wähnt wecken sie zu müssen!
Sie aber schlummert still und kalt,
Weiß nichts von Sehnen und von Lieben,
Denn ihrer göttlichen Gestalt
Ist nur die Form geblieben.

Von meinem Fenster seh ich sie,
Nichts störet ihren Frieden.
Sei ruhig, Herz, auch Dir einmal
Ist Todes Ruh' beschieden!

Eine Einladung an Richard Wagner, sie im neuen Domizil am Traunsee zu besuchen, ergeht nicht. Gleichwohl bleibt man bis zum Tod des Meisters miteinander in Kontakt. Sein erster Besuch als frischverheirateter Gatte Cosima von Bülows im Sommer 1870 gilt den Wesendonks in Zürich, und die Wesendonks ihrerseits sind regelmäßig in Bayreuth zur Stelle, wenn ab 1876 die dortigen Wagner-Festspiele in Szene gehen. Die Verbindung der beiden Familien wird auch in der Folgegeneration fortgesetzt: Als Siegfried Wagner, das jüngste der drei Kinder aus der Ehe mit Cosima, sich studienhalber längere Zeit in Berlin aufhält, ist ihm Mathilde Wesendonk eine liebevoll-mütterliche Gastgeberin: „Sein Urteil", so rühmt sie, „ist seinem Alter weit voraus, mir ist sein Wesen höchst sympathisch, wir verstehen uns."

Am 13. Februar 1883 stirbt Richard Wagner; zum Tag der Beisetzung schreibt seine einstige Muse ein Trauergedicht, das noch einmal all ihre Liebe und Verehrung für den Meister in Worte faßt. Sie selber, seit 1896 Witwe, überlebt Wagner um neunzehn Jahre. Ihren eigenen Tod am 31. August 1902 nimmt sie, die zuletzt völlig zurückgezogen in ihrem österreichischen Retiro lebt, nur noch wenige bewährte Freundschaften pflegt, dem Maler Lenbach für ein Altersporträt Modell sitzt und sich den Gmundnern allenfalls mit gelegentlichen Wohltätigkeitslotterien in Erinnerung bringt, mit einem Siebenzeiler vorweg, der sich von der Mittelmäßigkeit der übrigen schriftstellerischen Produktion ihrer späten Jahre wohltuend abhebt.

Ich hab ein Grab gegraben
Und legt' meine Liebe hinein,
Und all mein Hoffen und Sehnen
Und all meine Tränen
Und all meine Wonne und Pein.
Und als ich sie sorglich gebettet,
Da legt' ich mich selber hinein.

„Die Leiche wurde am 4. d. M. einbalsamiert und Freitag, den 5., mittags zur Beisetzung in der Familiengruft nach Düsseldorf überführt", berichtet die Gmundner Zeitung am 8. September 1902 unter „Local-Nachrichten" und fährt fort: „Frau Mathilde Wesendonk war eine außergewöhnlich schöne und feingeistige Frau und stand mit den bedeutendsten Geistesheroen ihrer Zeit in innigstem Contacte."

Deutlicher sagt es die steinerne Tafel, die bis zum heutigen Tag an der Rückseite der Villa Traunblick angebracht ist: „Ihr Name ist mit dem Leben und Werk Richard Wagners für immer verbunden."

Alle Nachbesitzer des prachtvollen Anwesens – von der Familie von Mollenbruck über den Mährisch-Ostrauer „Kohlenkönig" Gutmann und den deutschen Reichspostminister Ohnesorge bis zum heutigen Inhaber, dem Vöcklabrucker Fabrikanten Erwin Hawle – haben das steinerne Memento an seinem Platz belassen, und auch der ahnungslose Passant, den der Weg an jenem Abschnitt der Salzkammergut-Bundesstraße zwischen Gmunden und Traunkirchen vorüberführt, wo gleich zweifache Zufahrt – sowohl über den Igelbichl wie übers Hochholz – auf besonderen Rang der sich hügelwärts erstreckenden, hinter altehrwürdigem Baumbestand versteckten Besitzung schließen läßt, mag angesichts der das Straßengeländer säumenden Felsgrotte mit dem Lyra-gekrönten Wasserspiel innehalten und Auskunft einholen, was es wohl mit dem sonderbaren Zeichen für eine Bewandtnis habe. Es ist zu hoffen, daß er dabei an zuverlässige Gewährsleute gerät. Und nicht an einen jener Betreiber der Traunsee-Ausflugsschiffahrt, die den sensationshungrigen Touristen ihre törichte Tonband-Version vom „Wagner-Schloß" auftischen, in dessen Gemäuer der Meister „Tristan und Isolde" komponiert habe ...

103

FAUST, ZWEITER TEIL

Theodor Billroth in St. Gilgen

Ein Jahr nach Königgrätz – wer mochte da als guter Österreicher etwas mit den verhaßten Preußen zu schaffen haben? Doch Kaiser Franz Joseph läßt es sich nicht ausreden: Dieser Dr. Billroth gehört nach Wien. An die erste Chirurgie. Die Wiener Medizinische Schule genießt zu dieser Zeit Weltruf, und Weltruf genießt auch der achtunddreißigjährige Arzt, seitdem ihm in Zürich ein Wunder nach dem anderen gelingt.

Theodor Billroth stammt von der Ostseeinsel Rügen, sein Vater ist Pastor in der Hauptstadt Bergen. Daß der 1829 Geborene Medizin studiert, geht auf ein Versprechen zurück, das ihm seine Mutter auf dem Sterbebett abringt: Wenn es nach ihm selbst ginge, würde er sich ohne Zögern der Musik zuwenden. Sein Vater, selber hochmusikalisch, läßt schon den Halbwüchsigen an die Orgel; die Großmutter mütterlicherseits ist Sängerin am Berliner Nationaltheater. Als Studienanfänger in Göttingen gilt der junge Billroth als so exzellenter Pianist, daß er die „schwedische Nachtigall", Jenny Lind, am Flügel begleiten darf, als diese, zu jener Zeit die berühmteste Sopranistin der Welt, in der niedersächsischen Universitätsstadt ein öffentliches Konzert gibt.

Auch in den Schweizer Jahren, nun bereits Inhaber des chirurgischen Lehrstuhls der Universität Zürich, gibt Theodor Billroth die Liebe zur Musik nicht auf, und als es ihm bei der Gründung eines Streichquartetts nicht gelingen will, einen Bratschisten aufzutreiben, läßt er sich kurzerhand selber an dem Instrument ausbilden und übt – zum nicht geringen Erstaunen seiner Studenten und Assistenten – täglich von fünf bis sechs Uhr morgens Bratsche.

So ist es denn auch nicht zuletzt die Musik, die es dem Preußen Billroth leichter macht, in Österreich Fuß zu fassen, als er dem kaiserlichen Ruf nach Wien Folge leistet. Mit einem anderen in Wien ansässigen Deutschen ist er schon von Zürich her gut Freund: Johannes Brahms. Jetzt rücken die beiden noch näher zusammen.

Bald wird es keine Note mehr geben, die der Komponist nicht zuallererst – noch vorm Abschreiben durch den Kopisten – dem vier Jahre Älteren zur Begutachtung vorlegt, und als Billroth im Mai 1875 seine schöne Villa in der Alser Straße bezieht, nehmen jene exquisiten Hauskonzerte ihren Anfang, bei denen – vor ausgewählter Zuhörerschaft – die meisten kammermusikalischen Werke von Johannes Brahms ihre Uraufführung erleben. „Billroth hat das jus primae noctis auf Brahms!" wird der Musikkritiker Eduard Hanslick spötteln, der sich der Freundesrunde anschließt.

Auch wenn der Junggeselle Brahms und der Familienvater Billroth (letzterer hat 1858 die Berliner Hofarzttochter Christel Michaelis geheiratet und wird Vater dreier Töchter) durch Reisen getrennt sind, bleiben die Freunde in intensiver Verbindung: Der Briefwechsel Brahms–Billroth wird nach ihrer beider Ableben einen ganzen Band füllen.

In den späten siebziger Jahren macht es sich Brahms zur Regel, die Sommermonate in Pörtschach am Wörthersee zu verbringen. Jetzt, im Sommer 1880, probiert er zum erstenmal Ischl aus. Nachbar des von ihm abgöttisch verehrten Johann Strauß, begnügt sich Brahms mit einer vergleichsweise kargen Ferienwohnung im Ortsteil Kaltenbach – auf Äußeres legt er wenig Wert. Der Musikschriftsteller Max Kalbeck schildert eine frühmorgendliche Begegnung mit dem Meister:

„Da sah ich plötzlich vom Walde her einen Mann über die Wiese auf mich zugelaufen kommen, den ich für einen Bauern hielt. Ich fürchtete, verbotene Wege betreten zu haben, und rechnete schon mit allerlei unangenehmen Eventualitäten, als ich in dem vermeintlichen Bauern zu meiner Freude Brahms erkannte. Aber in welchem Zustand befand er sich – und wie sah er aus! Barhäuptig und in Hemdärmeln, ohne Weste und Halskragen, schwenkte er den Hut in der einen Hand, schleppte mit der andern den ausgezogenen Rock im Grase nach und rannte so schnell vorwärts, als würde er von einem unsichtbaren Verfolger gejagt. Schon von weitem hörte ich ihn schnaufen und ächzen. Beim Näherkommen sah ich, wie ihm von den Haaren, die ihm ins Gesicht hingen, der Schweiß stromweise über die erhitzten Wangen herunterfloß. Seine Augen starrten geradeaus ins Leere und leuchteten wie die eines Raubtieres – er machte den Eindruck eines Besessenen. Ehe ich mich von meinem Schrecken erholte, war er an mir vorbeigeschossen – so dicht, daß wir einander beinahe streiften ..."

Brahms ist in diesem ersten Ischler Sommer ganz in seinem Element, auch Freund Billroth möchte er an den Segnungen des Ortswechsels teilhaben lassen. Mit dem Manuskript eines neuen Trios gehen also enthusiastische Empfehlungen nach Wien, seinem Beispiel zu folgen und gleichfalls Ischl als Ferienquartier zu wählen.

Ja, das wäre wohl auch ein guter Boden für Billroth, sich von den Strapazen der vielen Arbeit in Wien zu erholen. Die komplizierten Operationen, die ermüdenden Vorlesungen – seitdem Billroth die erste Magenresektion, die erste vollständige Kehlkopfexstirpation und Erfindungen wie die Mischnarkose und der „Billroth-Batist" geglückt sind, ist seine Klinik Pilgerziel von Ärztekollegen aus den verschiedensten Teilen der Welt. Bei aller Freude über so viel Ruhm, bei allem Stolz auf so viel Zuspruch: Es zehrt auch ganz gewaltig an den Kräften. Billroth ist also dabei, sich nach einem freundlichen Ferienretiro umzusehen:

„Meine Frau war neulich in dortiger Gegend, um Sommerwohnungen anzusehen. In Ischl und nächster Umgebung war nichts mehr für uns Geeignetes zu haben. Vielleicht wird sich in St. Wolfgang am See etwas finden, doch die Leute sind gar zu unverschämt mit ihren Forderungen für Familienwohnungen, und ich muß dieses Jahr gewaltig rechnen. Da ich im vorigen Jahr gegen meine Steuer remonstriert habe, weil man mich in meinen Einnahmen gewaltig überschätzt und sich die Verhandlungen lange hinzogen, habe ich dieses Jahr außer meiner Hauszinssteuer für zwei Jahre Einkommensteuer (über 7000 Gulden) zu zahlen. Das ist über den Spaß. Ich kann es nur aufbringen, wenn ich diesmal länger in Wien bleibe und früher zurückkomme, um meine Praxis möglichst auszunützen. Verzeih diesen höchst prosaischen Schmerzensruf eines Familienvaters und sei froh, daß Du um die Zukunft von Frau und Kindern nicht zu sorgen brauchst."

Es gehen also noch drei Jahre ins Land, bis Theodor Billroths Sommerpläne reifen, und nicht Freund Brahms ist es, dessen Empfehlungen den Ausschlag geben, sondern Billroths Assistent Otto von Frisch, der seinem Chef von der Gegend um St. Gilgen vorschwärmt. Hier, in Brunnwinkl am Nordende des Wolfgangsees, haben sich seit einigen Jahren die Frischs eingenistet, und es ist wirklich, wie der Berühmteste aus dieser Gelehrtenfamilie, der nobelpreisgekrönte Bienenforscher Karl von Frisch, später sagen wird, ein „nicht alltäglicher Erdenfleck" von überwältigender Schönheit. Im Sommer 1883 reist die Familie Billroth aus Wien an und nimmt im St. Gilgener Gasthof „Zur Post" Quartier. Die Seeufer ringsum sind zu dieser Zeit noch wenig verbaut, Grundstücke und Handwerker noch billig zu haben. Ignazia von Wrede, Schwägerin des seit 1861 in St. Gilgen ansässigen Fürsten Alfred von Wrede, will das in ihrem Besitz befindliche, auf halbem Weg zwischen St. Gilgen und Fürberg prachtvoll über dem See gelegene Hödlgut abstoßen, und Billroth greift zu. Das alte Bauernhaus wird abgerissen, Billroth selber entwirft die Pläne für eine Sommervilla im Schweizerhausstil, im Frühjahr 1884 beginnen die Bauarbeiten.

Schon in diesem frühen Stadium kündigt sich ein Nebeneffekt an, der sich binnen weniger Jahre zur großen Passion auswachsen wird: Billroth entdeckt seine Leidenschaft fürs Bauen. Österreichs bedeutendster Mediziner findet am Sommersitz im Salzkammergut zu seinem Altershobby ...

Am 23. August 1884 berichtet er an seinen Freund, den Kunsthistoriker Wilhelm Lübke, nach Stuttgart:

„Christel und die Kinder, welche schon sechs Wochen in der ‚Post' hausen, wo auch ich einquartiert bin, fühlen sich hier ungemein gesund und zufrieden, und Christel, welcher das Hödlgut (so heißt der kleine Besitz, den ich für sie gekauft habe) gehört, fühlt sich schon ganz behaglich als Hödlbäuerin. Wir sehen täglich mit höchstem Interesse, wie der Dachstuhl unseres Hauses wächst, und leben schon ganz in diesem Hause im Geiste. Im nächsten Juni wird es auch innen soweit hergestellt sein, daß wir darin wohnen können körperlich. Du brauchst nicht zu fürchten, daß wir in irgendeinem strengen Stil bauen und einrichten. Das Haus ist ein stattliches Bauernhaus, durchwegs von hiesigen Arbeitern nach einem Plan von mir gebaut; ich brauchte einen Architekten nur, um das Technische den hiesigen Leuten klar zu machen, die sich übrigens sehr gescheit anstellen. Die Kachelöfen kommen aus Salzburg, die Möbel und die Holzverkleidungen werden vom hiesigen Tischler ausgeführt. Wasserzufuhr in Menge. Ein Kanal mit starkem Fall und starker Spülung sind für mich das A und O jedes Hausbaues; die Aufgaben sind glänzend gelöst. Herrliche Lage am Wald, mit Aussicht auf den ganzen See."

Schon die Baustelle ist eine Sehenswürdigkeit: Die Steine läßt Baumeister Feitzinger aus einem eigens zwischen Kochhansen-häusl und Fürberg angelegten Steinbruch, den Sand aus einer eigens in Brunnwinkl erschlossenen Sandgrube herbeischaffen. Auf Rollbahnen gleitet beides zum See, wird dort auf Plätten um-geladen, übers Wasser transportiert und schließlich über einen Aufzug an die Baustelle geführt. Feitzinger ist so stolz auf seinen Erfindungsreichtum, daß er darüber gar zum Verseschmied wird; auf einer Tafel können die staunenden Passanten folgenden Vierzeiler lesen:

> I und mei Krani
> mir ziagn ganz allani
> die Steine in d' Heh
> vom Abersee.

Auch der Bauherr ist wie verwandelt; seinem Privatassisten-ten Robert Gersuny schreibt er nach Wien:

„Wien und Klinik liegen wie Nebenbilder in meiner Phanta-sie, so sehr fühle ich mich hier zu Hause, ja mehr zu Hause als das ganze Jahr in Wien. Ich gebe morgens Martha eine Singstunde, musiziere abends mit Else, gehe mit Lenchen spazieren, berate mit meiner Frau allerlei uns selbst angehende Dinge, bin stunden-lang am Bau, leite die Anlegung des Gartens bis in die kleinsten Details, lese täglich ein bis zwei Stunden etwas Gutes und fühle mich dabei sehr glücklich. Ich komme mir vor wie Faust am Ende des zweiten Teils; möge die ‚Sorge' mit ihrem Hauch noch einige Zeit ausbleiben! Es würde mich jetzt wieder freuen, noch ein Jahrzehnt vor mir zu wissen."

Sommer 1885, der sechsundfünfzigjährige k. k. Hofrat Prof. Dr. Theodor Billroth und seine Familie halten auf ihrem Landsitz im St. Gilgener Ortsteil Wengl Einzug. Ein riesiger Möbelwagen und ein zweites Vehikel mit dreißig Kisten Übersiedlungsgut ver-lassen Wien, Glas und Porzellan folgen separat. Billroths persön-licher Diener ist für die Abwicklung des Transports eine Woche vom regulären Dienst freigestellt. Noch sind die Räume kahl und unbehaglich – daß der Hausfrau darüber kein Wort der Klage

über die Lippen kommt, führt Billroth auf deren starke Kurz-
sichtigkeit zurück. Anders er selber:
„Das Meiste und Wichtigste ist fertig, und doch ist eigentlich
nichts fertig. Bis alles annähernd so ist, wie ich es mir denke,
braucht es mindestens noch zwei Jahre. So lange wird es auch
noch dauern, bis die neuen Anpflanzungen herangewachsen sind,
die jetzt noch recht schüchtern aussehen."
Auch sein Diener, an Billroths Perfektionismus gewöhnt, ist
mit der Situation zum Zeitpunkt des Einzugs äußerst unzufrieden:
„Sie hätten sein verzweifeltes und halb verächtliches Gesicht
sehen sollen, als ihm aufgetragen wurde, zu decken. Der Tisch zu
klein, wackelnd, Porzellan und Glas noch nicht angekommen, nur
das Notdürftigste war im Dorf zusammengekauft. In der Küche
alles drüber und drunter, kein Anrichtetisch, keine Bank für die
Schaffel, ein kleiner, eigentlich für den Garten bestimmter Tisch
für alles."
Im folgenden Sommer hat sich alles eingespielt, und Billroth
freut sich, während der Vorlesungsbetrieb dem Ende zu geht, auf
nichts so sehr wie auf die „ländliche Vertrottelung in St. Gilgen".
Am meisten genießt er die Abende:
„Soeben haben wir auf der Veranda genachtmahlt. Ich sitze
jetzt in meinem Zimmer bei offenem Fenster; der Mond füllt
Busch und Tal, der Brunnen rinnt, Nachtfalter umfliegen meine
Lampe. Drunten in der Küche plaudern unsere fünf Dienstleute
(für vier Personen!) und freuen sich wie die Herrschaft der behag-
lichen Existenz auf dem mondscheinbeglänzten theatrum
mundi."
Billroths ganzes Glück ist der Garten: Die Rosen, die er sich
zum Teil um teures Geld von weit her hat kommen lassen, gedeihen prächtig; bis in den Oktober hinein kann er täglich ein
frisches Bukett für die Familientafel schneiden. Auch das Mähen
des Rasens übernimmt er selbst. Nur den Gedanken, dereinst in
einem auf dem geliebten Grund zu errichtenden Mausoleum
beigesetzt zu werden, muß er aufgeben, seitdem ihn die St.
Gilgener Gemeindeväter unmißverständlich haben wissen lassen,
daß für derlei ausnahmslos der Friedhof da ist.
Mehr als in Wien kann sich Billroth in St. Gilgen seinen
Kindern widmen, wobei ihm daran liegt, sie nicht „in Luxus zu
erziehen", sondern „in Liebe zu verwöhnen" und „in einer geistigen und künstlerischen Atmosphäre groß werden" zu lassen. Mit

Genießt die „ländliche Vertrottelung in St. Gilgen“:
Theodor Billroth auf der Veranda seiner Villa

Else, der Ältesten, musiziert er täglich: Vom Vater am Flügel begleitet, singt sie Lieder von Schumann und Schubert – und natürlich von Hausfreund Brahms, letztere nach dem noch ungedruckten Manuskript. Auch Eigenkompositionen von Theodor Billroth sind darunter: Kinderlieder, die er in früheren Jahren für seine Töchter geschrieben hat. Elses Altstimme ist von solchem Volumen, daß ihr Gesang bis nach Brunnwinkl zu hören ist: Frau von Frisch braucht sich um keine eigene Hausmusik zu kümmern. „Sie hat Töne in ihrer Kehle von einer Schönheit und so rührendem Timbre, daß es eine Freude ist", schreibt Billroth voll Stolz an Margarethe von Schelling, die Frau des ehemaligen preußischen Justizministers, nach Berlin.

17. August 1890, Vorabend von Kaiser Franz Josephs 60. Geburtstag. Es ist jetzt der sechste Sommer, den die Billroths auf dem eigenen Besitz im Salzkammergut zubringen. Der Aufwand, den die eigentlich ärmlichen St. Gilgener an diesem Abend treiben, nötigt Billroth höchsten Respekt ab; seinem Kollegen Leopold von Dittel berichtet er darüber nach Wien:
„Wie hatten sich die guten Menschen angestrengt! Von allen Höhen leuchten die Bergfeuer herab; mußten da nicht eine Menge armer Teufel für ein paar Kreuzer zwei bis drei Stunden hinaufkraxeln und in der Nacht wieder hinunterlaufen? Am Ufer entlang brennen zahlreiche Pechkränze, auf dem See schwimmen brennende Petroleumfässer. Die arme Gemeinde gibt Geld her für Pulver für Böller, Raketen, Feuerräder und Leuchtkugeln. Und was mir das Allermerkwürdigste ist: In diesem armseligen St. Gilgen von kaum mehr als 600 Einwohnern besteht eine Kapelle von Blasinstrumenten: Bauern, Handwerker, Knechte. Sie bringen vierstimmige Harmonien ganz gut zustande, wenn auch die Reinheit einiges zu wünschen übrig läßt, aber doch so, daß man die Musik ganz gut verstehen kann. Jeder ist mit gespanntester Aufmerksamkeit bei der Sache. Drüben von den Bergen klingt mehrstimmiger Gesang, und Jodler und Juchzer ertönen aus kräftigen Kehlen."
Billroth und die Seinen verfolgen das Spektakel vom Balkon ihres Hauses aus, bis „unsere Dienstleute, die natürlich auch dabei sind, singend und plaudernd heimkehren".
„Unsere Villa ist ein Taubenschlag geworden, wo alles aus und ein fliegt", ermuntert Billroth, der ein Mann von geselligem

Wesen ist, seine Freunde dazu, ihn in St. Gilgen zu besuchen, und hindern ihn seine Berufspflichten daran, selber mit von der Partie zu sein, so tut er doch alles, damit seine Frau ihren Gastgeberpflichten nachkommen kann:

„Christel will nur Jugend um sich haben; dafür trägt sie alle Unbequemlichkeit der Regie, die ich ihr durch prompte Obst- und Wildsendungen dreimal wöchentlich erleichtere. Wozu hat man Korrespondenzkarten und Telegraphen? Doch, um sich das Leben bequemer zu gestalten!"

Keine Einladung ohne präzise Angaben für Anreise und Aufenthalt: Dem Komponisten Ignaz Brüll empfiehlt er das sechsmal täglich verkehrende Dampfschiff von Strobl; Freunden, die er zu gemeinsamem Musizieren herbittet, teilt er mit, was an Notenmaterial im Haus zur Verfügung steht; und im übrigen ist jeder sein eigener Herr:

„Man frühstückt, diniert, jaust und soupiert miteinander, geht allein oder in Gruppen spazieren, rudert, fährt auf dem Dampfboot, wie man will. ‚Hoch soll die Freiheit leben!' heißt es auch bei uns – wie in Don Juans Villa."

In der Küche fehlt es an nichts: Der Gourmet Billroth sorgt persönlich dafür, daß der „Eiskeller" mit Rebhuhn und Fasan, mit Hase und Reh, mit Hummer und Kapaun gefüllt ist, und damit die überlastete Köchin nicht dem Diener die vielen Trinkgelder neidet, „spickt" er sie persönlich mit Münzen.

Sollte jemand von den Gästen bei einer seiner Bergwanderungen in ein Unwetter geraten sein, so ist für die durchnäßten Kleider im Souterrain der Villa eine eigene Trockenkammer eingerichtet, und hält der Regen länger an, so findet sich in der Hausbibliothek für jeden die passende Lektüre.

Doch so sehr er sich seines Besitzes erfreut und um dessen weitere Vervollkommnung bemüht ist: Billroth schlägt auch melancholische Töne an. Er wäre nicht der große Wissenschaftler und Arzt, lebte er nur so in den Tag hinein. Als Familienmensch denkt er natürlich auch an die Zeit, wo er, durchaus nicht der Gesündeste und acht Jahre älter als seine Frau, einmal nicht mehr zur Verfügung steht:

„Ich arbeite gern, so viel sich Gelegenheit bietet, um den Meinen ein Fortleben in gleichen Verhältnissen zu ermöglichen."

Ein andermal sagt er es nüchterner: „Ein Familienvater ist doch eigentlich nur eine Maschine zum Gelderwerb."

Von allem Anfang an hat er das Anwesen in St. Gilgen, das „seiner Lage nach wohl zu den schönsten in Europa" zählt, als Witwensitz geplant. „Eigentlich braucht mich die Welt schon jetzt nicht mehr", sinniert er bereits im zweiten seiner St. Gilgener Sommer, „doch ich brauche die Welt noch ein paar Jahre, um das Geschick meiner Kinder zu sichern. Hätte ich früher daran gedacht und nicht so gar arg verschwendet, könnte ich jetzt schon in St. Gilgen im Frühjahr meinen Kohl selbst pflanzen. Faust, Ende des zweiten Teils: Ich höre in der Frühe in St. Gilgen meine Lemuren arbeiten. Vorläufig schaffen sie einen Park aus Wald und Wiesen; nicht lange, so werden sie auch mein Grab graben, und ich werde mich recht behaglich müde hineinlegen. Sollten darüber noch ein paar Jahre vergehen, so wäre es mir recht."

Im Frühjahr 1887 sieht es so aus, wie wenn seine Rechnung nicht aufgehen sollte: Eine schwere Lungenentzündung läßt das Schlimmste für ihn befürchten, der erst Achtundfünfzigjährige nimmt Abschied von den Seinen. Doch die Ärzte retten sein Leben, und so kommt der sommerlichen Übersiedlung nach St. Gilgen dieses Mal besondere Bedeutung zu: Wenn schon keine vollständige Genesung möglich ist, soll er an seinem Ruhesitz im Salzkammergut wenigstens neuen Lebensmut schöpfen. Freund Wilhelm Lübke in Karlsruhe ist unter den ersten, denen er von der neuen Situation Bericht erstattet:

„Seit vorgestern sind wir hier. Ich soll den ganzen Sommer nichts tun, Kuren brauchen; hoffentlich sei ich dann im Oktober so weit, daß ich im Winter mit Maß meinen Lehrerberuf und meine ärztliche Tätigkeit wieder aufnehmen kann.

Das mir!

Ich bat, ich flehte, man solle mich lassen, mich nicht immer wieder gewaltsam ins Leben zurückreißen. Meine ärztlichen Freunde, alt und jung, haben sich grenzenlose Mühe mit mir gegeben. Ich war es manchmal müde, ihnen immer zu folgen und den Kommandoworten ,Aufsetzen! Tief atmen! Aushusten!' zu gehorchen. Doch dann hörte ich Christels Stimme: ,So tu es doch um der Kinder willen!'

Meine Lungen haben einen tüchtigen Knacks wegbekommen, und da mein Herz schon lange nicht viel taugt, ist es mir sehr zweifelhaft, ob ich je wieder zu so viel Tätigkeit kommen werde, um das durch meine Wiedergenesung entstehende Defizit meiner materiellen Mittel auszugleichen."

So kommod die Reise von Wien nach Ischl verläuft (zur nicht geringen Verlegenheit seiner Frau, der ein reserviertes Coupé vollauf genügt hätte, stellt die Bahn dem maroden Herrn Hofrat einen Salonwagen zur Verfügung!), so problematisch wird diesmal der Aufenthalt:

„Das Fatalste sind die Nächte. Ohne einen bis zwei starke Hustenanfälle geht es da nicht ab. Mit Hilfe von Morphin schlafe ich dann aber zuweilen sechs bis sieben Stunden."

Mit der Zeit stabilisiert sich sein Zustand; im Sommer 1891 kann Billroth berichten:

„Ich muß sehr zufrieden sein, daß ich gestern, in meinem 63. Lebensjahr, noch eine Bergtour von sieben Stunden ohne erhebliche Ermüdung machen konnte."

Eines freilich läßt sich Billroth auch durch die schwere Erkrankung, die ihn vorzeitig altern läßt, nicht nehmen: die Lust am Bauen. Beim Planen seiner eigenen Villa, beim Umgang mit den Handwerkern, bei der Bauüberwachung ist er auf den Geschmack gekommen, nun grast er die Gegend um St. Gilgen nach geeigneten Objekten ab, erwirbt dieses und jenes und freut sich wie ein Kind, wenn es ein ums andere Mal gelingt, ein desolates Bauernhaus in eine strahlende Villa umzumodeln und daraus obendrein materiellen Gewinn zu schöpfen. Sein ehemaliger Assistent Wilhelm Czerny, jetzt Professor in Heidelberg, ist der erste, den er in diese seine späte Passion einweiht:

„Ich spreche wider Willen von Chirurgie. Lieber möchte ich Ihnen von meiner Gemüse- und Rosenkultur in St. Gilgen am Wolfgangsee erzählen und wie man aus Wiesen, Wald, Wildnis und Felsen einen Park herstellt, wie man Bade- und Schiffshütten baut und Kielboote und Plätten dirigiert. Das Bauen kann zum Sport werden. Ich habe mein Haus hier schon so oft umgebostelt, in St. Gilgen verfallene Bauernhäuser zu Villen umgebaut und habe eine riesige Freude an diesem praktischen Nachbeten des zweiten Teil ‚Faust`. Ich halte mir keine Weiber, Pferde und Hunde und hoffe so, daß mir meine Kinder den Bau-Sport einmal vergeben werden."

Das erste Objekt, das er nach Fertigstellung seiner eigenen Villa erwirbt und durch einen Neubau ersetzt, ist das seinem Besitz gegenüberliegende Fischerhaus. Weitere folgen, am Schluß sind es fünf. Die meiste Freude macht ihm das auf einem Berghang am anderen Ende von St. Gilgen gelegene Botengütl, das er

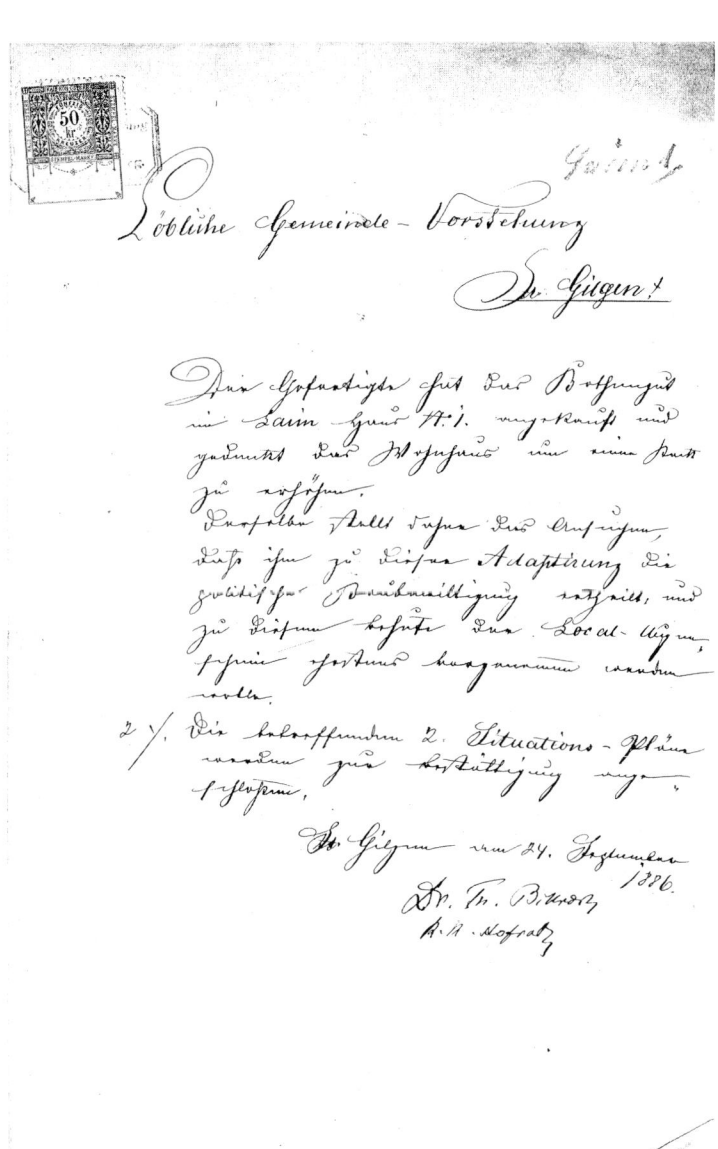

„Der Gefertigte hat das Bothengut in Laim Haus Nr. 1 angekauft und gedenkt das Wohnhaus um einen Stock zu erhöhen …":
Ansuchen Theodor Billroths um Baubewilligung

1886 seinem „Imperium" einverleibt. Hier entsteht dicht am Waldrand die sogenannte Hochreit-Villa mit den beiden Treppentürmen, mit den vielen, durchwegs dreitürigen Zimmern, mit Salettl und Springbrunnen im Park. Billroth zeichnet die Pläne, für die Bauausführung holt er sich wieder „seinen" Meister Feitzinger vom Ort. Ihrer beider Initialen findet man noch heute in einen der Dachbalken eingebrannt: B und F.

Hier, in der Hochreit-Villa, lernt Billroth auch, was keinem Bauherrn erspart bleibt: sich mit den künftigen Wohnparteien herumzuschlagen. Wieder ist es Hermine Seegen, die Frau des ehemaligen Karlsbader Badearztes, der er sein Leid klagt: „Daß in diese Villa, die für eine mittelgroße Familie eingerichtet und erbaut ist, nun drei Familien ziehen wollen, von denen jede separiert leben will, so daß natürlich für diese Verhältnisse nicht alles stimmen will, dafür kann ich nichts und bin sehr taub für alle Wünsche meiner Partei – ganz Wiener Hausherr."

Auch in allen technischen Belangen hat der Herr Professor das letzte Wort. Als es zu Komplikationen mit der Wasserleitung kommt, beruft er eine Konferenz ein und drängt den Professionisten seine Meinung auf. Wie genießerisch er dabei den Patriarchen spielt, bezeugen die Worte, mit denen er den Vorgang kommentiert:

„Und so wurde die Kommission von mir in Gnaden entlassen."

Umso härter trifft es den an strikten Gehorsam seitens seiner Mitwelt gewöhnten Billroth, daß er sich gegen Ende seines Lebens den Plänen der Salzkammergut-Lokalbahn für eine Verbindungslinie zwischen Salzburg und Ischl, die unmittelbar an seinem geliebten Anwesen vorbeiführen soll, beugen muß. Billroth und die Seinen fürchten nicht nur die durch die Trassierung der Schmalspurbahn unvermeidliche Zerstörung der Uferlandschaft, sondern vor allem auch Belästigung durch Lärm und Ruß:

„Wenn die Eisenbahn wirklich unmittelbar an den See verlegt wird, ist damit nicht nur meinem unten neu gebauten Haus geschadet, sondern alles Weide- und Schiffahrtsvergnügen verloren. Wir werden natürlich alles versuchen, um diese Fatalität abzuwenden. Geht die Eisenbahn hinter Christels Villa entlang, so ist das auch nicht angenehm und schneidet meine Hochquellleitung mitten entzwei. Hoffentlich finden die Herren Unternehmer noch lange kein Geld."

Zwar zieht sich die Sache einige Jahre hin, auch wird der Waldtrasse vor der Ufertrasse der Vorzug gegeben, aber die Bahnstrecke kommt, und sie verläuft dicht hinter der Billroth-Villa. Doch ein Gutes hat sie auch: Der Herr Hofrat bekommt seine eigene Haltestelle! Und um das Kuriosum voll zu machen: Sie trägt sogar seinen Namen! In allen Fahrplänen scheint es auf: Die Station zwischen den Bahnhöfen St. Gilgen und Aich heißt nicht etwa nur im Volksmund, sondern auch von Amts wegen „Billroth". Es ist eine Bedarfshaltestelle ohne alle Bahnhofsanlagen; damit die Passagiere, die bei Schlechtwetter auf den Zug warten, geschützt sind, lassen die Villenbesitzer der Umgebung in eigener Regie ein Wartehäuschen aufstellen und ersuchen die „Sommerparteien" in einem Zirkular, „sich mit einem beliebigen Beitrag an der Begleichung der Kosten zu beteiligen". 47 Kronen kommen zusammen.

Das schwierige Gelände verlangt eine besonders schmale Spur, die zum Teil beträchtlichen Steigungen verlangen besonders kleine Lokomotiven und leichtgewichtige Waggons. Korpulente Reisende haben Mühe, die schmale Eingangstür zu passieren, der Schaffner muß zur Fahrkartenkontrolle von einer Plattform zur andern klettern, die Straßenkreuzungen sind ungeschützt, die Lokomotive gibt bei jeder einen schrillen Pfiff von sich. Billroth, wohl auch ein wenig stolz auf den „eigenen" Bahnhof, findet sich mit der Situation ab und konzediert ausdrücklich: „An das leise Rollen der Züge gewöhnt man sich bald, die Lokomotiven sind höflich und pfeifen nicht immer bei der Haltestelle Billroth."

Was den Herrn Hofrat vollends versöhnt, ist die Nachricht, Kaiser Franz Joseph wolle das frischeröffnete Streckenstück persönlich besichtigen und die Fahrt von Salzburg zu seiner Sommerresidenz Ischl im Sommer 1893 in einem Extrazug der Salzkammergut-Lokalbahn zurücklegen. Als der kaiserliche Salonwagen die Haltestelle Billroth passiert, erweist der Herr Professor dem hohen Gast seine Reverenz und steht im Lodenanzug am Bahnsteig, und um ihn herum scharen sich, der Größe nach aufgereiht, Fähnchen schwingend und „Hoch!" rufend, seine Töchter und die Kinder aus den umliegenden Villen. Seine Majestät blickt aus dem Fenster des Waggons und erwidert freundlich lächelnd die Begrüßung. Als er im folgenden Winter Billroth in der Wiener Hofburg zur Audienz empfängt, kommt er auf das sommerliche Spektakel zurück und sagt verwundert: „Sie haben aber eine große Familie, lieber Hofrat!"

Sommer 1893, Billroths letzter Aufenthalt am Wolfgangsee. Seine schwindenden Kräfte lassen keinerlei körperliche Anstrengung mehr zu. Auch mit dem Musizieren hat es ein Ende; nur das Manuskript, an dem er seit Jahren arbeitet, holt er noch einmal hervor und gibt ihm den letzten Schliff: „Anatomisch-physiologische Aphorismen über Musik". Oder sollte er es einfach „Grübeleien eines Spaziergängers am Abersee" nennen? Freund Eduard Hanslick möge darüber entscheiden, was damit anzufangen sei. Unter dem Titel „Wer ist musikalisch?" bringt Hanslick es nach Billroths Ableben im Verlag der Brüder Paetel in Berlin heraus; der 250-Seiten-Band erlebt mehrere Auflagen. „Durch seine Doppelstellung als gründlicher Musiker und genialer Physiologe", schreibt Hanslick in seinem Vorwort, „schien mir Billroth in ganz einziger Weise berufen, das geheimnisvolle Grenzgebiet zu beleuchten, auf welchem musikalische Wirkungen mit unserem Nervenleben zusammentreffen."

Weniger gut ergeht es einem anderen Teil des Billroth-Nachlasses. Johannes Brahms, mehrfach in St. Gilgen zu Besuch und den Freund dreier Jahrzehnte um drei Jahre überlebend, will Billroths Liedkompositionen, soweit dieser sie nicht vernichtet hat, überarbeiten und eine Auswahl der besten (das Lied „Todessehnsucht" wird erst hundert Jahre nach seiner Entstehung in einem Billroth-Porträt der ORF-Fernsehreihe „Köpfe" seine öffentliche Uraufführung erleben!) zum Druck befördern. Es soll mehr als bloß ein Akt der Pietät sein: Brahms ist von der Qualität der Werke fest überzeugt. Doch die Witwe legt sich quer: Frau Billroth, auch jedes Wort der Kritik sich stolz verbittend, verweigert ihre Zustimmung.

Als auch sie, elf Jahre nach ihrem Mann, stirbt, bedeutet dies zugleich das Ende der Villa Billroth: Der Besitz geht an den Wiener Bankier Max Feilchenfeld über, der das nur zwanzig Jahre alte prachtvolle Haus – ungeachtet der Proteste der Arbeiter, die sich dagegen wehren, das gesunde Gebälk zu zerstören – durch einen aufwendigen Neubau ersetzen läßt. Seit dem Zweiten Weltkrieg im Besitz des Roten Kreuzes, wird der Nachfolgebau heute als Vier-Sterne-Hotel geführt, und es ist dessen Betreibern hoch anzurechnen, daß sie die Erinnerung an den Gründer nicht nur nicht ausgelöscht haben, sondern in dem Firmennamen „Hotel Billroth" fortleben lassen. Gäste, die näheren Aufschluß verlangen, werden ins Fernsehzimmer geschickt, wo ein großes Ölbild des „Taufpaten" an der Wand hängt; auch die Hotelbibliothek ist für Interessenten gerüstet. Vom Balkon seines Zimmers blickt der Gast auf Baumriesen, die vor mehr als hundert Jahren Theodor Billroth gepflanzt hat, und wo heute der Müllcontainer auf Leerung wartet, befand sich bis zur Auflassung der Linie im Herbst 1957 die bewußte Bahnstation.

Auch drunten im Ort ist Billroth, der noch zu Lebzeiten samt Gattin zum Ehrenbürger von St. Gilgen ernannt wurde, nicht vergessen. Im ehemaligen Kaiser-Franz-Joseph-Jubiläumspark am See steht sein Denkmal, in den im Heimatmuseum aufbewahrten Fremdenlisten des Verschönerungsvereines sind seine Aufenthalte dokumentiert, und im Rathaus füllen seine handschriftlichen Baubewilligungsansuchen an die „löbliche Gemeindevorstehung" einen ganzen Akt.

Das rührendste Billroth-Andenken aber ruht in der Souvenirschatulle einer Pensionistin in der Salzburger Straße, deren Großmutter über viele Jahre der Dienerschaft der Villa Billroth angehört hat. Als diese Anna Pöchlinger in den Stand der Ehe tritt, als Wöchnerin für eine Weile ausfällt und ihr besorgter Mann von Komplikationen nach der Geburt Meldung erstattet, schaltet sich die „Herrschaft" persönlich mit telegraphischem Ratschlag aus Wien ein und ruht nicht eher, als bis die bezahlte Rückantwort eintrifft: „Mutter und Kind wohlauf."

IM BUCHENHAIN

Wilhelm Kienzl im Ausseerland

Als der alte Mann der deutschen Literatur, Ernst Jünger, in vorgerückten Jahren nach den idealen Bedingungen gefragt wird, deren er zum Schreiben bedarf, gibt er zur Antwort: Ein hermetisch geschlossener Raum. Der Ton liegt auf hermetisch. Am besten, die Fenster bleiben tagaus, tagein zu. Was für Schiller die faulen Äpfel in der Schreibtischlade und für Doderer das im Arbeitszimmer versprühte Lavendelwasser, ist für den Autor der „Marmorklippen" der Mief.

Jünger stellt damit durchaus keinen Einzelfall dar. Dürers „Hieronymus im Gehäuse" ist noch immer das klassische Ambiente des Schreibenden: die beengte Klause, dazu die stimulierenden Lieblingsgegenstände in Sichtweite, die sanftmütigen Haustiere zu Füßen. Schreibpult und Schemel, Putzenscheibenfenster und Deckenlampe, Kruzifix und Sanduhr, Totenkopf und Foliant – so sitzt er über der Übersetzung der Vulgata, und es sieht ganz danach aus, als ob er mit der Arbeit gut vorankäme. Denn er verrichtet sie ohne jede Störung von außen: bei dicht geschlossenen Fenstern. Dürer deutet in seinem berühmten Kupferstich nicht den kleinsten Griff an, mittels dessen sie zu öffnen wären. Das „Gehäuse" steht für äußerste geistige Konzentration. Hieronymus auf der Wiese – unvorstellbar. Der Wind würde ihm nicht nur die Gedanken, sondern auch die Manuskriptblätter davontragen.

Und doch – es geht auch anders.

Unser (im doppelten Sinne des Wortes) Außenseiter sucht, wenn's ans Schreiben geht, einen kleinen Buchenhain auf, „der paradiesischen Frieden atmet". Den Tischler beauftragt er, ihm Bank und Tisch zu zimmern; unter einem der Baumriesen wird das Freiluftmobiliar aufgestellt und im Boden verankert. Den Rest besorgt die Natur:

„Zwischen den Baumkronen hindurch fällt der Blick auf das stolz aufragende Felsengebirge des Loser mit seiner Walhall ähnlichen Zinne, und im Rücken, durch ein Umblicken dem Auge sich in seiner ganzen Pracht darbietend, das Eisfeld des Dachsteins, dessen blendendes Weiß unter dem tiefblauen Himmel doppelt leuchtend erscheint." Wir befinden uns auf einem der Hochplateaus westlich von Aussee, Lerchenreith heißt die bäuerliche Streusiedlung, mit wenigen Schritten ist das renommierte Alpenhotel „Zur Wasnerin" erreicht. Der Mann, der sich hier seinen Arbeitsplatz eingerichtet hat, ist der Komponist Wilhelm Kienzl und die Partitur, über der er sitzt, der „Evangelimann". Ab und zu sieht man, wie er aufspringt, die Wiese überquert und ins Haus läuft, um die eine oder andere Tonfolge auf dem Klavier auszuprobieren. Sogleich aber kehrt er wieder zurück und taucht aufs neue den Federhalter ins Tintenfaß: Sein Platz ist in der freien Natur. „In dieser gottgesegneten Stille, nur vom stets wachen leisen Bergwind belebt", sitzt er „viele Stunden des Tages" und werkt an seinen Notenblättern. „Der Platz wäre eines Wagner, eines Beethoven würdig, und ich schäme mich fast des Umstandes, daß er gerade mir von der Vorsehung gegönnt ist."

Juli 1893. Dr. Wilhelm Kienzl ist sechsunddreißig, seit zehn Jahren übt der Absolvent der Universität Graz, der bei Johann Buwa und Mortier de Fontaine Klavier, bei Ignaz Uhl Violine und bei Wilhelm Mayer-Rémy Komposition studiert hat, den Beruf des Kapellmeisters aus. Nach den Stationen Amsterdam und Hamburg ist er nun am königlich bayerischen Hoftheater München tätig.

Sein Idol ist Richard Wagner: In Bayreuth ist er nicht nur monatelang ein und aus gegangen und hat der Uraufführung des „Rings" beigewohnt, hier hat er auch – in der Person der Linzer Anwaltstochter Lili Hoke, die im „Parsifal" eines der Blumenmädchen singt – seine erste Frau gefunden, und als der Meister 1883 stirbt, ist Kienzl unter jenen ergebenen Jüngern, die den Sarg auf dem letzten Weg von Venedig nach Bayreuth begleiten. Seine ersten eigenen Bühnenwerke, die Opern „Urvasi" und „Heilmar der Narr", sind stark von Wagner beeinflußt, und Wagner wird auch sein Thema sein, wenn er 1904 als Buchautor an die Öffentlichkeit tritt: Er will auch in Österreich, was zu dieser Zeit nicht leicht ist, einen Beitrag zur weiteren Verbreitung des Werks seines großen Vorbilds leisten.

Jetzt, im Sommer 1893, ist Kienzl im Begriff, seine Zelte in München abzubrechen und an der Seite seiner von schwerer Krankheit gezeichneten Frau einen Erholungsaufenthalt im Salzburgischen anzutreten. Ein Bauernhof in Lofer, in dem Zimmer an Sommergäste mit bescheidenen Ansprüchen vermietet werden, ist ihr Ziel.

Am Tag vor der Abreise von München führt ihn der Weg an der Franz'schen Hofbuchhandlung in der Perusastraße vorbei. Beim Blick in die Auslage fällt ihm ein Reclam-Heft auf, das vielleicht etwas für seine zu leichter Lektüre neigende Frau sein könnte: „Aus den Papieren eines Polizeikommissärs". Als Autor dieser „Wiener Sittenbilder" firmiert ein gewisser Leopold Florian Meißner – Kienzl hat den Namen noch nie gehört. Kriminalgeschichten wohl, also nichts für ihn. Doch umso eher für Lili, die als Rekonvaleszentin immer noch das Bett hüten muß und durch spannend-pikanten Lesestoff von ihrer gesundheitlichen Misere abgelenkt werden kann. Außerdem kostet das broschierte, rosa eingebundene Bändchen nur 20 Pfennig – Wilhelm Kienzl tritt in den Laden und erwirbt es.

Ein paar Wochen später, die Kienzls befinden sich nun in ihrem Ferienquartier in Lofer, verbringt man den Abend im gemieteten Bauernstübchen, jeder in seine Lektüre vertieft: Kienzl, wie es seinem Naturell entspricht, in Philosophisches, seine Frau in das Münchner Mitbringsel, die „Papiere eines Polizeikommissärs" aus Reclams Universal-Bibliothek. Entgegen ihrer Gewohnheit, sich an den gemeinsamen Leseabenden mucksmäuschenstill zu verhalten, um ihren Mann bei dessen Gedankenflügen nicht zu stören, unterbricht Lili Kienzl sichtlich erregt ihre Lektüre und ruft aus:

„Das mußt du lesen!"

„Ich?" erwidert Kienzl entrüstet. „Was soll denn ich mit Kriminalgeschichten?"

Darauf seine Frau: „Du wirst schon sehen – da steckt was Hochdramatisches drin. Lies es!"

Wilhelm Kienzl läßt sich überreden, nimmt das Heft zur Hand und liest die Geschichte, von der seine Frau so elektrisiert ist. Es ist das sechste der insgesamt elf Kapitel des 102-Seiten-Bändchens. Sein Titel: „Der Evangelimann".

20 Pfennig.   12 Kr. ö. W.

Universal-Bibliothek

~⚬ 2926 ⚬~

Aus den Papieren

eines

Polizeikommissärs

Wiener Sittenbilder

von

Dr. Leopold Florian Meißner.

Erstes Bändchen.

A. BAUER

Buchhandlung & Antiquariat

W I E N ....Npzig.

I. Spiegelgasse 12 jun.

Band 1—5 in 1 Ganzleinenband geb. 1 M. 50 Pf.

*„Da steckt was Hochdramatisches drin":
das Reclam-Heft mit dem „Evangelimann"*

123

Autor Dr. Leopold Florian Meißner, vormals Polizeikommissär in Wien-Margareten, nun Regierungsrat i. R., Rechtskonsulent der Wiener Sicherheitswache, selbständiger Advokat und freier Schriftsteller, zweiundzwanzig Jahre älter als Kienzl, berichtet in der kaum elf Seiten langen, sichtlich während seiner Amtszeit selbst erlebten Fallstudie vom Schicksal eines Mannes, der, Opfer eines fatalen Justizirrtums, als Bettler aufgegriffen, arretiert und dem „Herrn Kommissär" zu weiterer Amtshandlung überstellt wird:

„Der war ein sogenannter ‚Evangelimann', das ist ein frommer, höchst bescheidener Almosenbitter, wie sie in unserem nüchternen und weniger andächtigen Zeitalter gänzlich ausgestorben sind. An Freitagen, Samstagen und Sonntagen vormittags gingen diese wenigen Leute, ärmlich, aber reinlich schwarz gekleidet, ein abgegriffenes Evangelienbuch in der Rocktasche, von Haus zu Haus und lasen entblößten Hauptes in den Höfen, wo es solche gab, mit eintöniger Stimme das dieswöchentliche Evangelium, worauf ihnen aus den geöffneten Fenstern in Papier gewikkelte kleine Geldgaben zugeworfen wurden, welche sie nach geschehener Ablesung mit einem lauten ‚Vergelt's Gott tausendmal' einsammelten. Sie gingen nicht von Tür zu Tür, behelligten niemanden und hatten oft an den in den Höfen spielenden Kindern, welche bei ihrem Erscheinen alles Lärmen einstellten, recht aufmerksame Zuhörer."

Kommissär Meißner, dem „das Vorgehen des Verhafteten nicht als Bettel erscheint", gibt „den Armen ohne weiteres frei" – nicht allerdings, ohne sich nach dessen Lebensgeschichte zu erkundigen:

„Wie kamen Sie denn auf diese Erwerbsgattung?"

Was er daraufhin aus dem Mund jenes Mathias Freudhofer zu hören bekommt (und durch eigene Nachforschungen noch vertieft), geht selbst einem so hartgesottenen Polizeibeamten wie Leopold Florian Meißner (dem übrigens nachgesagt wird, auch als Geheimagent für Ministerpräsident Taaffe tätig und in die Affäre Mayerling verwickelt gewesen zu sein) nahe, und so schreibt er – aus Gründen der Amtsverschwiegenheit und um keinem der noch Lebenden zu schaden, mit veränderten Namen und um acht Jahre zeitversetzt – die Geschichte nieder:

Mathias Freudhofer ist Amtsschreiber im Benediktinerstift St. Othmar. Seine heimliche Liaison mit Martha, der Nichte des wegen seiner Strenge gefürchteten Stiftsverwalters Friedrich Engel, macht ihm zwei Männer zu Feinden: ebenjenen Herrn Verwalter, der nicht nur das junge Paar brutal trennt, sondern ihn, Mathias, auch aus seinen Diensten entläßt, und Mathias' eifersüchtigen älteren Bruder Johannes, der es nicht verwinden kann, seinerseits von Martha abgewiesen worden zu sein. Aus Rache zündet Johannes die Stiftsscheune an – und zwar so, daß die Brandlegung seinem Bruder Mathias in die Schuhe geschoben, dieser vor Gericht gestellt und für zwanzig Jahre eingekerkert werden kann. Als der unschuldig Verurteilte aus der Haft entlassen wird und erfahren muß, daß Martha aus Verzweiflung über das ihm zugefügte Unrecht den Tod in der Donau gesucht hat, bleibt Mathias, „an Körper und Geist gebrochen", nur noch das Bettlerdasein als „Evangelimann". Eines Tages wird er ans Sterbebett eines wohlhabenden Hausbesitzers gerufen: Es ist Johannes, der vor seinem Tod noch sein Gewissen erleichtern will, sich seinem Bruder zu erkennen gibt und von diesem Verzeihung erfleht. Und da er ihn in seinem Testament als Erben eingesetzt hat, wird der Evangelimann auf seine alten Tage – dies der tröstliche Schluß der ansonsten grausamen Geschichte – sogar noch ein wohlhabender Mann.

Auch Wilhelm Kienzl geht der Stoff unter die Haut: Seine Frau, die in der folgenden Nacht lange wach bleibt, hört ihn im Traum laut sprechen, stöhnen und in Tränen ausbrechen. Es ist das Schicksal des unglücklichen Mathias Freudhofer, das ihm im Schlaf so sehr zusetzt, daß er nach dem Aufwachen – noch vor der Morgentoilette und ohne sich anzukleiden – zu dem in einer Ecke des Zimmers stehenden Tisch stürzt, nach Papier und Bleistift greift und wie ein Besessener draufloszuschreiben beginnt:
„Es war ein Müssen, wie ich es nie vorher und nie später mehr so heftig zwangvoll empfunden habe. In kürzester Zeit hatte ich mir die Überfülle von der Seele geschrieben: Der dramatische Entwurf war fertig."
Alle anderen Pläne sind vergessen – kein Gedanke mehr an den Münchhausen-Stoff, in den sich Kienzl seit Wochen verbohrt hat. Jetzt gibt's nur noch eines für ihn: die Vertonung des „Evangelimanns".
Zuvor aber braucht er passende Bibelstellen, die sich der Titelfigur in den Mund legen lassen. Eine Bibliothek, in die er

sich zum Studium zurückziehen könnte, gibt es zu jener Zeit in Lofer nicht. Dafür wird ihm in der Kanzlei des Kooperators im nahen St. Martin die gewünschte Hilfe zuteil: Seitenweise exzerpiert er aus der „Konkordanz der Heiligen Schrift des Alten und Neuen Testaments". Und hat im Nu seine Wahl getroffen: „Selig sind, die Verfolgung leiden um der Gerechtigkeit willen, denn ihrer ist das Himmelreich" – das muß die Hauptarie werden! Auf den Brief, mit dem Wilhelm Kienzl vom Autor der Geschichte die Erlaubnis erbittet, den Stoff für eine Oper benützen zu dürfen, kommt positive Antwort: Dr. Meißner begnügt sich mit bloßer Quellenangabe, verzichtet auf jegliche Beteiligung an den Tantiemen und sichert dem Komponisten obendrein Stillschweigen über das Projekt zu, solange dieses nicht bühnenreif ist.

Mehr kann sich Kienzl nicht wünschen. Jetzt braucht er nur noch für die Vollendung der Komposition und die Ausarbeitung der Partitur – das heißt für etwa drei Monate – den rechten Arbeitsplatz. Er findet ihn auf dem Wasnerin-Plateau, zweieinhalb Kilometer vom Ortszentrum von Aussee entfernt. Die Bedingungen, die Kienzl hier geboten werden, sind ideal: Im neben dem Hauptgebäude des Gasthofs errichteten Stöckl stehen dem Komponisten und seiner Frau zwei zwar nur „auf Liliputaner zugeschnittene", dafür aber vom übrigen Betrieb separierte Wohnkammern zur Verfügung, und in dem keine fünf Gehminuten entfernten Buchenwäldchen richtet er sich seinen Schreibplatz ein. Zur Verköstigung begnügt man sich mit der ortsüblich-frugalen bäuerlichen Küche, zur Erholung taucht man bei morgendlichem Schönwetter in das schwarze Moorwasser des nahen Sommersbergersees.

An die vierzig Jahre wird es – Sommer für Sommer – Wilhelm Kienzls Ferienquartier bleiben, und noch zu seinen Lebzeiten werden an der Vorderfront des Stöckls Bibelspruch und Notenzeile als Fresko appliziert, sein Arbeitsplatz wird als „Kienzl-Hain" beschildert, das Terrain ringsum zum Kienzl-Plateau ernannt und auch die vom Ort heraufführende Straße auf seinen Namen getauft. Und auch wenn anderwärts bezüglich des „Evangelimanns" (dessen Originalpartitur übrigens an Kienzls langjährigem Wohnort Graz gehütet wird, wo sein Vater von 1873 bis 1885 den Bürgermeistersessel innegehabt hat) heute die Nase gerümpft wird und kaum ein Theater sich noch auf das als

„Auf Liliputaner zugeschnitten":
Wilhelm Kienzl im Stöckl auf dem Wasnerin-Plateau

altvaterisch verschrieene Melodram einlassen mag: Hier, am Ort seiner Entstehung, huldigt man unbeirrbar dem Werk und seinem Schöpfer. Und hat nicht vergessen, daß es jahrzehntelang zu den ganz großen Erfolgen einer Bühnengattung gezählt hat, die hierzulande zu keiner Zeit überrepräsentiert gewesen ist: der Volksoper.

Am 4. Mai 1895 erlebt „Der Evangelimann" am Königlichen Opernhaus Berlin seine Uraufführung. Das Publikum ist überwältigt. Im Jahr darauf wiederholt sich der Erfolg an der Wiener Hofoper. Daß man nur fünfzehn Jahre nach dem Ringtheaterbrand mit dessen Hunderten Opfern die Feuerszene des ersten Akts auf die Bühne zu bringen wagt, macht die Wiener Aufführung doppelt denkwürdig. Bald ist die Zahl der Theater, die das Stück nachspielen, so groß, daß praktisch an jedem Tag des Jahres in irgendeiner Stadt „Der Evangelimann" auf dem Programm steht, und als man nach vierzig Jahren Zwischenbilanz zieht, kommt man auf eine Gesamtzahl von rund 5300 Vorstellungen. Keiner der großen Dirigenten der Zeit ist sich zu schade, Kienzls Zweiakter einzustudieren: Gustav Mahler, Felix Mottl, Franz Schalk, Felix Weingartner, Richard Strauss. Spitzentenöre wie Erik Schmedes, Julius Patzak, Nicolai Gedda und Rudolf Schock reißen sich um die Partie des Mathias. Und der Kinderchor, der in die Seligpreisungen des frommen Straßensängers mit einstimmt, macht das Lied, als nun auch das Radio seinen Siegeszug antritt, vollends zum Schlager: Kein Wunschkonzert ohne „... denn ihrer ist das Himmelreich".

Das aber wirkt wiederum auf die Bühne zurück: „Der Evangelimann" erschließt dem Theater Publikumsschichten, die sonst kaum ein Opernhaus betreten würden. Die Kehrseite: Keines von Kienzls späteren Werken, auch nicht der 1911 ebenfalls im Ausseerland entstehende „Kuhreigen", kommt auch nur entfernt an sein großes Erfolgsstück heran. Dem Drängen der Theater, doch eine Art zweiten „Evangelimann" zu schreiben, gibt Kienzl dennoch nicht nach: Er verfolgt längst andere Ziele, und dabei ist ihm jener „Zipfel der Unsterblichkeit", den er – nach den Worten von „Opernführer" Marcel Prawy – mit dem „Evangelimann" erfaßt hat, die entscheidende Hilfe: Er kann fortan als freier Komponist leben, dem nach Ausrufung der Republik sogar der ehrenvolle Auftrag zuteil wird, Karl Renners „Du herrlich Land" zur Staatshymne zu vertonen (die dann freilich ihrer „Deutschösterreich"-Apotheose wegen keine Chance hat, sich durchzusetzen).

Doch zurück zum „Evangelimann". Noch vor der Uraufführung des „musikalischen Schauspiels" in Berlin macht der Komponist dem „Lieferanten" der Textvorlage in dessen Wiener Wohnung seine Aufwartung. Er trifft den Endfünfziger in beklagenswürdigem Zustand an: Dr. Meißner laboriert an einem schweren Nervenleiden, auch ist er seit kurzem blind. Schon die zweiundvierzig „Wiener Sittenbilder" seiner insgesamt fünf Reclam-Bändchen („Der Evangelimann" ist die Nummer sechs des ersten) hat er unter äußerster Kraftaufbietung nur noch diktieren können: seiner Frau und deren Schwester. Die musikalische Umsetzung des Stoffs bleibt ihm fremd: Am Tag der Premiere erreicht Wilhelm Kienzl die Todesanzeige; als in der Berliner Hofoper der Vorhang aufgeht, ist Dr. Leopold Florian Meißner bereits – übrigens in einem Ehrengrab der Stadt Wien – beigesetzt. Wie gern hätte Kienzl dem Mann, dem er das Sujet des Stücks verdankte, nach der Rückkehr aus Berlin vom triumphalen Erfolg der Erstaufführung berichtet und damit dem Schwerkranken zumindest eine momentane Linderung seines Siechtums verschafft! Zu spät.

Was er jetzt noch tun kann, ist ein Lokalaugenschein am Originalschauplatz der Handlung. Aus dem Mund Meißners weiß Kienzl, welches Kloster sich hinter dem mit Absicht verschleiernden Namen St. Othmar verbirgt: Es ist das hoch über der Donau gelegene, anno 1072 gegründete Benediktinerstift Göttweig. Prälat Dungl empfängt den Komponisten in einem der alten Turmgemächer und kredenzt ihm vom erlesensten Stiftswein, doch mit der vollen Wahrheit rückt er nicht heraus: Noch immer wirft sie zu schwere Schatten auf die Chronik des altehrwürdigen Konvents. Erst viele Jahre nach Kienzls Tod – vierundachtzigjährig stirbt er am 3. Oktober 1941 an seiner letzten Wiener Adresse: Schreygasse 6 im Bezirk Leopoldstadt – wird es dem Orchestermusiker Viktor Redtenbacher (der selbst über ein dutzendmal beim „Evangelimann" mitgewirkt hat) in mühevoller Kleinarbeit gelingen, das tatsächliche Geschehen, das Meißners Geschichte zugrunde liegt, zu entschlüsseln. Nicht in Göttweig (wie noch von Kienzl angenommen) und schon gar nicht in Dürnstein (wie vom Bühnenbild der ersten Aufführungen suggeriert), sondern auf dem Gelände des Hellerhofs in Paudorf, eines zwei Kilometer südlich von Göttweig gelegenen Herrenhofs, in dessen Scheune neben der Stiftsernte auch das Zehent-Heu der abgabepflichtigen Bauern eingelagert wurde, hat sich die historische Brandlegung abgespielt – und auch nicht (wie in der Textvorlage und auf dem Theaterprogrammzettel vermerkt) 1820, sondern acht Jahre früher. Hinter Mathias und Johannes Freudhofer aber verbirgt sich das Brüderpaar Leopold und Franz Schwerdfeger aus Paudorf, und Leopold, der „Gute", landet weder als Unschuldiger im Kerker noch als frommer Bettler in den Wiener Hinterhöfen, sondern tritt in den Benediktinerorden ein, wird vier Jahre darauf zum Priester geweiht und weitere dreißig Jahre später unter dem Ordensnamen Engelbert zum Abt von Göttweig gewählt.

Der Evangelimann ist also gar kein Evangelimann – hier hat Autor Leopold Florian Meißner um der biedermeierlichen Idylle willen aus dem farbigen Repertoire der damaligen Wiener Volkstypen geschöpft, in dem es von Schmauswaberln und Aschenmännern wimmelte, von Lavendelweibern und Werkelmännern, von Kesselflickern und Roßhaarkremplern und eben auch, obwohl um vieles seltener, von jenen Vaganten mit Bratenrock und Zylinder, mit Brille und Evangelienbuch, die zum Trost siecher und altersschwacher Bürger, denen der Gang zum Sonntagsgottesdienst verwehrt war, von Haus zu Haus zogen, mit salbungsvoller Stimme die göttliche Frohbotschaft verkündeten und dafür mit Almosen bedacht wurden.

Meißner, der es in seinen Jahren als Polizeikommissär mit den abenteuerlichsten Gestalten zu tun hat – Volkssängern, die „um Durchsicht ihrer Gesangsstücke" vorstellig werden, Drehorgelmännern, die sich ihrer nichtkonzessionierten Konkurrenz zu erwehren versuchen, und Gastwirten, die „um Lizenzen zum Längeroffenhalten" ansuchen –, mag es die schillernde „Erwerbsgattung" des Evangelimanns besonders angetan haben. Und erst recht Wilhelm Kienzl, der damit über eine volkstümliche Opernfigur von eminenter Bühnenwirksamkeit und nostalgischem Reiz verfügte.

In seinen geliebten Buchenhain auf dem Wasnerin-Plateau bei Aussee, wo er der hochdramatischen Fabel im Sommer 1894 musikalisches Leben einhaucht, wird Wilhelm Kienzl in den nachfolgenden Jahren immer wieder zurückkehren. Mag sein

Quartier, das er von Mai bis September bezieht, auch noch so oft wechseln (als die „Wasnerin" 1916 abbrennt, findet er zunächst beim Bauern Tomann Hansl, später unweit davon beim Fiedler-Amon Unterschlupf) – sein Arbeitsplatz bleibt stets derselbe: Tisch und Bank im Wäldchen zwischen Wasnerin und Graumoos, wo „die liebe Sonne auf die grünen Matten herabstrahlt, daß es eine Herzens- und Augenerquickung ist", wie er seinem Freund Peter Rosegger brieflich nach Krieglach berichtet. Als dieser, von Krankheit geschwächt, die Einladung, es ihm gleichzutun, ausschlägt, versucht Kienzl erst recht, Rosegger von den Vorzügen des Ortes zu überzeugen:

„Schöneres als einen Ausflug hierher kann es gar nicht geben. Du sollst völlige Ruhe und Ungeniertheit haben. Bei uns ist's ruhig – da gibt's keine lästigen Kurgäste. Dazu die frische und doch so unendlich milde Luft. Für Dir zusagende Kost soll auch gesorgt sein – ganz, wie Du's gewohnt bist. Auch habe ich ein prachtvolles Zimmer mit unvergleichlicher Aussicht für Dich!"

Rosegger, von bösen Katarrhen geplagt, sagt abermals ab und flieht vor dem frühzeitigen Kälteeinbruch nach Graz, was den Landmenschen Kienzl vollends irritiert:

„Hier wird man in Ruhe gelassen, in der Stadt nicht. Wir bleiben also noch lange. Ich bin auch sehr fleißig, komponiere wieder, sichte und revidiere Volkslieder für das bewußte Album, lese, musiziere und korrigiere."

Auch als ihm 1919 seine Frau Lili wegstirbt und Kienzl zwei Jahre darauf mit Henny Lehner eine neue Ehe eingeht, bleibt er dem Ausseerland treu: Auf der nahen Eselsbachfarm spielt er mit dem Hausherrn, dem Schotten (und späteren Begründer des „Ausseer Musiksommers") Emil Henry Oesterley, vierhändig Klavier, schenkt ihm die originale „Kuhreigen"-Partitur mit den in roter Tinte ausgeführten handschriftlichen Notaten, komponiert für die Tochter des Hauses ein Tauflied und schreibt den Wirtsleuten im Anschlußjahr 1938 dankbar ins Gästebuch: „Es lebe das Haus, in dem keine Politik getrieben wird!"

Noch nach seinem Tod wird im Kleiderkasten der Eselsbachfarm der alte Wetterfleck hängen, mit dem Kienzl sich schützt, wenn er bei einem seiner Besuche von einem Schlechtwettereinbruch überrascht wird. Als nach dem Krieg Maria Cebotari, eine der ersten Künstlerinnen, die beim „Ausseer Musiksommer" mitwirken, auf der Eselsbachfarm in einen nicht enden wollenden Wolkenbruch gerät, geht das abgewetzte Kleidungsstück in ihren Besitz über ...

Der bequeme Klappsessel, dem der alternde Komponist nun vor der harten Sitzbank den Vorzug gibt, landet auf dem Fetzenmarkt. So mancher Kienzl-Verehrer, der das gute Stück von Zeitungsphotos her kennt, hätte für die geheiligte Reliquie jeden Betrag gezahlt. An der Rezeption der „Wasnerin", deren heutige Betreiber bewußt auf jenen bescheiden-altmodischen Typ Gast setzen, der in knarrenden Stiegen und im Rumoren des Holzwurms keinen Nachteil erblickt, sind Kienzl-Photos ausgestellt, die den Meister sowohl am Fenster seines Schlafstübchens wie als Badegast am Sommersbergersee zeigen, und im Kammerhofmuseum, drunten in Aussee, wo ihm eine eigene Vitrine gewidmet ist, kann sich der Besucher an den „Correspondenzkarten" delektieren, mit denen der Schöpfer des „Evangelimanns" den Lerchenreither Wirtsleuten seine jeweilige Ankunft avisiert hat.

Die Gestalt des ehrwürdigen Greises mit dem üppig wallenden weißen Vollbart, der sich, an kühlen Tagen mit Pelerine und Schlapphut bekleidet, regelmäßig die frischen Frühstückskipferln abgeholt hat, ist der Bäckerstochter bis ins hohe Alter eine unauslöschliche Erinnerung, und der Kienzl-Pilger, der ein Faible für Grabsteine hat, wird es als besonderes Zeichen der Ehrerbietung zu würdigen wissen, daß an der Außenmauer der Pfarrkirche zum heiligen Paul bis zum heutigen Tag auch jener Person gedacht ist, die Wilhelm Kienzl vor nunmehr hundert Jahren beim Schmökern im Loferer Sommerquartier den entscheidenden Hinweis gibt, sich für das Schicksal des „Evangelimanns" zu interessieren: seiner ersten Frau. Als das Grab der 1919 sechzigjährig Verstorbenen aufgelassen wird, wandert der steinerne Epitaph mit der blumig-beziehungsvollen Inschrift „Hier schläft meine geliebte, unentwegt treue Gattin und Pfadfinderin" nicht wie die meisten seinesgleichen auf die Müllhalde, sondern findet neben dem Ausseer Kirchenportal einen dauerhaften neuen Platz.

DA CAPO FÜR DEN KAISER

Maria Jeritza in Unterach

Wenn sich am Rosenmontag die Kinder von Unterach zum Faschingsumzug formieren, sind die Stadler-Enkel fein heraus: Im Haus Jeritzastraße Nr. 15 kann man in puncto Kostüme aus dem vollen schöpfen. Allein die Hüte, die die „Frau Baronin" hinterlassen hat, lösen spielend jedes Verkleidungsproblem. Es sind Gebilde von einer Exzentrik, wie man sie im Land um den Attersee vorher wie nachher kein zweites Mal zu Gesicht bekommen hat: Wagenräder, Stoffgebirge, Turmbauten. Und erst das verarbeitete Material! Seide und Samt, Organza und Tüll. Dazu Straußen-, Marabu- und Reiherfedern in Hülle und Fülle! Gegen so unbekümmerte Ausschlachtung der afrikanischen Vogelwelt würde heute wohl der World Wildlife Fund einschreiten, und John Frederics, die Nummer eins unter den New Yorker Hutmachern, müßte um seine Konzession bangen.

Damals, in den dreißiger Jahren, waren seiner Phantasie keine Grenzen gesetzt, und so entstanden in dem Atelier an der 33. Straße Hüte von einer Kühnheit, wie sie wohl nur eine einzige Frau auf der Welt tragen konnte: Maria Jeritza. „Made to order" ist in sämtliche Etiketten eingewebt, und die Frage ist erlaubt, ob Meister Frederics damit Geschäftsstolz bekunden wollte oder im Gegenteil gelinde Distanzierung.

Und nun gar im ländlich-biederen Unterach! Was schon in der Fifth Avenue und in der Kärntnerstraße Aufsehen erregte, war erst recht auf dem Dorfplatz der stillen Atterseegemeinde ein Spektakel, und wenn die Frau Kammersängerin sonntags zur Messe erschien und – natürlich mit der gewissen Verspätung – durchs Kirchenschiff zur ersten Bank schritt, wo sie vorn rechts ihren Stammplatz hatte, war es für Hochwürden, den Herrn Pfarrer gewiß kein leichtes, das Interesse der Gemeinde von den Hüten der Jeritza auf das Wort Gottes umzulenken. Aber so ist das

133

eben, wenn man eine Primadonna, wenn man einen Weltstar unter seinen Schäflein hat ...

Daß Maria Jeritza Hüte von solchen Dimensionen trug, hatte übrigens nicht nur mit Exaltiertheit zu tun: Die überbreiten Krempen sollten ihr kostbares Antlitz vor Sonneneinwirkung schützen. Braungebrannt zu sein war zu ihrer Zeit noch strikt verpönt.

Als „die Jeritza" 1966 Sekretär und Anwalt von ihrem Hauptwohnsitz New Jersey nach Österreich entsendet, um den Verkauf der älteren ihrer beiden Villen in der Salzkammergutgemeinde Unterach abzuwickeln, ist die inzwischen Neunundsiebzigjährige eine so vermögende Frau, daß ihr am Inventar ihrer überseeischen Besitzungen wenig liegt, und so erwirbt der überglückliche Käufer, der Zahntechniker Erwin Stadler, mit Villa, Grund und Bootshaus auch all die persönliche Habe, die auf die vierzehn Zimmer des Hauses verteilt ist: Das Bett, in dem er schläft, ist Maria Jeritzas Bett; am Stingl-Klavier in der Halle hat sie ihre Rollen einstudiert; am Grammophonschrank mit der riesigen Schellack-Sammlung hat sie den Stimmen Carusos und Giglis gelauscht. Auf der prachtvollen Balustrade des oberen Geschosses hat sie ihre Bühnenauftritte geprobt; mit Hilfe der Klingelanlage, an die sämtliche Räume des Hauses angeschlossen waren, hat sie die Schritte ihres Personals gelenkt. Nur die Kerzen des üppigen Geweihlusters fehlen – sie sind heute gegen Glühbirnen ausgetauscht. In den Schubladen der Kommoden befinden sich Stöße von Noten – darunter Raritäten wie die Originalhandschrift eines vom jungen Karl Böhm vertonten Wiegenliedes: „Du schläfst". Die Widmungszeile gibt über den Zeitpunkt seiner Entstehung Aufschluß: „Einjährig Freiwilliger K. B., 1914". Auch in der Garderobe ist alles so, wie sie es zurückgelassen hat: die Hutsammlung, der Theaterschmuck. Wenn die Stadlers auf den Gedanken verfielen, ein Kostümfest zu veranstalten, kämen sie ohne Leihanstalt aus.

Wer sich in die Biographie der Jeritza vertieft, landet in aller Regel an den beiden Stätten ihrer größten Erfolge: Wien und New York. Ein wichtiger dritter Pol bleibt ausgespart: das Salzkammergut. Dabei sind hier die Weichen für ihre Karriere gestellt worden – sie selber hat bei jeder Gelegenheit daran erinnert. Und im Mai 1937 sogar – in einem Artikel fürs „Neue Wiener

Journal" – persönlich zur Feder gegriffen und die Sache öffentlich rekapituliert.

Sommer 1910. Die knapp Dreiundzwanzigjährige, erst vor kurzem von der Mizzi Jedlička zur Maria Jeritza mutiert, hat den Sprung von Olmütz nach Wien geschafft, ist an der Volksoper engagiert. Ihr Logis ist ein billiges kleines Vorstadthotel in der Nähe des Währinger Gürtels; wer dem jungen Ding im zerschlissenen Morgenmantel und mit den schiefen Absätzen auf dem Weg zur Milchfrau begegnet, wo sie sich ihr Frühstück holt, wird sich kaum vorstellen können, daß aus ihr schon bald eine der gefeiertsten Primadonnen des Jahrhunderts werden wird. Jetzt ist Theaterpause, sie sitzt untätig herum, der vor Ehrgeiz Berstenden ist fad. Volksoperndirektor Rainer Simons, berühmt für seine Entdeckungen junger Talente, befindet sich wie alle um diese Zeit in der Sommerfrische – ihm also kann sie ihr Leid nicht klagen. Dafür weilt der Direktor des Ischler Sommertheaters in Wien: Dr. Erich Müller sieht sich in der Hauptstadt nach Besetzungen für seine Operettenstagione um. In diesem Jahr steht „Die Fledermaus" auf dem Programm; was er noch braucht, ist eine attraktive Rosalinde. Wär' das nicht etwas für diese temperamentvolle Nachwuchskraft, die vor kurzem als „Tosca" an der Volksoper Furore gemacht hat?

Maria Jeritza winkt ab: Sie hat noch nie Operette gesungen.

Doch der Dr. Müller läßt nicht locker: Wer sich so hervorragend bei Puccini bewährt hat, kann auch bei Johann Strauß unmöglich scheitern. Man einigt sich also: Maria Jeritza übersiedelt nach Ischl, zusammen mit ihrer Mutter bezieht sie in einer nahe dem Theater gelegenen Sommervilla Quartier. Zwischen den Proben schlüpft sie ins landesübliche Dirndl und unternimmt Wanderungen in der herrlichen Landschaft ringsum; auf dem Hügel hinterm Haus sieht man sie – zusammen mit anderen jungen Mädchen des Ensembles – in fröhlichem Übermut die Wiese hinunterkollern. Daß ihre hellen Kleider und weißen Strümpfe vom frischen Gras grün verfärbt werden und jeden Tag in die Wäsche müssen, verdrießt höchstens die Frau Mama, und die wird eben lernen müssen, was es heißt, einen künftigen Star um sich zu haben.

Direktor Müller hat seiner Neuerwerbung nicht zu viel versprochen: Kaiser Franz Joseph ist – wie angekündigt – unter den Premierengästen. Und von allen der begeistertste! Als Maria

Jeritza im zweiten Akt ihren Auftritt als „ungarische Gräfin" hat und den berühmten Csardas singt, erzwingt Seine Majestät ein da capo. Und als er auch nach der Wiederholung der Arie nicht zu klatschen aufhört, muß sie ein drittes Mal ihr „Klänge der Heimat, erweckt in mir das Sehnen" singen. Dann aber verlassen sie ihre Kräfte: Die Künstlerin unterbricht ihr Spiel, tritt an die Bühnenrampe, verneigt sich in Richtung Hofloge und gibt Seiner Majestät, indem sie kopfschüttelnd auf Mund und Hals weist, zu verstehen, daß ihre Stimme eine Pause braucht. Kaiser Franz Joseph lächelt, die Vorstellung kann fortgesetzt werden.

Für Maria Jeritza aber hat sie ein ebenso denkwürdiges wie folgenreiches Nachspiel: Baron Prileszky, Adjutant des Kaisers, läßt die Künstlerin wissen, Seine Majestät lege größten Wert darauf, sie von nun an auch in Wien zu hören – und das bedeutet: nicht in der Volksoper, sondern in „seiner" Hofoper. Noch in derselben Spielzeit wird der stolze Transfer, der unter normalen Umständen sicher noch so manches Jahr hätte auf sich warten lassen, Wirklichkeit, und Maria Jeritza debütiert (in der Titelrolle der heute vergessenen Max-Oberleithner-Oper „Aphrodite") im renommierten Haus am Ring. Zum Dank für so viel allerhöchste Huld steht sie im Jahr darauf abermals auf der Bühne des Ischler Operettentheaters, und abermals singt sie nur für „ihn": Es ist der 18. August, Kaisers Geburtstag …

Auch in späteren Jahren, nun schon auf der Höhe ihres Weltruhms, wird Maria Jeritza die Bedeutung jener Ischler Episode vom August 1910 zu würdigen wissen: „Wie ich durch Kaiser Franz Joseph an die Hofoper kam", lautet der Untertitel ihrer fürs „Neue Wiener Journal" verfaßten Dankadresse, und in ihrer Autobiographie „Sunlight and Song", die sie 1924 in New York herausbringt, nehmen ihre Erinnerungen an „The Habsburgs as I knew them" ein ganzes Kapitel ein. Ihre neuen Landsleute – die Brünner Handwerkerstochter ist inzwischen amerikanische Staatsbürgerin geworden – sollen wissen, was für einen grundgütigen und unprätentiösen Landesvater sie vordem gehabt hat, und so erzählt sie ihnen von seinem wunderschönen Sommersitz inmitten prachtvoller Gärten, der gleichwohl nur ein einstöckiger Bau ohne heißes Fließwasser, ohne Badewanne und ohne Heizmöglichkeit sei, von seiner Gewohnheit, um fünf Uhr früh aufzustehen, um sechs zum Morgenspaziergang aufzubrechen und huldvoll die Passanten zu grüßen, von seiner Vorliebe für Lederhose und Federhut, von seiner Leidenschaft für Hirschjagd und Tarockspiel. „Ich habe so viele Monarchen kennengelernt, aber keinen, der bei aller Liebenswürdigkeit und Leutseligkeit so sehr ein Grandseigneur gewesen ist wie er." Mit dem Wiener Hof hält Maria Jeritza auch in außerkünstlerischen Belangen Kontakt: Um vom legendären Standard der kaiserlichen Tafel zu profitieren, verschafft sie ihrer Haushälterin einen Posten in der Hofküche, wo sie in den Künsten der haute cuisine geschult werden soll. Nach einiger Zeit holt sie sich ihre Perle zurück, die für dieses Zwischenspiel einen eigenen Französischkurs hat absolvieren müssen: Die Rezepte sind in der offiziellen Hofsprache abgefaßt.

Acht Jahre nach Kaiser Franz Josephs Tod – die Ischler Sommervilla wird inzwischen von der Familie Erzherzog Salvators bewohnt – siedelt sich Maria Jeritza selber im Salzkammergut an. Ein Besuch auf dem Berghof, der Künstlerkolonie oberhalb von Unterach, gibt den Ausschlag: Hier fühlt sie sich so wohl, daß sie sich unverzüglich nach einem passenden Besitz umsieht. Im Sommer 1925 hält die Achtunddreißigjährige an der Seite ihres Gatten Leopold Popper Freiherr von Podhragy im eigenen Landhaus an der Unteracher Uferstraße Einzug. Wandern ist gut für die Lunge, Rudern gut für die Muskeln. Und während sie in Wien mit Rücksicht auf den Proben- und Vorstellungsbetrieb nur eine Stunde pro Tag fürs häusliche Gesangstraining aufwendet, sind es hier, wo sie in aller Ruhe neue Partien einstudieren kann, zwei bis drei. Einmal pro Saison werden die Nachbarskinder aus dem Ort zur Jause eingeladen – die heiße Schokolade und die üppigen Torten, die ihnen von der Frau des Hauses in der Veranda kredenzt werden, sind für die einfachen Dorfkinder in den entbehrungsreichen Zeiten der zwanziger Jahre höchster Luxus. Vorwitzige brocken im nahen Wald Erdbeeren und tauschen sie bei der hocherfreuten Köchin gegen Näschereien ein.

Maria Jeritza, selber kinderlos, ist gleichwohl ein Familienmensch, und so nistet sich nach und nach auch die Verwandtschaft der Primadonna in deren Attersee-Villa ein. Besonders ihren beiden Schwestern soll es – nun, wo das große Geld da ist – besser gehen als daheim in Brünn, wo man sich mit einer Armeleutewohnung im zweiten Stock der „Quargelburg" begnügen

Während der Opernferien treusorgende Glucke des Familienclans:
Maria Jeritza in ihrer Villa am Attersee

mußte. So nämlich hieß das Haus neben der Käsefabrik, in dem die Mizzi Jedlička ihre Kindheit und frühe Jugend verbracht hat – eine Etage über dem damals am Beginn seiner Laufbahn stehenden Kapellmeister Robert Stolz, der sich von seiner Anfängergage gar nur ein Untermietzimmer leisten kann. Wenn die Mizzi des Morgens Brot und Milch einkaufen geht, bringt sie dem „Pane Kapelničku" die Zigaretten mit – was von den fünf Kreuzern an Wechselgeld übrigbleibt, gehört ihr.

Als Stubenmädchen in einem Brünner Hotel verdient sie sich das Geld, das sie für den Klavierunterricht braucht, und der sieben Jahre ältere Stolz verschafft ihr in der Person des Kantors Auspitzer den ersten Gesangslehrer. Denn auch die Mizzi Jedlička zieht es zur Kunst. Im Brünner Deutschen Theater singt sie im Chor. Bis zu jenem denkwürdigen Abend, da in der Galapremiere von „Aida" – mit Robert Stolz am Dirigentenpult – die Wiener Operndiva Else Blant gastiert und im zweiten Akt, als das Publikum auf deren Spitzentöne lauert, von der Choristin Mizzi Jedlička ausgestochen wird, indem diese die Partie an sich reißt und ein hohes C von so makelloser Schönheit, Strahlkraft und Ausdauer hören läßt, daß sie zwar auf Grund dieses skandalösen Verhaltens in Brünn unmöglich, dafür aber in Olmütz umso willkommener ist – und zwar nicht als Choristin, sondern als Solistin. Die Elsa in „Lohengrin" ist ihre Antrittsrolle, es folgen die Agathe im „Freischütz", Gounods Margarethe, Puccinis Manon Lescaut. Und mit einem „Tosca"-Gastspiel an der Volksoper gelingt der erst Zwanzigjährigen der Sprung nach Wien. Der Rest ist Theatergeschichte: Hofoper und Met.

„Duse der Oper" und „Opern-Vamp" nennen sie die einen, „Teufel in Engelsgestalt" die andern, „Primadonna assoluta" alle miteinander. Puccini, der sie um ihrer „Tosca", ihrer „Turandot" und ihres „Mädchens aus dem goldenen Westen" willen über alles verehrt, hat ihr Porträt auf seinem Schreibtisch stehen; Richard Strauss holt sie sich zur Uraufführung der „Ariadne" nach Stuttgart und schreibt ihr die „Ägyptische Helena" auf den Leib (nur die Verleugnung ihrer Weiblichkeit, die ihr die Hosenrolle des „Octavian" abverlangt, kostet sie harte Arbeit). Ihr Stimmvolumen ist so gewaltig, daß man sogar dem berühmten „Liesl"-Ruf, mit dem sie ihre geliebte Sekretärin herbeizuzitieren pflegt, nachsagt, er könne es mit so manchem Walkürenruf auf den heutigen Opernbühnen aufnehmen …

Vom englischen Hof wird Maria Jeritza auf Schloß Windsor, von Thronfolger Franz Ferdinand ins Belvedere, von Präsident Roosevelt ins Weiße Haus eingeladen. Die Kollegin Maria Olszewska, mit der sie in „Walküre" auftritt, spuckt ihr auf offener Szene ins Gesicht, dem Kollegen Benjamino Gigli tritt sie gegen das Schienbein. Und dazwischen? Spitzentöne von betörender Schönheit und ein schauspielerisches Temperament, wie man es nie zuvor auf der Opernbühne erlebt hat.

Als der Bühnenbildner Alfred Roller bei Staatsoperndirektor Franz Schalk moniert, der Baum im dritten Akt des „Tannhäuser" sei schon recht schäbig und sollte unbedingt ausgewechselt werden, gibt Schalk zur Antwort: „Der Baum bleibt – wenn die Jeritza davorsteht, ist er immer noch wunderschön." Ihre gewagten Dekolletés, ihre verführerischen Roben und ihre Pfauenfederwimpern, ihre Liebesszenen, ihre Bühnenküsse, aber auch ihre Wutausbrüche sind Legende, und als sie in ihren Memoiren den Versuch unternimmt, sich zum frommen Lamm, zur Nonne, zur Abstinenzlerin zu stilisieren, ist des Staunens kein Ende: Weshalb so viel Konzession an die Prüderie der neuen Heimat Amerika?

Im biederen Unterach bekommt man von alledem wenig mit: Hier sucht sie Ruhe, hier schöpft sie neue Kraft, hier sind keine Konkurrenzen mit Nebenbuhlerinnen zu bestehen. Hier ist sie treusorgende Glucke ihres Familienclans, und als sie 1931 aus der inzwischen zu klein gewordenen Vierzehn-Zimmer-Villa ein paar Häuser weiter in eine mit vierundzwanzig Zimmern umzieht, kann sie sich auch als Gastgeberin der Einheimischen von einer noch besseren Seite zeigen. Nun sind nicht mehr nur die Nachbarskinder, sondern die gesamte Schuljugend von Unterach zum alljährlichen Sommerfest ins „Haus am See" geladen, die Gemeindeverwaltung ernennt sie zur Ehrenbürgerin, und die Straße, an der ihre beiden Häuser stehen, wird noch zu ihren Lebzeiten auf den Namen Jeritza getauft. Was tut's, daß bei einem der Begrüßungsakte, die nun allsommerlich nach der Ankunft des hohen Gastes Tradition sind, die Mädchen des Kirchenchors nach dreifachem Patzen verschreckt davonlaufen und auch die Blaskapelle vor lauter Lachen keinen Ton herausbringt? Müssen halt der Bürgermeister und die Herren vom Verschönerungsverein zu retten versuchen, was zu retten ist …

Als Maria Jeritza 1951 zum letztenmal nach Unterach kommt (obwohl sie noch weitere einunddreißig Jahre lebt, also beinahe fünfundneunzig wird), steht „Maria Seery" in ihrem Paß: Sie hat das dritte Mal geheiratet. Auf den altösterreichischen Aristokraten Leopold Popper von Podhragy und den Hollywood-Filmmogul William Sheehan ist der amerikanische Fabrikant Irvin Seery gefolgt. Und da der generöse Yankee seine Millionen mit Regenschirmen gemacht hat, spendiert er allen Unterachern, die seine Frau zum Sommerfest um sich geschart hat, zum Abschied einen Schirm. Was die Überraschung perfekt macht: Das gute Stück ist nicht – wie zu dieser Zeit in Österreich noch allgemein üblich – schwarz, sondern grell bunt. Doch die Unteracher haben Pech: Es ist ein Sommer ohne Regen – sie müssen sich etliche Wochen gedulden, bis sie Gelegenheit haben, ihre modische Fortschrittlichkeit auch öffentlich zu demonstrieren.

Jeritza und Unterach – noch reißt die Verbindung nicht gänzlich ab. Zur Benefiz-Gala vor dem Salzburger Dom, der Wiederherstellung des Mozarteums gewidmet, sind auch etliche ihr nahestehende Leute aus dem Ort eingeladen, und eine von ihnen, die Wirtschafterin Johanna Speigner, folgt ihr sogar, den Ehemann am Attersee zurücklassend, in die USA. Die Wiener Jeritza-Fans, die in früheren Jahren Ruderboote zu mieten pflegten, um sich dem Besitz ihres Idols vom See her zu nähern und vielleicht auf diese Weise einen Blick von ihr zu erhaschen, bleiben nun allerdings schon eine ganze Weile aus.

Eine letzte Gelegenheit für ein Wiedersehen wird ihnen von der überbürokratischen Wiener Theateradministration vermasselt: Unter den zur feierlichen Wiedereröffnung der Staatsoper am 5. November 1955 als Ehrengäste Geladenen ist neben Lotte Lehmann, Maria Nemeth und Alfred Piccaver auch die Jeritza, und wie alle anderen sagt auch sie zu. Nur eine einzige Bitte knüpft sie an ihr Ja-Wort: Man möge auch einen Platz für ihren Mann reservieren. Der Wunsch wird abgelehnt, und Maria Jeritza storniert daraufhin verärgert die Reise in die kleinlich-undankbare Heimat, der sie wenige Jahre zuvor noch mit einem gagenlosen Auftreten bei der Finanzierung des Opern-Wiederaufbaus geholfen hat.

Auch ein Prozeß ist noch auszustehen. Als nach dem Zusammenbruch des Großdeutschen Reichs amerikanische Truppen das Salzkammergut besetzen, wird aus Maria Jeritzas „Haus am See" ein Offizierskasino, und als die Amerikaner abziehen und es der rechtmäßigen Besitzerin zurückerstatten, fallen zunächst einmal beträchtliche Reparaturen an. Maria Jeritza verlangt Schadenersatz. Doch die US-Behörden weisen ihre Forderung mit dem Argument zurück, das Grundstück habe sich im Jahr 1945 auf „feindlichem Territorium" befunden, eine vorübergehende Beschlagnahme sei daher zulässig gewesen. Die Causa landet schließlich beim US Court of Claims, und dort, in Washington, erhält die Klägerin im Februar 1955 Recht: Maria Jeritza, selber seit langem Amerikanerin, hat Anspruch auf Entschädigung.

Als sie, in späteren Jahren, die beiden Attersee-Villen abstößt (die größere wird heute von der Industriellenfamilie Turnauer und dem Cellisten Heinrich Schiff bewohnt), ist in Österreich eine Generation nachgewachsen, die mit dem Namen Jeritza kaum noch etwas anzufangen weiß. Zweieinhalb Jahre ziehen sich die Verkaufsverhandlungen bei dem kleineren der beiden Objekte hin, siebenundsiebzig Interessenten zählt der mit der Abwicklung betraute Makler. Das verwilderte Äußere des Hauses, vom alten Baumbestand fast zugewachsen, schreckt einen nach dem andern ab. Für die Schätze, die sein Inneres birgt, fehlt ihnen der Blick. Auch der Zahntechniker Erwin Stadler, der schließlich zugreift, ist kein Jeritza-Fan: Er hat keine ihrer Vorstellungen erlebt, keine ihrer Schallplatten gehört. Er wird auf andere Weise zu einem ihrer glühendsten Verehrer: indem er in ihren Möbeln, in ihrer Hinterlassenschaft, in ihren Erinnerungsstücken, in ihrem Ambiente lebt. Bei jeder Veränderung, die er an seinem Besitz vornimmt, läßt er äußerste Behutsamkeit walten: Er weiß, welches „Erbe" er angetreten hat, und er tut alles, sich dieses „Erbes" würdig zu erweisen. Wäre Maria Jeritza noch am Leben, sie könnte guten Gewissens sagen: Ich hab' noch einen Koffer in Unterach.

In der Schlangengrube

August Strindberg am Mondsee

„Komm und bleib so lange, wie Du willst und solange es Dir gefällt. Es ist wunderschön hier, und Dein Natur- und Kunstsinn werden Befriedigung finden. Du brauchst kein weiteres Gepäck, nur einige Werke Strindberg nimm mit – und komm sofort!"

So herzhaft-zupackend lädt Marie Uhl, die Frau des Chefredakteurs der amtlichen „Wiener Zeitung", Regierungsrat Friedrich Uhl, im Juli 1893 ihren momentan in Berlin weilenden Schwiegersohn August Strindberg zu sich ein.

„Liebes, aus dem Herzen meines Kindes entsprossenes Sohnerl ... Komm in unser wie auch Dein Heim, erweise uns die hohe Freude und Ehre. Dein neuer Papa hat Sehnsucht nach Deinem Genie, ich nach Deinem so blutig zerschlagenen Herzen."

„Unser wie auch Dein Heim" – das ist die Uhl-Villa in Mondsee. Der imposante Besitz ist auf einer sanft abfallenden Wiese errichtet; Karl Stattler, ein Schüler der Wiener Hofopernarchitekten van der Nüll und Siccardsburg, hat die Pläne gezeichnet. Kunstreiche Variante des herkömmlichen Schweizerhaus-Typus, ist die in Veranda und Balkon ganz aufs Panorama des Sees orientierte zweigeschossige Sommervilla auch in ihrem Inneren ein Schatzkästchen: Die „Sammlung Uhl", über fast alle Räume verteilte Antiquitäten, Statuen und Porzellane, Standuhren und Nippes, findet sogar im Baedeker Erwähnung. Prunkstück des Privatmuseums ist die über mannshohe Kreuzblume des alten Turmhelms von St. Stephan. Eigentlich, so beliebt man zu scherzen, habe der Herr Regierungsrat seine Villa nur gebaut, um einen überdimensionalen Renaissanceschrank aus ehemaligem Stiftsbesitz, den er über drei Ecken erworben hat, unterbringen zu können.

Eine bessere Wohnlage gibt es in Mondsee nicht: Einige wenige Schritte über die Wiese vorm Haus, und man ist – zum

Umkleiden fürs Bad oder zum Besteigen des Kahns – in der eigenen Badehütte, die prachtvolle Lindenallee führt in wenigen Minuten zur Bahnstation, und geht man in umgekehrter Richtung, so ist man im Handumdrehn im Ort.

In diesem Paradies ist Frida Uhl, die jüngere der beiden Töchter des Hauses, aufgewachsen. Da die Eltern seit Jahren einander entfremdet sind und getrennt leben (Friedrich Uhl in einer kleinen Wohnung im Wiener Regierungsviertel in der Herrengasse, Marie Uhl bei ihren Eltern im Mühlviertel), steht der Kleinen und ihrer Betreuerin, der braven Amme Resi, die ganze Pracht allein zur Verfügung. Als sie zur Ausbildung in die Klosterschule gesteckt wird, bedingt sich die resolute junge Person aus, daß es wenigstens wechselnde Internate im Ausland sein dürfen: So lernt schon die Halbwüchsige nicht nur ihre österreichische Heimat, sondern auch Italien, Frankreich, Deutschland und England kennen.

Mit achtzehn holt ihr Vater sie nach Wien: Sie soll wie er Journalist werden. Und da das zu dieser Zeit für ein Mädchen ihres Standes im konservativen Wien ein Ding der Unmöglichkeit

„Unser wie auch Dein Heim": die Uhl-Villa am Mondsee

ist, schickt Friedrich Uhl seine Jüngste ins liberale Berlin: als Kulturkorrespondentin der von ihm geleiteten „Wiener Zeitung".

Ihre Theaterberichte werden nicht nur laufend gedruckt, sondern erregen auch Aufsehen: Frida Uhl entpuppt sich, was Informiertheit, Stil und Sicherheit des Urteils anbelangt, als beachtliches Talent.

Bei einer Abendgesellschaft, die der Literat Julius Elias am 7. Jänner 1893 gibt, wird die nunmehr Zwanzigjährige dem zu dieser Zeit in Berlin lebenden vierundvierzigjährigen August Strindberg vorgestellt. In ihren Feuilletonbeiträgen für das kreuzbrave österreichische Hofblatt linientreu konservativ, gebärdet sich die von Natur exzentrische Frida in ihrem privaten Auftreten umso progressiver: An dem vor einigen Monaten von seiner ersten Frau, der Schauspielerin Siri von Essen, geschiedenen Dichter aus Schweden zieht sie nicht zuletzt dessen anarchistisches Temperament an.

Vor vierzehn Jahren hat er mit dem Roman „Das rote Zimmer" den Durchbruch geschafft, seit dem großen Erfolg seines Einakters „Fräulein Julie" vor fünf Jahren werden seine Stücke an vielen Bühnen gespielt. Jetzt will er seine Karriere von Deutschland aus weiter vorantreiben. Doch der Intendant des Berliner Residenztheaters, wo „Der Gläubiger" auf dem Spielplan steht, prellt Strindberg um seine Tantiemen, als es wegen deren Höhe zum Streit kommt, und streicht die geplante „Kameraden"-Premiere. Der Dichter, wieder einmal in Geldnot, versucht sich mit dem Verkauf seiner Ölbilder – Meeresmotive in expressionistischer Manier sind seine Spezialität – über Wasser zu halten. Sogar der Plan, ein Fotoatelier zu eröffnen, geht ihm durch den Kopf. Da kommt die Bekanntschaft mit der begeisterungsfähigen und unternehmungslustigen Frida Uhl gerade im richtigen Moment: Sie will die Verbindungen aus ihrer englischen Internatszeit mobilisieren und für Strindbergs Stücke in London werben, vielleicht sogar ein eigenes Theater gründen.

Auch privat kommen der Dichter und sein weiblicher Möchtegern-Impresario einander näher: Man beschließt zu heiraten. Ganz so einfach ist das allerdings nicht: Strindbergs erste Frau lebt noch, und Frida ist katholisch. Man weicht also auf Helgoland aus, wo zu dieser Zeit noch altes englisches Recht gilt. Eine Indiskretion der Wiener „Deutschen Zeitung", die – vermutlich auf Betreiben von Friedrich Uhls Konkurrenten Hermann Bahr –

über eine Verlobung der beiden berichtet, beschleunigt die Angelegenheit. Jetzt muß der auf seine Reputation bedachte Herr Regierungsrat, der einem so respektlosen Schriftsteller wie August Strindberg lieber einen Literaturpreis als die Hand seiner Tochter gäbe, wohl oder übel den ihm wesensfremden Schwiegersohn akzeptieren, und schon am 2. Mai 1893 sind August Strindberg und Frida Uhl Mann und Frau. Fridas ältere Schwester Marie reist als Trauzeugin nach Helgoland.

Die Ehe verläuft vom ersten Tag an chaotisch, und das ist bei zwei so exzentrischen Naturen auch nicht anders zu erwarten: Strindbergs Verfolgungswahn und Frida Uhls launisch-aufsässiges Wesen ergeben ein explosives Gemisch, das sich in einem dramatischen Auf und Ab von leidenschaftlicher Zuneigung und abgrundtiefem Haß entlädt.

Noch auf der Hochzeitsreise, die das Paar nach London führt, bricht die erste Krise aus: Auf eine Ein-Zimmer-Unterkunft angewiesen, fühlt sich Strindberg – wie er es in seinem fünf Jahre später entstehenden autobiographischen Roman „Kloster", mit Rücksicht auf die Familie Uhl sowohl örtlich wie personell verfremdet, formulieren wird – „mit seinem Plagegeist im selben Käfig eingesperrt", und als sie auf einem Spaziergang nach Chelsea „zum Fluß kamen, dachte er einen Augenblick daran, sie ins Wasser zu stoßen. Aber er tat es nicht. Er ging ans Ufer hinunter, wo Kalkschuten gelöscht wurden, Dampfwinden Kohlenrauch ausstießen und Schiffstaue den Weg versperrten. Er hoffte, sie würde fallen und sich stoßen, von Hafenarbeitern geknufft werden; er wünschte, daß ein Schauermann sie umarmte und küßte, ja, er meinte, er könnte in Ruhe mitansehen, wie einer dieser Hafenstrolche sie vergewaltigte, so sehr haßte er sie, und so sehr haßte sie ihn."

Wieder in ihrem Zimmer angelangt, zerfleischen sich die Frischvermählten vollends in gegenseitiger Schmähung:

„Sie hatte nicht geschlafen, und im Dunkel hörte er ihre Stimme: ‚Schläfst du?'

Er spürte den Vampir, der sich festgesetzt hatte auf seiner Seele und sogar seine Gedanken bewachte. Sie verzichtete sogar auf den Schlaf, um ihn zu peinigen."

Am darauffolgenden Tag entzündet sich neuer Streit – diesmal an der Frage gemeinsamen Arbeitens. Es ist ausgemacht, daß sie Schwedisch lernen soll, um seine Stücke ins Deutsche über-

setzen zu können. Jetzt hat er Zweifel, ob die Vereinbarung noch gilt.
„Ich dich übersetzen?' sagte sie verächtlich. ‚Ich habe wirklich Besseres zu tun!'
‚Warum willst du nicht lieber mich übersetzen statt deine Schundschriftsteller?'
‚Nimm dich in acht', zischte sie. ‚Du wirst überschätzt. Und du wirst ein schreckliches Erwachen erleben aus deinem Traum von eingebildeter Größe.'
Zwei Monate nur waren seit der Hochzeit vergangen, und schon war das Lächeln verloschen, und jedes Gespräch und selbst die Liebe waren verwandelt in einen sinnlosen Haß."
Dem läßt nun auch er freien Lauf:
„Du warst schön, solange ich dich liebte. Vielleicht war es meine Liebe, die dich schön machte. Nun aber bist du das häßlichste und niederträchtigste Menschenkind, dem ich je in meinem Leben begegnet bin."
Strindberg packt seine Koffer, will abreisen, will der ehelichen Hölle ein Ende machen.
„Doch je näher die Zeit des Abschieds kam, umso mehr schmolz der Haß, und siehe da, die Liebe brach wieder hervor."
Ja, so chaotisch geht's bei diesen beiden zu. Und als er tatsächlich – aber nur, um nach wenigen Tagen zu ihr zurückzukehren – nach Deutschland abreist, tauschen sie im offenen Wagen so leidenschaftliche Küsse, daß die Londoner Polizisten auf sie aufmerksam werden:
„„Sei vorsichtig, in diesem Land kann man uns ins Gefängnis stecken, wenn wir unsere Liebe öffentlich bezeugen.'
‚Das ist mir ganz gleich', antwortete sie, ‚ich liebe dich so unsäglich.'"
Frida bleibt in London, um sich weiter nach Theatern umzusehen, an denen Strindbergs Stücke gespielt werden könnten, er selber schwankt zwischen Sommeraufenthalten in Hamburg, auf der Ostseeinsel Rügen oder in Berlin – da erreicht ihn der Brief der Schwiegermutter mit der überschwenglich herzlichen Einladung nach Mondsee. Die gleiche Einladung ergeht an Frida nach London: Strindberg freut sich also nicht nur darauf, Familie und Geburtsheimat seiner jungen Frau kennenzulernen, sondern auch solcherart mit ihr selbst wiedervereint zu sein. Doch zu letzterem kommt es nicht: Frida bleibt in London, scheut vor allem die

Nähe des ihr verhaßten Vaters, sucht lieber im Kloster der Englischen Fräulein in Maiden Lane Zuflucht, wo sie vor Jahren Internatszögling gewesen ist. Vor den Augen ihres Mannes sich vor der elterlichen Autorität ducken – das kommt nicht in Frage. Auch nimmt sie Strindberg übel, daß er mit den Schwiegereltern gemeinsame Sache macht, argwöhnt, daß er sich mit ihnen gegen sie verschwören könnte – immer wieder schiebt sie ihre Abreise nach Österreich hinaus. Hinzu tritt der Verdacht, ihre Eltern, seit zwanzig Jahren getrennt lebend, könnten das Familientreffen dazu benützen, sich selber wieder zu versöhnen – auch für dieses Manöver mag sie sich nicht hergeben.

Aber auch ohne ihr Dabeisein wird Strindbergs Aufenthalt in der Villa Uhl in Mondsee zu einem Spektakel sondergleichen ...

Am 31. Juli 1893 trifft August Strindberg in Mondsee ein. Kein Wunder, daß er nervös ist: Wie soll er seinen Schwiegereltern begreiflich machen, daß er nach erst zwölf Wochen Ehe allein anreist? Und wird man ihn nicht, wenn man seiner erbärmlichen finanziellen Situation gewahr wird, für einen Erbspekulanten ansehen?

Vorm Verlassen des Zuges versucht er seiner Skrupel Herr zu werden, indem er sich ganz auf die Rolle des Schriftstellers auf Materialsuche zurückzieht: „Gewinne ich keine Ehre, so bekomme ich doch ein Kapitel für meinen Roman!"

Doch die „Schlangengrube", in die er zu geraten fürchtet, ist Mondsee nicht – zumindest nicht gleich ...

„Als der Zug auf der eleganten kleinen Station dieser Nebenstrecke anhielt, sah er sich ganz ungezwungen nach Gesichtern um, die das seine suchten. Eine junge Dame mit einem feinen Kind an der Hand näherte sich ihm, fragte ihn nach seinem Namen und stellte sich als die französische Gouvernante bei seinem Schwager vor. Sie habe den Auftrag, ihn abzuholen."

Auch der erste Eindruck vom Ort stimmt ihn freudig:

„Ein hübsches weißes Dorf, in dem die Häuser hohe zeltförmige Dächer und grüne Fensterläden hatten, lag in einem Talkessel zwischen niedrigen Alpen und an einem reizenden See."

Was ihn fast überwältigt, ist die Art des Empfanges, die die Schwiegermutter dem Ankömmling bereitet. Nicht einmal das religiöse Eiferertum, mit dem ihm Marie Uhl gegenübertritt, kann ihn, den erklärten Agnostiker, unbehaglich stimmen:

„Am Ende des Dorfes, am Ufer des Sees, lag die Villa. In der Lindenallee, die dorthin führte, kam ihm eine weißhaarige Frau ohne Kopfbedeckung entgegen, umarmte ihn und hieß ihn willkommen. Es war die Mutter seiner Frau. In diesem Augenblick fühlte er, welch wunderbare Übertragung von Gefühlen der einfache Akt der Hochzeit hervorbrachte. Sie war seine Mutter, und er war ihr Sohn!

,Ich habe dich schon lange gekannt, ehe du meine Tochter gesehen hast', sagte die Alte mit der bebenden Stimme eines religiösen Fanatikers. ,In deinen Schriften birgt sich viel Böses, aber deine Sittenlosigkeit ist kindlich, deine Meinungen über die Frau sind richtig, und deine Gottlosigkeit ist nicht dein Fehler, denn Er wollte deine Bekanntschaft nicht machen, aber du wirst bald sehen, daß Er kommt. Du hast dich mit einem Weltkind verheiratet, aber du wirst es nicht lange mit ihr aushalten, wenn du siehst, wie sie dich in die Banalitäten des Lebens hinabzieht.'"

Auf seine Frage, wo denn der Schwiegervater sei, erhält er zur Auskunft, dessen Eintreffen werde erst für den Abend des folgenden Tages erwartet. Marie Uhl geleitet den Gast in die Villa.

„Es war ein prächtiges steinernes Haus mit zwei Stockwerken und unendlich vielen Zimmern, die angefüllt waren mit antiken Möbeln, Fayencen und kostbaren Nippsachen. Und dieses Haus, das leicht zwei große Familien aufnehmen konnte, wurde vom Hausherrn nur sechs Wochen im ganzen Jahr, während der Ferien, bewohnt, sonst stand es leer."

Den ersten Tag in Mondsee verbringt Strindberg fast ausschließlich in Gesellschaft der Schwiegermutter. Sie weiß jedes Gespräch auf die letzten Dinge zu lenken, und sie tut es mit solcher Unbefangenheit, daß der Gast den Eindruck gewinnt, es seien nicht ihre Worte, sondern die der göttlichen Vorsehung, die durch sie spreche.

„Schließlich wurde es Abend, und er ging in sein Gastzimmer. Es hatte Fenster nach drei Seiten. Rollgardinen fehlten, und die anderen Gardinen konnte man nicht zuziehen. Er kam sich vor, als würde er überwacht oder befinde sich zur Beobachtung in Quarantäne."

Verstärkt setzt Strindbergs Verfolgungswahn am nächsten Morgen ein:

„Er erwachte mit dem bestimmten Gefühl, daß er sich in einer Schlangengrube befinde, in die der Satan ihn gelockt hatte. Es

„Ich gebe meiner Frau keine Befehle“: Frida Uhl

gab keine Möglichkeit, zu fliehen, und so blieb er und machte einen Spaziergang, um zu botanisieren und die Landschaft zu betrachten."

Beim Mittagessen ist es der „drohend leere Stuhl des Schwiegervaters", der ihn einschüchtert. „Um seine Nerven zu beruhigen", zieht er sich nach dem Mahl in sein Zimmer zurück. Als ihm wenig später die Ankunft des Hausherrn gemeldet wird, findet er sich angenehm enttäuscht: Statt des erwarteten grimmigen Greises steht ihm ein jovialer Mittsechziger gegenüber: „jugendlich gekleidet, mit lebhaften jungen Augen". Regierungsrat Friedrich Uhl entschuldigt sich für sein verspätetes Eintreffen: Er kommt von Ischl, wo er, dem Kreis der kaiserlichen Berater zugehörig, vor einer Stunde noch an Franz Josephs Tafel gesessen ist. Strindberg, dem mit Majestäten wenig zu imponieren ist, weiß es gleichwohl zu schätzen, daß ihm eine der Zigarren angeboten wird, die der Hausherr vom Kaiser geschenkt bekommen hat. Noch am selben Tag wird man per Du, und nach der Kaffeejause brechen Schwiegervater und Schwiegersohn zu gemeinsamem Angeln auf: In der Zeller Ache, die unweit der Villa Uhl in den Mondsee fließt, wimmelt es von Forellen. Der weißen Kaschmirhose, die Friedrich Uhl zum Fischen anlegt, sieht man – an den verblaßten Goldstreifen – noch die einstige Hofuniform an; Strindberg, des Angelns unkundig, darf Utensilien und Beute nach Hause tragen.

Wie schon zuvor von Fridas Mutter, vernimmt er nun auch aus dem Mund des Vaters kritische Worte über die Tochter:

„Du hast sie gewollt, also komm nicht zu mir, um dich zu beklagen. Wenn du sie nicht bändigen kannst, mußt du sie ertragen. Du hast bekommen, was du gewollt hast."

Und vor allem verlangt er von seinem Schwiegersohn, daß er endlich hart durchgreift und seine Frau, die noch immer in London sitzt und schmollt, ultimativ herzitiert. Ein reger Postverkehr kommt in Gang, und wie bei diesem seltsamen Paar nicht weiter verwunderlich, folgt der sehnsüchtigsten Zärtlichkeit die heftigste Anklage und umgekehrt:

„So sitze ich hier in Deinem Zimmer und schaue den Schafberg an, aber mein Schaf ist nicht da."

Solange es noch Hoffnung gibt, sie werde ihm nach Mondsee folgen, unternimmt Strindberg mehrere Anläufe, ihr ihre Bedenken auszureden:

„Du fürchtest Dich, weil Du hier Tochter bist und Angst hast, als Kind behandelt zu werden. Aber glaubst Du nicht, daß meine Anwesenheit und Deine neue Eigenschaft als junge Frau Deine Stellung ändern? Deine Mutter ist mit mir so lieb, und ich glaube, daß sie meinetwegen Dich nicht mehr als Fratz behandeln wird."
Vielleicht hilft es auch, daß er Frida nach London berichtet, wie er im Streit mit dem Schwiegervater ihre Partei ergreift?:
„Der Vater sagt: ,Befiehl Deiner Frau, herzukommen.' – Ich habe ihm geantwortet: ,Ich gebe meiner Frau keine Befehle.' – Darauf er: ,Dann befehle ich es ihr!'"
Auch an Komplimenten für ihre Arbeit läßt Strindberg es nicht fehlen:
„Der Vater sagte auch, daß Du Dir einen Namen in Wien erworben hast als Schriftstellerin, daß Deine Artikel sehr gut sind und daß Du schon persönlichen Stil besitzest." Er selber macht sich Vorwürfe, „daß ich Deine Karriere zu wenig ernst genommen, Dich unterdrückt habe. Jetzt bin ich mir bewußt, daß Du jemand bist und daß es unrecht von mir war, Dich zu necken."
Und was antwortet diese Frida? Nichts Gutes, wie man aus Strindbergs Reaktion auf einen Brief schließen muß, den sie an ihre Mutter schreibt und der nun auch ihn zu einer härteren Gangart veranlaßt.
„So etwas Infames schreibt nur eine boshafte Person. Du sendest mich nach Rügen, nach Mondsee, und dann sagst Du, daß ich Dich verlassen habe. Daß Du mich Deinen Eltern als Bettler überläßt, hat mir den Entschluß gegeben wie folgt: Wenn Du in acht Tagen nicht hier bist, gehe ich nach Berlin, um in der Humboldt-Akademie Vorlesungen zu halten und daselbst eine Stellung zu suchen. Kommst Du nicht in vierzehn Tagen dorthin, suche ich um Ehescheidung an."
Dann wieder tiefstes Selbstmitleid – bis hin zum theatralischen Spiel mit Selbstmordgedanken:
„Zu Ende – ist das möglich? Ich bedaure nur, daß ich mir nicht in Deinen Armen, das Haupt auf Deinem Busen, den Tod gegeben, unlängst in London. Der Gedanke war mir gekommen, aber die schmutzige Umgebung hielt mich ab. Hier träume ich von Tod mitten im Mondsee. Im Wasser, das ist so rein – oder auf dem Bett im Badehause – Du kennst es. Aber im letzten Augenblick steht Dein Bild vor mir, und die Hoffnung lächelt mir zu."
Den Grund für ihre Widerspenstigkeit glaubt er zu kennen:

„Du liebst mich, solange ich der Kleine, Unglückliche bin, und Du haßt und verabscheust mich, wenn Du den Herrn und Mann in mir witterst. Du hassest die Männer, und Du verachtest die Männer. Dein Fleisch begehrt den Mann, und Deine Seele stößt ihn zurück, Du Amazone!"

Mittlerweile spitzt sich auch die Situation im Hause Uhl zu: Vater Uhl, des hämischen Geflüsters im Dorf müde, dem jungen Ehemann sei seine Braut abhanden gekommen, verstrickt diesen in eine Grundsatzdebatte zum Thema Lebensunterhalt:

„,Hast du ein gesichertes Einkommen?' fragte er.

,Ein so ungesichertes, wie es ein Schriftsteller nur haben kann.'

,Gut, aber dann mußt du es machen wie andere und für die Zeitungen schreiben.'

,Keine Zeitung will meine Artikel drucken.'

,Dann schreib so, daß sie gedruckt werden.'

Der Alte hatte in seiner Jugend selbst Romane und Gedichte geschrieben, hatte es aber aufgegeben im Kampf um den Lebensunterhalt für seine Familie; er war also berechtigt, zu sagen: ,Tu, was ich tun mußte.'

Und da er sah, wie der Schwiegersohn schwieg und alles hinnahm, sagte ihm wohl sein böser Geist, daß ein Mann, der dies erduldete, dazu nur imstande war, weil er hoffte, einmal als Erbe in diesem Haus zu wohnen. Da sprach er von König Lear und dessen undankbaren Töchtern, die den Siebzigjährigen allein sitzen ließen und auf das Ende seines Lebens warteten, während sie ihm die Ehre raubten."

Strindberg ist außerstande, sich zu verteidigen, erwidert kein Wort. Mutter Uhl, die sich darüber klar wird, daß ihr Mann einen solchen Schwiegersohn nicht länger in seinem Haus duldet, kann diesem vorm Schlafengehen nur noch den Rat geben:

„Du mußt morgen in aller Frühe abreisen, er kann dich nicht mehr sehen."

„Allein in seinem Zimmer, empfand er eine gewisse Heiterkeit im Gemüt bei dem Gedanken, daß es morgen zu Ende sein würde mit diesem Elend, das zum Schlimmsten gehörte, was er je erlebt hatte.

Um an etwas anderes zu denken, nahm er eine Zeitung zur Hand. Es war die offizielle Hofzeitung des Schwiegervaters. Er überflog die erste Seite bis hinunter zum Feuilleton, wo ein

Literaturartikel seine Aufmerksamkeit anzog. Er las ihn in der Meinung, der Alte habe ihn geschrieben. Er bemerkte sofort eine große Belesenheit, selbstsichere Urteile und einen raffinierten Stil. Aber er staunte über die Feindseligkeit gegen alles Moderne, die skandinavische Literatur inbegriffen, während die deutsche Literatur (die es damals kaum gab) mit besonderem Nachdruck als tonangebend hervorgehoben wurde, als stünde sie an der Spitze in der zivilisierten Welt.

Als er zu Ende gelesen hatte, erblickte er die Signatur seiner Frau unter dem Artikel!

Tatsächlich hatte er ihr versprochen, nie ihre Artikel zu lesen, und dieses Versprechen hatte er gehalten, um in seiner Ehe von literarischen Diskussionen verschont zu bleiben. Nun aber zeigte sich, daß sie als Journalistin andere Ansichten vertrat, als sie im Gespräch vortrug. Das konnte wohl keinen anderen Grund haben als den: Sie mußte ,so schreiben, damit sie gedruckt wurde'.

Was für ein Doppelleben mußte diese Frau führen, die in Berlins radikalen Kreisen als Anarchistin auftrat und sich in der Wiener Hofzeitung wie eine alte Konservative gebärdete!"

Das also auch noch!

Am nächsten Morgen läßt er sich um sieben wecken, der Hausknecht soll ihn mit dem Gepäck zum Bahnhof begleiten. Da der Zug, wie man ihm gesagt hat, erst gegen acht abfährt, dreht er noch ein paar Runden im Garten hinterm Haus. Da dröhnt aus einem Fenster im ersten Stock die wütende Stimme des Schwiegervaters: „Bist du noch nicht abgereist?"

Kurzer Wortwechsel, dann ein schroffes „Los!". Strindberg sucht Hals über Kopf das Weite, läßt Überrock, Hut und Gepäck zurück. Nur den Wanderstock in der Rechten, legt er das kurze Wegstück zum Bahnhof zurück, liest den Fahrplan, fragt, ohne auf die Antwort zu achten, nach dem nächsten Zug, prüft den Stand der Sonne und lenkt seine Schritte kurzentschlossen zur nächsten Landstraße in nordwestlicher Richtung:

„Nun war er frei, er hatte die schlimmste Hölle hinter sich gelassen; die Sonne schien, das Land lag grün vor ihm, und er hatte die ganze Welt vor sich. Er schüttelte das Kinderkostüm ab, das er acht Tage lang getragen hatte, fühlte wieder, daß er ein Mann war, und marschierte. Sein Plan war, zu Fuß einen Bahnhof zu erreichen, den Zug nach Salzburg zu nehmen, von dort nach seinem Gepäck zu telegraphieren und nach Berlin zu reisen."

Im nächsten Dorf – man darf annehmen, es ist Thalgau – „zog er ein wie ein alter Schwede aus dem Dreißigjährigen Krieg. Er bestellte Wein und Tabak und wurde schließlich so lustig, daß er sich gern mit dem Wirt des Gasthauses unterhielt. Dann marschierte er weiter ...“

Der Zug bringt Strindberg nach Salzburg, dort steigt er nach München um, schließlich erreicht er Berlin. Trotz allem, was in den letzten Tagen vorgefallen ist, freut er sich auf das Wiedersehen mit seiner Frau. Doch die bleibt unauffindbar: Frida ist in der Gegenrichtung abgereist, ist auf dem Weg nach Mondsee ...

Um ihr das zu befürchtende Donnerwetter des ergrimmten Vaters zu ersparen, schickt er seiner Schwiegermutter ein Telegramm, teilt ihr Fridas Kommen mit und bittet um Schonung.

In der Villa Uhl ist inzwischen wegen seines abrupten Aufbruchs Panik ausgebrochen. Der Hausherr, sein schroffes Einschreiten bereuend, fürchtet, Strindberg könnte sich umgebracht haben, läßt Seeufer und Wald nach Spuren von ihm absuchen.

Erst als sein in Salzburg aufgegebener Brief eintrifft, tritt wieder Beruhigung ein:

„Liebe, gute Mutter – wie ein verlorener Sohn bin ich in Dein Haus gekommen, und als solcher bin ich weggelaufen, ohne Dank, ohne Abschied. Ich hatte nicht die Absicht, abzureisen, aber am Bahnhof wurde ich von dem Gedanken gepackt, daß ich fort müsse, hinaus in die Welt, irgendwohin. Ich war nicht bös, nur verzweifelt, zerrissen von den Erlebnissen der letzten Monate. Und nun bitte ich Dich, alles zu verzeihen, wenn das möglich ist, und dem Vater zu sagen, daß ich nicht im Zorn gegangen bin, dazu bin ich zu sehr schuldbeladen, daß ich nur Sorge und Unruhe mitgebracht. Leben Sie wohl, und möchte ich Ihnen bald gute Nachrichten geben können.“

Unterdessen nähert sich Frida, von Berlin kommend, dem Ort ihrer Kindheit:

„In Salzburg steige ich in die kleine Lokalbahn, die nach Bad Ischl fährt, wo der alte Kaiser Franz Joseph, die jungen Schauspielerinnen, die Wiener Künstler und Schriftsteller sommersüber die Kur gebrauchen und sich die Kur schneiden. Noch eine Biegung, und mein See ist vor mir. O du mein lieber, lieber See!“

Fridas Ankunft im Elternhaus wird für alle Beteiligten, wie nicht anders zu erwarten, zum Horrorspektakel:

„Vater steht vor dem Haus hinter seinen Rosen. Sein Pincenez hängt ganz tief auf seiner breiten Nase, beinahe über seinen Mund. Er blickt mich über den Brillenrand weg böse an. Keine Begrüßung, nur die Frage: ‚Wo ist dein Mann?‘ Kain kann nicht erschrockener gewesen sein, als die Stimme des Herrn nach seinem ermordeten Bruder frug. ‚Bei euch …‘, stammle ich verwirrt. ‚Wenn er bei uns wäre, würde ich nicht fragen.‘ Nein, August Strindberg ist schon seit gestern nicht mehr bei den Eltern. Er und Vater haben meine Telegramme mißverstanden und sind über deren Deutung in Streit geraten. Vater wurde heftig, beleidigend – und Strindberg war fort, ohne Abschied, ohne Hut, ohne Gepäck, ist wortlos auf und davon gegangen – ziellos landein. Fußgänger erzählten, sie hätten einen Fremden mit fliegendem Blondhaar die Felder durchqueren sehen, und andere erzählten, sie hätten denselben Menschen gesehen, wie er unterwegs einen Zug bestieg.

‚Sein Koffer steht oben!‘ bedeutet mir Vater nach einer Weile, als wir bereits wieder auf der Veranda sitzen und Mutter mir Tee einschenkt. ‚Resi soll ihn rasch herunterholen. Du kannst ihn gleich mitnehmen. Reise mit dem nächsten Zug ab, hier hast du keine Heimat mehr.‘

‚Hier also nicht, wo dann?‘ hätte ich bald hervorgestoßen. Aber ich nicke nur stumm, Vater hat recht. Ich gehöre nicht mehr hierher.“

Immerhin kommt es noch zu einer Aussprache zwischen Vater und Tochter, und auch wenn es keine Versöhnung gibt – zumindest in diesem einen sind sich die beiden einig: Strindberg ist ein Genie.

„Du verstehst wahrscheinlich gar nicht, was für ein Genie du geheiratet hast, du Idiotin!‘ besänftigt sich Vater nach einer Weile. ‚Ich habe schon viele Menschen gesehen, die Männer waren – von Hebbel bis zu Makart und Brahms … Aber einen Menschen wie August Strindberg habe ich noch nie gesehen. Ich wollte ihm klarmachen, daß meine Tochter als Dame in London allein nichts zu suchen habe. Doch er hörte gar nicht zu. Sein Blick folgte den Kringeln, die die Sonne auf die Fliesen der Veranda malte. Und als ich ausgeredet hatte, da hatte er ein neues physikalisches Gesetz entdeckt. So ein Mann gehört auf ein Piedestal. Den heiratet man nicht!‘“

„So ein Mann gehört auf ein Piedestal. Den heiratet man nicht":
August Strindberg

Am Abend fährt kein Zug mehr, Frida muß über Nacht in Mondsee bleiben, sie soll das Zimmer beziehen, in dem Strindberg geschlafen hat. „Da kannst du sehen, in welchen Zustand er mein Haus versetzt hat! Deinen alten geblümten rosa Spitzenunterrock, den er in einer Schublade entdeckte, hat er pietätvoll unter sein Kissen gelegt. Dafür riß er, ohne zu fragen, einfach die Vorhänge von den Fenstern. ‚Weil sie das Licht aussperren!‘ sagte er. Seit das Haus steht, haben sie keinem noch das Licht versperrt! Er aber nahm alle drei Paar höchstselbst von der Wand. Allerdings hat er sie säuberlich gefaltet – das muß man ihm lassen. Kein Stubenmädchen kommt daneben auf. Komischer Mensch!“

Anderntags, in aller Frühe, rüstet Frida zum Aufbruch: „Leise, um die Meinen nicht zu wecken, schleiche ich die Treppe hinab. Ich möchte das Zimmer, in dem ich aufgezogen worden bin, wiedersehen. Bis zu meinem vierten Jahr hat mich Mutter meiner treuen Pflegerin Resi hier ganz allein überlassen. Ich gab der Resi viel zu schaffen, denn ich war christlich-kommunistisch veranlagt von Geburt und schenkte jedem, der kam, was er wollte, aus dem Museum meines Vaters und aus Resis Küche.

Da steht vor dem Ostfenster noch der Apfelbaum, der damals schon im Mai voller Blüten hereinnickte und später so saftige Frucht trug. Als ich klein war, glaubte ich fest, mein Schutzengel wohne darin. Als ich älter wurde, saß ich mit Schwester in den Zweigen, und wir lasen und naschten eifrig und freuten uns unbändig, wenn wir Besuchern einen harten Apfel auf den Kopf werfen konnten, ohne daß sie ahnten, daß es nicht Gott war, der sie gezüchtigt hatte.

Aus dem Kinderzimmer ist jetzt das Speisezimmer geworden, das man benutzt, wenn nur die Familie im engsten Kreis beisammen ist. Sind Gäste da, so bewirtet man sie im großen Renaissancesaal. Das alles ist jetzt für mich vorbei.

Nur eine von Vaters Rosen nehme ich mit. Vater würde mich köpfen, wenn er sähe, daß ich sie abbreche. Oder? Sieht er mich vielleicht vom Fenster aus? Steht er hinter den Gardinen? Verzeiht, versteht er?“

Dann läuft sie noch einmal ins Haus zurück, schleicht sich ins sogenannte Fischzimmer, wo Vater sein Angelzeug aufbewahrt, und legt ihm als Abschiedsgeschenk eine Packung Forellenfliegen auf den Tisch.

Nach all den Schrecknissen der letzten Wochen, da August und Frida Strindberg voneinander getrennt waren, genießen sie nun, im neuen Berliner Quartier mit Blick auf Schiffbauerdamm und Spree, das Glück der Wiedervereinigung: Es werden die harmonischsten Monate ihrer Ehe, am 26. Mai des folgenden Jahres bringt Frida eine Tochter zur Welt. Kerstin. Doch das Idyll ist nicht von Dauer, noch im selben Jahr 1894 trennen sich die Wege von August und Frida Strindberg – diesmal endgültig. Als er 1898 den Roman dieser Ehe schreibt, versucht er natürlich auch deren Scheitern zu ergründen. Doch er weiß, es gibt keine Antwort:

„Wie Uneinigkeit zwischen Ehegatten entstehen kann, ist noch nie erklärt worden. Sie lieben sich, fühlen sich nur wohl in Gesellschaft miteinander, haben keine verschiedenen Meinungen, leiden, wenn sie getrennt sind, und ihr ganzer vereinter Egoismus gebietet ihnen, Frieden zu halten, weil sie selbst unter dem Unfrieden zwischen sich am meisten leiden. Und dennoch: Ein Wolkenfetzen taucht auf, man weiß nicht woher, alle Vorzüge verwandeln sich in Fehler, Schönheit wird häßlich, und sie stehen sich wie zischende Schlangen gegenüber, sie wünschen einander weit, weit weg, obgleich sie wissen, daß, wenn sie sich nur einen Augenblick voneinander entfernen, das Leiden der Sehnsucht beginnt, das größer ist als jeder andere Schmerz.

Hier scheitern Physiologie und Psychologie. Swedenborg ist wohl der einzige, der in seiner Schrift ‚De amore conjugali‘ der Lösung der Frage näherkommt, aber er hat auch von vornherein eingesehen, daß dazu Gleichungen höheren Grades erforderlich sind, die der Durchschnittsmensch nicht kennt."

Nach Aufenthalten in Brünn und am Wohnsitz von Fridas Großeltern, Schloß Dornach bei Grein, verläßt Strindberg am 27. November 1896 endgültig Österreich, mit dem ihn in Hinkunft nur noch ein reger Briefwechsel mit Tochter Kerstin und Schwiegermutter Marie Uhl verbinden wird.

Strindberg, von den Ernüchterungen in der Villa Uhl, „wo sich alles um materielle Dinge drehte und wo man ohne Scham alles Animalische zeigte", in „eine Art religiöse Krise" gestürzt, sehnt sich „nach Licht und nach Reinheit, nach Frieden, Liebe und Versöhnung" und träumt „seinen alten Traum von einem Kloster, dessen Mauern ihn schützten gegen die Versuchungen und den Schmutz der Welt". Doch sowohl dem Wunsch, in das

Benediktinerstift Maredsous in Belgien einzutreten, wie der Idee, ein eigenes konfessionsloses Kloster zu gründen, für das er sogar schon die Baupläne und Ordensregeln parat hätte, bleibt die Erfüllung versagt.

Und Exgattin Frida? Ruhelos zieht sie von einer Stadt zur andern, aus der ersehnten Schriftstellerkarriere wird nichts. Einer kurzen Liaison mit Frank Wedekind entsprießt ein zweites Kind – es ist ein Sohn.

Am 14. Mai 1912 stirbt August Strindberg, Frida überlebt ihn um dreißig Jahre. Ihr letztes Dezennium verbringt sie dort, wo sie ihr erstes verbracht hat: vertauscht den Trubel des vormals so sehr goutierten Gesellschaftslebens mit der Stille der Mondseelandschaft, zieht sich in die Villa Uhl zurück, umgeben nur von ihren Hunden. Ein Nachsommer der Verwilderung: Das Haus läßt sie ebenso verkommen wie sich selbst, in den Augen der Einheimischen eine von Geiz und Mißtrauen bewußtseinsgestörte Eigenbrötlerin. „Lieb, Leid und Zeit" nennt sie die Geschichte ihrer „unvergeßlichen Ehe"; die bis dahin unveröffentlichten Briefe ihres Mannes sind das Herzstück des 1936 erscheinenden Buches.

Selbst mit ihrem Tod (im Vorfrühling des Kriegsjahres 1942) reißt das Fatal-Chaotische, das Frida Strindbergs gesamtes Leben geprägt hat, nicht ab: Über den unschönen Streitereien, wer von den Hinterbliebenen für die Bestattungskosten aufzukommen habe, bleibt ihr Grab auf dem Friedhof von Mondsee ohne Stein. Erst die nächste Generation bringt Ordnung in den Wirrwarr: An dem nunmehr in der Obhut der Gemeinde stehenden Ehrenmal blühen Vergißmeinnicht, Stiefmütterchen und Gänseblümchen; an der mustergültig wiederhergestellten (und heute als Therapiestation genützten) Uhl-Villa gibt eine Gedenktafel Auskunft über die Ereignisse des Sommers 1893; und jene schwedischen Touristen, die nach Spuren ihres berühmten Landsmannes Ausschau halten, können sich an einem Straßenschild orientieren, das dessen Namen trägt. Sogar der Parkplatz am Seeufer, auf dem sie ihren Wagen abstellen, wartet mit Strindberg-Bezügen auf: Hier stand, bis vor einigen Jahren der Verkehr eingestellt wurde, die „kleine, elegante Station dieser Nebenstrecke", an der August Strindberg am 31. Juli 1893 aus dem Zug gestiegen ist, um in der Lindenallee von seiner Schwiegermutter in die Arme geschlossen zu werden.

I<small>CH</small> <small>IST EIN</small> A<small>NDERER</small>

Rudolf Forster in Bad Aussee

Herbert Zand und Rudolf Forster sind Landsleute: Der Dichter stammt aus Knoppen, der Schauspieler lebt im wenige Kilometer entfernten Bad Aussee. Man ist miteinander befreundet, steht in regem Briefwechsel. 1953 faßt der dreißigjährige Zand den Entschluß, über den fast vierzig Jahre Älteren einen Roman zu schreiben. „Der eiserne Ofen" soll er heißen – es ist eine Anspielung auf Forsters entbehrungsreiche Jugend.

Die Mutter, zwei Jahre nach der Geburt ihres einzigen Kindes zur Witwe geworden, bringt sich und ihren Sohn als Dienstbotin durch: Prag, Chrudim, Olmütz. In Wien hat es wenigstens mit dem ewigen Herumziehen ein Ende: Josephine Forster kann eine Stelle im Münzamt antreten; jeden Morgen kurz vor sieben passiert sie den Seiteneingang des großen Gebäudes mit den vergitterten Fenstern: „Nicht-Beschäftigten ist der Eintritt verboten".

Die Wohnung von Mutter und Sohn könnte ärmlicher nicht sein: Das Kabinett in dem düsteren Pawlatschenhof der Frau Hopizanka ist nicht viel mehr als eine Besenkammer. Kein Fenster, nur ein Luftloch. Bett und Tisch und Schrank – für einen Sessel ist kein Platz, zum Sitzen bleibt bloß der Bettrand. In der Mitte des Raumes steht ein eisernes Öfchen, das im Winter die ärgste Kälte bannt. Hier bereitet Frau Forster auch die bescheidenen Mahlzeiten zu. Als Beleuchtung dient eine Petroleumlampe, manchmal gar nur eine Kerze.

Als Herbert Zand nach der Heimkehr vom Rußlandfeldzug Rudolf Forster kennenlernt, liegt dieses Elendsdrama viele Jahrzehnte zurück; Forster ist längst wieder, was er schon in der Zwischenkriegszeit gewesen ist: einer der gefragtesten Schauspieler Österreichs und Deutschlands. Und sein Fach steht in krassem Gegensatz zur schäbigen Kargheit seiner frühen Jahre:

Auf der Bühne wie im Film spielt er die „feinen Pinkel"; Zylinder, Frackmantel und Seidenschal sind ihm fast zur Uniform geworden; für das besondere Flair, mit dem er seine Grandseigneur-Figuren ausstattet, prägt einer der Kritiker den Begriff „Bügelfaltendämonie". Die heute Jungen kennen kaum noch den Typ, geschweige denn ihn selbst.

Dieses Schillernde ist es wohl, was den Schriftsteller Herbert Zand am Psychogramm Rudolf Forsters reizt: Es soll ein Roman über Identitätsprobleme werden, über die Frage nach Schein und Sein. Je tiefer er in das Material eindringt, desto mehr Brüche werden sichtbar: „Ich ist ein anderer" scheint Zand der noch treffendere Titel – es ist ein Baudelaire-Zitat, das ihm von seiner Übersetzertätigkeit her geläufig ist.

Doch Zand kommt mit dem Stoff nicht zu Rande; obwohl mit dem Manuskript so gut wie fertig, bricht er die Arbeit ab, verwirft das Projekt und übergibt das Geschriebene in einem Anfall von Depression den Flammen. Nur zwei Mappen mit Skizzen und ausgeschiedenen Manuskriptteilen bleiben erhalten.

Es wundert mich nicht, daß Herbert Zand am Thema Forster scheitert: Ist diesem Charakter überhaupt beizukommen? Was im Ausseerland, der eigentlichen Heimat des in Gröbming Geborenen, an Erinnerung an Rudolf Forster kursiert, ist bis heute ein unentwirrbarer Wust von Legenden, und eine widerspricht der andern.

Vier Adressen sind es, die sich in Aussee mit dem Namen Rudolf Forster verbinden: Da ist das Häuschen in der Kramergasse, wo Mutter und Sohn ersten, noch recht beengten Unterschlupf finden; da ist das stattliche Landhaus an der Marktleite mit dem 4000-Quadratmeter-Grund, das er, nun schon einer der Großverdiener der Branche, erwirbt, damit sich die fast blinde Mutter nicht an allen Ecken und Kanten anstößt; da ist die Villa auf dem Wasnerin-Plateau in Lerchenreith, die er, lange nach dem Unfalltod der Mutter, für seine Gattin Carola baut; und da ist schließlich das Grab auf dem Ausseer Friedhof, wo alle drei beieinanderliegen – unterm schmiedeeisernen Kruzifix, unter den Buchsbaumzwillingen, unterm Laternenschrein. 1939 stirbt Josephine Forster, 1968 Rudolf, 1986 Carola.

Mit letzterer endet es, wie es mit ihm begonnen hat: in Elend und Not. Das einfache Holzkreuz, noch immer nur mit einem

Provisorium aus dem Blechschildautomaten gekennzeichnet, deutet die Misere an: Der Witwe des Künstlers, schon in erster und in zweiter Ehe reich verheiratet, zerrinnt auch der Reichtum der dritten.

Kennengelernt hat Forster sie während des Zweiten Weltkriegs, als sie in dem berühmten Hotel Wasnerin oberhalb von Aussee auf Sommerfrische weilt. Sie hört die Radionachrichten, das Oberkommando der Wehrmacht meldet die Versenkung eines deutschen U-Boots. Carola kennt die Nummer: Sofort weiß sie, ihr Bruder ist unter den Toten. Schluchzend bricht sie zusammen, der gerade anwesende Rudolf Forster nimmt sich ihrer tröstend an. 1943 wird geheiratet.

Als fünfundzwanzig Jahre später Forster selber stirbt, verkauft sie den ererbten Besitz, übersiedelt nach Salzburg, vereinsamt, erkrankt, sucht Trost im Alkohol. In einem Pflegeheim wird sie zum Sozialfall, mit fünf andern teilt sie das Sterbezimmer. Nur der eiserne Ofen von einst – der ist mittlerweile ein Zentralheizungskörper.

Die Straße, an der Rudolf Forsters letzter Wohnsitz steht, die prachtvolle Villa mit dem überlangen Balkon, auf dem er seine Bühnenauftritte so vorzüglich üben konnte (sie befindet sich heute im Besitz des in Hongkong wirkenden Großreeders Dr. Helmut Sohmen und wird nur wenige Wochen im Jahr benützt), wurde noch zu seinen Lebzeiten nach ihm benannt: ein Privileg, das nur Auserwählten zuteil wird. Auch das ist inzwischen Vergangenheit: Der Rudolf-Forster-Weg mit dem überwältigend schönen Blick auf den Dachsteingletscher heißt nun schon seit einigen Jahren Sommersbergerseestraße, die Tafeln sind ausgetauscht.

Nur dem leutseligen Mimen flicht die Nachwelt Kränze, und leutselig ist Rudolf Forster nicht. Schon als er noch auf der Marktleite wohnt, dem Ausseer Ortszentrum um etliches näher, legt er sich – es ist das Kriegsjahr 1941 – mit Bürgermeister und Landrat an, weil ihm die Tannen vorm Haus die Aussicht auf den Loser verstellen. Als „einer der ersten deutschen Kulturschaffenden" – alles, was Rang und Namen hat, hat er gespielt: Schiller, Goethe, Shakespeare, Strindberg, Nestroy, Wildgans, Barlach, Feuchtwanger, Sternheim, Sudermann – verlangt er kategorisch, daß die störenden Bäume beseitigt werden. Sonst müßte er sich „zur Wiedergewinnung neuer Schaffenskraft in würdiger Form" nach einem anderen Domizil umsehen.

Wenn er, von einer seiner Film- oder Theaterarbeiten nach Aussee zurückkehrend, sich im Ort blicken läßt, legt er, der nur feinstes Gewand vom Wiener Nobelschneider Kniže im Schrank hängen hat, Tarnkleidung an: Unrasiert, den ausgebeulten alten Hut tief ins Gesicht gezogen, Gummistiefel, speckiger Trenchcoat – so schleicht er sich, um unerkannt zu bleiben, zum Zeitungholen in die Trafik. Autogrammsammler, die ihn auf einem der einsamen Wiesenpfade, Rollen memorierend, erkennen, weist er brüsk ab: „Ich bin keine öffentliche Bedürfnisanstalt!" Und als ihm das gleiche in einem Gasthaus widerfährt, storniert er seine Bestellung, steht auf und geht. Am liebsten würde er Brennesseln ums Haus pflanzen, damit er von lästigen Besuchern verschont bleibt. Nach anstrengender Filmarbeit schließt er sich in sein Haus ein, schläft zwei Tage durch und lebt von Haferbrei. *Splendid isolation* – und nicht unbedingt immer *splendid.*

Als ihn 1940 Heinz Hilpert für „Richard II." ans Deutsche Theater nach Berlin holt, ist die junge Wienerin Pauline W. als Mädchen für alles in seinem Gefolge. Sie packt ihm die Koffer, sie hört ihn beim Rollenstudium ab, sie „organisiert" ihm die Zigaretten, die er für sein Wohlbefinden braucht, sie weckt ihn – wegen der ständigen Bombardements der Reichshauptstadt findet Forster nur noch mit Hilfe von Oropax Schlaf –, wenn es ernst wird und auch er den Luftschutzkeller aufsuchen muß. Auf dem Klodeckel seines Appartements – man logiert im vornehmen Hotel Bristol Unter den Linden – bereitet sie den Spezialkaffee für ihn zu: Dort befindet sich die einzige Steckdose, an die sich der österreichische 220-Volt-Kocher anschließen läßt. Das „Material" kommt in regelmäßigen Abständen aus Aussee, in Berlin gibt's nur noch „Muckefuck", die Zimmermädchen sind froh, wenn sie den Sud haben dürfen.

Wer Rudolf Forster nach seinen berühmten Kinorollen taxiert – dem älteren Publikum ist er vor allem als Partner von Elisabeth Bergner in „Ariane" und „Der träumende Mund", als Mackie Messer in der „Dreigroschenoper" sowie aus Filmen wie „Hohe Schule", „Morgenrot" und „Nur ein Komödiant" unvergessen –, muß umlernen: Der Gesellschaftsmensch mit der herrisch-ritterlichen Attitüde und dem leichten Nasalton in der Stimme ist in

Wenig umgänglicher Naturbursche: Rudolf Forster

Wahrheit ein wenig umgänglicher Naturbursche, der am liebsten mit Stutzen, Goiserern und Wetterfleck durchs Tote Gebirge wandert oder auf die Sölk steigt, und wenn der Bauer, auf dessen Grund er sich sein Haus errichtet hat, die Felder düngt, eilt Forster zu Liegestütz- und Atemübungen auf die Wiese hinaus: „Ammoniak ist so gesund." Ärztlichen Beistand sucht er nur, wenn seine Bühnenausstrahlung in Gefahr ist, seine Wirkung vor der Kamera. Daß die Tränensackoperation seiner späten Jahre mißlingt und ihm die Augen verdirbt, wird er nie verwinden.

Auch was über Rudolf Forster in den Lexika steht, ist mit Vorsicht zu genießen: Seine Amerika-Jahre von 1937 bis 1940 haben mit Emigration nicht das mindeste zu tun – er ist und bleibt ein UFA-Star. Als ihn einer seiner intimsten Bergkameraden in politisch gefährlicher Situation um Intervention bittet, tut er nichts dergleichen, sondern leugnet glattweg die Bekanntschaft. Auch Zweifel an seinem offiziellen Geburtsdatum sind angebracht: Kühn schwankt es zwischen 1884 und 1889. Und vollends myste-

165

riös wird's, wenn man sich auf Nachforschungen nach seiner Abstammung einläßt: Die abenteuerliche Geschichte vom Vater, der, Sohn einer ledigen Wäscherin aus Bruck an der Mur, an einem eisigen Wintertag, einer Wette oder auch nur einer Laune folgend, die Enns durchschwimmt und drei Tage darauf, achtundvierzigjährig, stirbt, nennt er selber „eine Sage"; um seinen Geburtsort Gröbming, so berichtet sein Chauffeur, der ihn – stets das jeweilige Textbuch im Handschuhfach – mit dem Mercedes in Wien, Berlin und Hamburg von Termin zu Termin fährt, macht er sein Leben lang ohne nähere Begründung einen weiten Bogen; als ihn Freund Hans Vlasics, Lehrer und Poet in Aussee, 1941 um Auskünfte fürs „Heimatbuch" ersucht, gibt er sich in puncto Herkunft auffallend wortkarg; und das immer wieder hinter vorgehaltener Hand kolportierte Gerücht, Forster sei in Wirklichkeit Sproß einer ominösen Liaison seiner Mutter mit einem Mann von höchstem adeligem Stand, nährt er – absichtlich oder unabsichtlich – selber, indem er in seinen ein Jahr vor seinem Tod veröffentlichten Memoiren keine Gelegenheit ausläßt, auf jenes aristokratische Element anzuspielen, das nicht nur Teil seines eigenen Wesens, sondern vor allem die vorherrschende Note so vieler seiner Film- und Bühnenrollen ist.

Da ist von dem Spitznamen „Prinz" die Rede, den man ihm in jenen Jugendjahren, da er seine „Theaterlaufbahn" als Claqueur an der „Josefstadt" beginnt, verliehen hat, ohne daß er dafür einen Grund wüßte: „Nur weil ich hellblond und kerzengerade gewachsen war?" Da läßt er, als er noch mit dem Schriftstellerberuf liebäugelt, ein seltsam leidenschaftliches Interesse für die Gestalt des Erzherzogs Johann erkennen, sammelt alles erreichbare Quellenmaterial, sperrt sich in seiner Mansarde in der Kramergasse ein und schreibt bei Petroleumlicht die ersten Sätze eines Romans „Johann von Österreich" nieder, von dem er später, auf Heimaturlaub während des Ersten Weltkriegs, nur noch Papierschnitzel vorfindet: Die Mäuse haben den Inhalt des „großen schwarzen Holzkoffers" vertilgt. Und da kommt er vor allem – nicht ohne Genugtuung – auf jenen geheimnisvollen aristokratischen Grabnachbarn zu sprechen, der die „große Mädchenliebe" seiner Mutter gewesen sei. Als sie 1939 – Rudolf Forster steht zu dieser Zeit gerade in Amerika auf der Bühne – beim Verlassen des Ausseer Hauses, altersschwach und blind, wie sie ist, von einem Auto erfaßt und niedergerissen wird und an den Folgen dieses Unfalls stirbt, ereignet sich Makabres: Der abgetrennte Arm wird erst zwei Tage nach erfolgtem Begräbnis vom Spital „nachgeliefert" und aus unerfindlichen Gründen im Nebengrab beigesetzt: „Ein Arm von ihr ruht bei ihm, den sie so sehr geliebt hatte."

„Das Spiel mein Leben" nennt Forster seine Autobiographie, „Ich ist ein anderer" nennt Herbert Zand seinen unvollendet gebliebenen Roman – ist das des Rätsels Lösung?

Schauspieler neigen zum Besitz von Talismanen: Glücksbringern, die ihnen die Auftritte erleichtern, den Erfolg sichern sollen. Die alte grüne Wollhaube, die Rudolf Forster auf allen seinen Wegen begleitet, könnte man für solch einen Fetisch halten. Doch sie ist es nicht. Und schon gar nicht ist sie ein Gebrauchsgegenstand: Es ist eindeutig ein Stück Damengarderobe. Warum also schleppt er sie überall mit herum? Ist er daheim in Aussee, liegt sie auf seinem Nachtkastl; geht er auf Reisen und packt den Koffer, liegt sie in diesem obenauf.

Die alte grüne Wollhaube ist ein Kultobjekt. Und gilt dem Kult seiner Mutter. Zumindest in diesem einen Punkt ist auf Rudolf Forster, den sonst so Undurchsichtigen, hundertprozentig Verlaß. An nichts und niemandem hängt er so sehr wie an dieser Frau – wie ein Sanktuarium bleibt nach ihrem Tod ihr Zimmer versperrt, niemand außer ihm darf es betreten. Wenn er Anrufungen wie „Einzigstes! Liebstes, das ich je besessen! Dein Herz und Deine Liebe!" in seine Autobiographie einfügt, gelten sie niemand anderem als ihr. Keiner Geliebten, keiner Gemahlin, sondern der Frau, die ihn zur Welt gebracht, ihn in schwerer Zeit aufgezogen und ihm unter unsäglichen Opfern die Ausbildung zum Schauspieler ermöglicht hat. Es ist nicht das einzige Beispiel extremer Mutter-Sohn-Bindung bis ins hohe Mannesalter – mit Erich Kästner und seinem „Muttchen" verhält sich's ähnlich.

Wir können es also leicht erraten: Es ist Mutters Wollhaube. Und unter allen bekannten Symbolen von Selbstlosigkeit und Aufopferung gewiß eines der berührendsten. Die Geschichte der Mütze geht auf die Zeit zurück, da Josephine und Rudolf Forster in Troppau leben – es ist eine der ersten Stationen im bedrückend armseligen Wanderdasein des angehenden Provinzmimen. Man wohnt bei einem Tischler im Hinterhof, ein Zimmer für beide, es sieht wie eine aufgelassene Werkstatt aus. In einer der Mauerecken des Hofs hat Mutter Forster eine Mastkiste installiert.

„Liebstes, das ich je besessen": Rudolf Forsters Mutter

Selber ein Kind der böhmischen Tiefebene, geht sie, um sich und ihren Sohn durchzubringen, einem Gewerbe nach, das sie in jüngeren Jahren in ihrer Heimat erlernt hat: Sie mästet Gänse – nach altüberliefertem Rezept. In späteren Jahren wird sie in Heimarbeit für eine Stickereimanufaktur jene „Haussegen" genannten Wandtücher anfertigen, die, mit Bibelsprüchen in neun Sprachen versehen, bis in die entlegensten Ortschaften der Monarchie geliefert werden.

Forsters Antrittsrolle in Troppau war der Leander in Grillparzers „Des Meeres und der Liebe Wellen", jetzt wird der „Ideale Gatte" geprobt – mit ihm in der Prachtrolle des Lord Goring. Vor der Premiere erkrankt er an eitriger Angina – der Arzt konstatiert Lebensgefahr. Doch er bringt seinen Patienten durch. Zum Dank trennt sich Josephine Forster von ihrem einzigen Schmuck, schenkt dem Retter ihren Granatring aus Kindertagen.

Kurz darauf findet ein Ball statt, zu dem auch der junge Forster eingeladen ist. Die Darstellerin der Salondame Lady Cheveley aus dem „Idealen Gatten", die ein Auge auf ihn geworfen hat, wünscht seine Teilnahme – sie stammt aus bester Wiener Familie, der Vater ist Großhändler in Übersee-Rohrzucker.

Mutter Forster sorgt eigenhändig dafür, daß ihr Sohn der Einladung folgen kann: Es ist sein erster Ball! Sie putzt ihn nach allen Regeln der Kunst heraus, bügelt den aus dem Theaterfundus entliehenen Frack. Was gäbe sie darum, mit dabeizusein, Zeugin zu werden seines ersten gesellschaftlichen Auftritts! Doch daran ist nicht zu denken. Josephine Forster besitzt nur, was sie am Leibe trägt, läuft in geschenkten Sachen herum, hat kein einziges anständiges Kleid.

Nach der Veranstaltung erfährt der Sohn, daß sie – auf ihre Weise – doch dabeigewesen ist. Für die Gäste unsichtbar, hat sie vor einem der Fenster des Ballsaals Stellung bezogen und von einem mitgeschleppten Schemel aus das Ereignis beobachtet: Zaungast in kalter Winternacht. Die grüne Wollhaube auf dem Kopf.

Der dankbar gerührte Sohn wird das armselige Stück sein Lebtag lang nicht mehr aus dem Auge lassen. Und vor allem den Schwur einlösen, den er bereits als Halbwüchsiger geleistet hat: seiner Mutter alles, was sie für ihn getan hat, so gut er kann, zurückzuzahlen, für sie zu sorgen, für sie dazusein. Da ist so vieles, was er nicht vergessen kann. Ein Beispiel nur: Es ist in den Wiener Jahren, Josephine Forster arbeitet noch immer als Bedienerin im Münzamt im 3. Bezirk, wohnt aber inzwischen mit dem Sohn in Hernals. Weil das Geld für Straßenbahnfahrscheine nicht ausreicht, legt sie den täglichen Weg vom Eislaufplatz Engelmann zum Heumarkt zu Fuß zurück – gut eine Stunde.

Jeder Aufbruch in ein neues Engagement ist für ihn mit Gewissensqualen verbunden: Er muß sie daheim zurücklassen. Das dauernde Abschiednehmen drückt ihm das Herz ab. Noch schlimmer wird es, als die Misere mit dem Augenleiden ausbricht. Forster, auf dem Sprung nach Berlin, schließt seine Mutter auf dem Ischler Bahnhof in die Arme. Diesmal tut ihm der Anblick der hilflosen Frau in der steirischen Lodenjacke besonders weh: Vor zwei Stunden hat er aus dem Mund des Arztes erfahren, daß das eine Auge verloren ist und das andere trotz Operation so gut wie ohne Sehkraft bleiben wird. Nie wieder wird sie ein Buch lesen können.

Zumindest für ein paar Monate – Rudolf Forster probt gerade mit Elisabeth Bergner und Paul Hartmann unter der Regie Max Reinhardts am Deutschen Theater Shaws „Heilige Johanna" – holt er sie nun aus Aussee nach Berlin, am Kronprinzen-Ufer bezieht man gemeinsam Logis. Da sie die Vorgänge auf der Bühne kaum noch verfolgen kann, geht er mit ihr in die Oper: Soll sie wenigstens die Musik hören. Ihr Lieblingsstück steht auf dem Programm: „Die verkaufte Braut". Smetana – Klänge aus ihrer böhmischen Heimat.

Wieder etliche Jahre später, Josephine Forster wird im Ausseer Haus an der Marktleite von einer Cousine liebevoll umsorgt. Brieflich hat er es ihr schon angedeutet, jetzt wird es bitterer Ernst: Rudolf Forster muß unter dem Druck der Termine per Telefon von seiner Mutter Abschied nehmen: In Amerika warten verlockende neue Aufgaben auf ihn. Und das bedeutet Trennung für länger. Kann er das der gebrechlichen alten Frau antun? Die Stimme versagt ihm am Telefon. „Letzte Verlassenheit, tiefste Wehmut kam über mich", wird er zwei Jahrzehnte später in seiner Autobiographie jenen Augenblick schildern. „Das einzige, was ich hatte auf der Welt. Schönste und Liebste!"

Kurz vor ihrem achtzigsten Geburtstag – aus den geplanten sechs Monaten Amerika-Aufenthalt Rudolf Forsters sind drei Jahre geworden, momentan hält er sich in Hollywood auf – tritt die Katastrophe ein: Seine Mutter, seit Jahren bei jedem ihrer

Schritte auf Begleitung angewiesen, wird vor dem Haus, in dem der Sohn sie in Sicherheit glaubt, von einem vorbeifahrenden Auto erfaßt.

Der Todesnachricht sind die Briefe beigefügt, die sie nicht mehr erreicht haben, und den Briefen ein kleines Päckchen mit dem Glasauge, das sie bei einem Spezialisten in Auftrag gegeben hat. Zu spät.

Rudolf Forster verfällt in tiefe Depression.

Erst als er sich einigermaßen von dem Schock erholt hat, ist er imstande, den Begleitbrief zu lesen – er trägt die Handschrift der Cousine, die seine Mutter die letzten Jahre in Bad Aussee gepflegt hat. Es sind Verse, zum Muttertag aus einem Rosegger-Band für sie abgeschrieben:

Ein Freund fuhr nach Amerika
Und schrieb mir vor einigen Lenzen:
Schicke mir Rosen aus Steiermark.
Ich hab' eine Braut zu bekränzen.

Und als ein Jahr vergangen,
Da kam ein Brieflein gelaufen:
Schicke mir Wasser aus Steiermark.
Ich habe ein Kindlein zu taufen.

Und wieder ein Jahr, da wollte der Freund,
Ach, etwas anderes haben.
Schicke mir Erde aus Steiermark.
Muß Weib und Kind begraben.

So ersehnte der arme Mann
Auf allen seinen Wegen
Für höchste Freud', für tiefstes Leid,
Des Heimatlandes Segen.

DER FIDELE ROIDER-BAUER

Leo Fall in Oberwang

Sommer 1906. Den Hauskomponisten des Berliner Kabaretts „Die bösen Buben", Leo Fall, zieht's nach Wien. Seit der triumphalen Uraufführung von Lehárs „Lustiger Witwe" im vergangenen Dezember bahnt sich in der Reichshaupt- und Residenzstadt eine Renaissance der schon totgesagten Theatergattung Operette an.

Der dreiunddreißigjährige Sohn des Olmützer Militärkapellmeisters Moritz Fall hat mit seinem Erstlingswerk „Der Rebell" zwar keinen auch nur annähernd vergleichbaren Erfolg – im Gegenteil: Die mit Publikumslieblingen wie Mizzi Günther und Louis Treumann glänzend besetzte Aufführung im Theater an der Wien muß nach fünf erbarmungslos ausgepfiffenen Vorstellungen abgesetzt werden. Aber vielleicht ist ihm mit dem neuen Stück, das er nun seit einigen Monaten in Arbeit hat, mehr Glück beschieden? Schließlich stammt das Libretto von keinem Geringeren als Victor Léon, der auch das Textbuch für „Die lustige Witwe" geschrieben hat. Und da man am Theater im allgemeinen und Leo Fall im besonderen zu Aberglauben neigt, einigt man sich für das Opus Nr. 2 auf einen Titel, der nicht nur ähnlich klingt, sondern sogar die gleiche Silbenzahl hat: „Der fidele Bauer":

In Wien, wo er letzte Hand an die Partitur legen will, hat Leo Fall, der mit Gattin Berta angereist ist, zunächst nichts als Schwierigkeiten: Die Speditionsfirma verweigert die Ausfolgung der Möbel, solange er außerstande ist, die Rechnung über die Transportkosten zu begleichen; das Übersiedlungsgut wandert ins Depot. Also entschließt sich das junge Paar, das seit zwei Jahren miteinander verheiratet ist, den Sommer im Salzkammergut zu verbringen. Das ist nicht nur billiger und angenehmer, sondern vor allem auch standesgemäß: Wer auf sich hält, übersiedelt während der warmen Jahreszeit mit Sack und Pack in eine Sommerwohnung in Goisern oder Aussee. Die Arrivierten wählen Bad Ischl.

Leo und Berta Fall finden in Mondsee einen günstigen Unterschlupf. Die Sommerwohnung, die der Kupferschmied Riedler im Obergeschoß seines Hauses vermietet, können sie sich gerade noch leisten: In der Herzog-Odilo-Straße, durch die in früheren Jahren, offen jede Art von Abwässern transportierend, das sogenannte Kotbachl floß, sind die billigsten Quartiere. In der Veranda richtet sich Leo Fall sein Komponierstüberl ein, in der Küche nebenan werkt Frau Berta. Man kommt ohne fremde Hilfe aus, scheuert selber den Fußboden. Für fünf Kreuzer „Brockgebühr" darf man im Klostergarten der Schulschwestern Spinat pflücken, in der Selcherei am Marktplatz holt man sich für die Sonntagssuppe „Knochen für den Hund", den es gar nicht gibt. An das süffisante Grinsen des Fleischhauers, der seine ärmliche neue Stammkundschaft längst durchschaut hat, wird man sich gewöhnen. Auch sonst geht's im Feriendomizil von Leo und Berta Fall karg zu. Als der Herr Komponist, überglücklich über einen seiner musikalischen Einfälle, seine Frau in die Veranda ruft, vergißt sie auf das Bügeleisen, mit dem sie gerade ihre Sonntagsbluse plättet – bei der Rückkehr in die Küche ist das gute Stück verbrannt.

Die Textvorlage der Operette „Der fidele Bauer", an der Leo Fall in diesem Mondseer Sommer des Jahres 1906 arbeitet, ist ein Volksstück aus der Feder des Wiener Theaterdramaturgen Viktor Hirschfeld, der sich, seitdem er selber unter die Autoren gegangen ist, Victor Léon nennt. Er hat an den Libretti für Richard Heubergers „Opernball" und Franz Lehárs „Rastelbinder" mitgewirkt; die Komödie „Die lieben Kinder" war seine erste selbständige Arbeit. Leo Falls Talent witternd, traut er dem fünfzehn Jahre Jüngeren die Fähigkeit zu, aus dem Sprechstück ein Singspiel zu machen. Nur müßte man den Stoff ins ländlich-bäuerliche Milieu transponieren. Ob das dem Stadtmenschen Leo Fall liegt, der noch bis vor kurzem ganz und gar im Berliner Kabarettbetrieb aufgegangen ist?

Fall ist Feuer und Flamme. Und im Sommerquartier am Mondsee, in dessen Hinterland er genau das Milieu vorfindet, das er für die Vertonung von Léons Stoff braucht, fliegen ihm die Noten wie von selbst zu. Und nicht nur die Noten, auch die Figuren! Keine zehn Kilometer von hier entfernt, in dem an der Straße

Der „fidele Bauer" Mathias Schoßleitner vulgo Roider-Hansl

nach Seewalchen gelegenen Dorf Oberwang, lebt – so wird ihm
zugetragen – ein Bauer und Viehhändler namens Mathias
Schoßleitner, der wie geschaffen scheint, für die Hauptfigur der
im Entstehen begriffenen Operette Modell zu stehen.

Roider-Hansl nennen ihn die Leute – es ist der Hofname des
Siebenundfünfzigjährigen, der weitum für seine derben Späße
bekannt ist. Anders als die übrigen Bauern von Oberwang kommt
er, der auch Viehhandel betreibt, viel herum, ist in St. Georgen
und Mondsee ebenso bekannt wie in Frankenmarkt, ja selbst in
Salzburg, und da er, kontaktfreudig und wortgewandt, Gott und
die Welt kennt, bringt er nicht nur seine Waren vortrefflich an
den Mann, sondern schmiedet nebenbei auch Ehebünde und
versorgt Grundstücksmakler mit Tips, und wenn er auf ein paar
Halbe Bier in den Wirtshäusern der Gegend einkehrt, geht's

regelmäßig hoch her. Manche, auf deren Kosten sich der Roider-Hansl amüsiert, zahlen es ihm ihrerseits mit Schabernack heim – so etwa, als man ihm beim Leitnerbräu in Mondsee zum Geburtstag eine Torte aus Ziegelstaub und Schnee kredenzt.

Kein Original ohne charakteristisches „outfit": Stets tritt der Roider-Hansl in Tracht auf, dazu die lange Uhrkette am Gilet und die Pfeife im Mundwinkel, und am roten Regenschirm, den er mit sich führt, baumelt das „Bschoadpackerl" mit dem Nötigsten an Proviant: Brot, Speck und Most.

Auf seinem Hof in Großenschwand, oberhalb des Dörfchens Oberwang, wo heute ein Urenkel eine (selbstverständlich auf den Namen „Der fidele Bauer" getaufte) Jausenstation betreibt, hängen nicht nur das Photo des berühmten Ahnen und sein Sterbebild („Wir bitten dich, o Herr, lasse ihn, befreit von den Makeln des irdischen Wandels, eingehen in die ewige Seligkeit!") an der Wand, sondern werden auch noch manche seiner Habseligkeiten gehütet: Spazierstock und Vorderlader, Stammglas und Spucknapf, Tabakschneider und Schmarrnpfanne. Und das vom langjährigen Gebrauch stark abgegriffene Gebetbuch – vierundsiebzig ist der Roider-Hansl, als er 1923 auf dem heimatlichen Hof das Zeitliche segnet.

Daß sein Grab auf dem Friedhof von Oberwang nicht mehr existiert, bedauern manche, die von neugierigen Touristen danach gefragt werden. Doch dafür gibt es eine Handvoll Leute, die ihn noch persönlich gekannt haben – allen voran die alte Reichl-Wirtin, in deren Gasthof „Zum Grünen Baum" der Roider-Hansl Stammgast gewesen ist: „Er war halt schon ein bißl höher als die andern." Und im Pensionistenheim im zwanzig Kilometer entfernten Frankenmarkt treffe ich seine Enkelin Anna Putz an, die als Kind – zusammen mit ihrem älteren Bruder Heinrich – zum Großvater in Kost gekommen ist, weil es dort mehr zu beißen gab als im ärmlichen Elternhaus des Maurergesellen Rosenkranz.

Wieder also ein Motiv, das in Leo Falls Operette Eingang gefunden hat: Hinter der Figur des armen Buben, dem seine Mutter, die Kuhdirn Lisi, keiner seiner Kirtagswünsche erfüllen kann („Heinerle, Heinerlei, hab kei Geld!"), verbirgt sich niemand anderer als jener Heinrich Rosenkranz, dessen greiser Schwester ich jetzt gegenübersitze. Im Stück wird er vom „fidelen Bauern" an Sohnes Statt adoptiert, in Wirklichkeit nur von ihm durchgefüttert, bis er von daheim weggeht, sich auf anderen Höfen als

175

Knecht durchbringt und schließlich zum Militär einrücken muß. „Heinerles" Spur verliert sich an einer der Fronten des Zweiten Weltkriegs, aus dem er nicht zurückkehrt. Auf die Idee, sich – etwa im Landestheater Salzburg – die Operette anzusehen, in der er, zumindest dem Namen nach, verewigt ist, wäre er ebenso wenig gekommen wie seine Schwester, die sich dies heute als wohlversorgte Altersheiminsassin gewiß leisten könnte: Man hat zeitlebens andere Sorgen gehabt …

Um dieses Oberwanger Völkchen also – allen voran Mathias Schoßleitner vulgo Roider-Hansl – basteln der Komponist Leo Fall und sein Textdichter Victor Léon im Sommer 1906 die Geschichte vom armen Bäuerlein, das alles daransetzt, daß, mit finanzieller Hilfe des reichen Paten, sein Sohn Stefan nach Wien studieren gehen kann. Daß der nicht Pfarrer, sondern Arzt wird, kann er verschmerzen. Schwerer trifft es ihn, daß Stefan, als er elf Jahre darauf, mit der Tochter eines Berliner Sanitätsrats verlobt, auf Kurzbesuch in sein Heimatdorf zurückkehrt, sich seiner bäuerlichen Herkunft schämt. Der Konflikt verschärft sich noch, als es – wiederum einige Zeit später (Stefan ist inzwischen verheiratet und als Dozent an die Wiener Universität berufen) – zu einer überraschenden Begegnung der beiden „Lager" kommt. Da wir es jedoch mit einer volkstümlichen Operette zu tun haben, kommt natürlich alles zu einem guten Ende: Der falsche Stolz des Aufsteigers und der Dünkel der preußischen Schwiegereltern, vom bescheidenen Wesen des Bauern beschämt, weichen versöhnlicher Einsicht.

Natürlich ist die Geschichte als solche erdacht: Keiner der Söhne des Roider-Hansl macht eine akademische Karriere, alle verbleiben sie im elterlich-ländlichen Milieu. Leo Falls und Victor Léons Anleihen aus der Wirklichkeit beschränken sich auf weniges: Sie machen Oberwang (dies allerdings unter dem unveränderten Namen) zum Schauplatz des Geschehens, sie statten die Figur des Bauern (zum Matthäus Scheichelroither geringfügig verfremdet) mit mancherlei Zügen des Mathias Schoßleitner vulgo Roider-Hansl aus, und sie schöpfen, auch was die weiteren Rollen des Stückes betrifft, zumindest klischeehaft aus dem oberösterreichischen Dorfleben jener Zeit. Aber den Oberwangern genügt es, um sich mit dem Werk zu identifizieren – und dies umso freudiger, je länger die vermeintlichen Ereignisse zurückliegen, je mehr „Der fidele Bauer" an nostalgischem Glanz gewinnt, und wohl auch, je werbewirksamer das Ganze auf den örtlichen Tourismus durchschlägt.

Als im Sommer 1971 das Fernsehen anrückt, um am Originalschauplatz den „Fidelen Bauern" zu verfilmen, ruft der Bürgermeister die Seinen per Rundschreiben zu „pünktlicher und bestimmter" Mitwirkung auf, mobilisiert alles, was es an örtlicher Trachten- und Brauchtumspflege gibt, und die Film-Crew rund um Regisseur Axel von Ambesser wird von den Einheimischen nach Strich und Faden verwöhnt. Josef Meinrad, Franz Muxeneder, Fritz Muliar, Alois Aichhorn, Monique Lobasa, Dolores Schmidinger, Kurt Huemer und Michael Janisch genießen bis zum heutigen Tag eine Art Schutzpatron-Status, und für manchen aus dem Dorf, der damals als Komparse vor die Kamera treten darf, ist dies mit Sicherheit der aufregendste Augenblick seines Lebens.

Als das Linzer Landestheater in der Spielzeit 1990/91 eine Neuinszenierung des „Fidelen Bauern" herausbringt, reist eine ganze Busladung trachtengeschmückter Oberwanger stolz zur Premiere, und auch in der Gegenrichtung kommt es zu Kontakten – etwa wenn ein deutsches Stadttheater, das den „Fidelen Bauern" einstudiert, das betreffende Ensemble vor Probenbeginn zwecks Einstimmung für einen Tag nach Oberwang schickt. Selbst bei der Feldmesse vor der Hubertus-Kapelle, in die ich während meines Oberwang-Aufenthalts gerate, bleiben einschlägige Assoziationen nicht aus: Die Blaskapelle, die für die Musik sorgt, ist in eine Tracht gekleidet, die erklärtermaßen derjenigen aus der Zeit des „Fidelen Bauern" nachempfunden ist. Wer sich mit dem Phänomen der Doppelnamen schwertut, werfe einen Blick ins örtliche Telefonverzeichnis: Das „vlg." in einer Reihe von Eintragungen bezeugt, daß es hierzulande nach wie vor der Brauch ist, zwischen offiziellem und Hofnamen zu unterscheiden. Nur der Kirtag – der erste Akt des „Fidelen Bauern" spielt auf dem Oberwanger Kirchplatz am Tag der Kirchweih – ist nicht mehr, was er einmal war: statt Ringelspiel und Luftschaukel ein aufblasbares Plastikmonster, statt Türkenhonig und Zuckerwatte geschmacklosester fernöstlicher Fetzenplunder, statt Werkelmannmusik das schrille Gezänk exotischer Händlerkolonnen um den besten Platz. Heinerle, mittlerweile bei Kasse, hätte wenig Grund, sie zu leeren.

Auch im nahen Mondsee wird die Erinnerung an den „Fidelen Bauern" nach wie vor sorgsam gepflegt: Ältere Einwohner schwärmen von einer mustergültigen Aufführung im Saal des Schloßtheaters, die vor Jahren von Laienspielern und der „Bürgermusikkapelle" auf die Beine gestellt worden ist; im Mondseer Heimatbuch lese ich, daß Leo Fall – deutliches Indiz der beginnenden Sanierung seiner finanziellen Verhältnisse – im folgenden Jahr nicht mehr im ärmlichen Privatquartier absteigt, sondern bereits in der Gästeliste der renommierten „Blauen Traube" geführt wird, bevor er vollends ins sommerliche Komponistenhauptquartier Ischl abwandert; und eines der Prachtstücke des Mondseer Heimatmuseums ist jene Postkutsche, die, lange Jahre von dem Oberwanger Gastwirt und Fleischhauer Stabauer betrieben, einmal die Woche für den Personenverkehr zwischen Oberwang und Mondsee zur Verfügung gestanden ist. Es ist dasselbe Vehikel, mit dem im ersten Akt des „Fidelen Bauern" der Studiosus Stefan Scheichelroither das letzte Stück Strecke auf dem Rückweg in die Heimat zurücklegt. Von dem kaisertreuen Kutscher Stabauer erzählt man sich noch heute die köstliche Anekdote, wie er, nach Ausrufung der Republik anno 1918 vom Ortsgendarmen zur Liquidierung des k. u. k. Emblems angehalten, sich lediglich dazu bequemt, die nunmehr verpönte Aufschrift mit Kreide durchzustreichen, was zur Folge hat, daß sie, beim nächsten Platzregen tadellos wiederhergestellt, bis zur endgültigen Einstellung des Betriebes im Jahr 1938 erhalten bleibt …

Es ist die gleiche Zeit, in der auch die Operette „Der fidele Bauer" von den Spielplänen verschwindet: Im Großdeutschen Reich ist kein Platz für Werke jüdischer Künstler und schon gar nicht für solche, die – wie man Victor Léon und Leo Fall plötzlich unterstellt – den Bauernstand satirisch herabwürdigen …

Aber an Schwierigkeiten ist er ja reichlich gewöhnt, der „Fidele Bauer" – und zwar vom Start weg. Als im Frühjahr 1907 Wilhelm Karczag, dem Direktor des Theaters an der Wien, das Werk zur Uraufführung angeboten wird, mag der zunächst nichts davon wissen: Noch ist ihm der Publikumsprotest im Ohr, mit dem im November 1905 Leo Falls erste Operette, „Der Rebell", zur Pleite der Saison geworden ist. Nicht einmal das Lied „Und der Himmel hängt voller Geigen", heute ein Evergreen der Operettenliteratur, vermochte zu zünden. Was soll man da von

Erfolg mit Verzögerung:
Operettenkomponist Leo Fall (mit Monokel)

einem Stück halten, das im hinterwäldlerischsten Bauernmilieu spielt? Das Publikum will Salonmenschen sehen! Da kann dem strengen Herrn Direktor auch die Wunderkind-Vita des Komponisten wenig imponieren: Der Olmützer Militärkapellmeistersprößling Leo Fall spielt bereits als Fünfjähriger, bevor er noch lesen gelernt hat, Geige, schreibt als zehnjähriger Zögling des deutschen Gymnasiums in Lemberg die Partitur von Schuberts „Unvollendeter" ab, bricht als dreizehnjähriger Besucher eines Beethoven-Konzerts in Tränen der Begeisterung aus, bewährt sich im Orchester seines Vaters (der, glühender Wagner-Verehrer, seinen beiden jüngeren Söhnen die Namen Siegfried und Richard gibt) als Aushilfe, studiert zusammen mit Edmund Eysler am Wiener Konservatorium und teilt als Violin-Eleve der von Lehár senior geleiteten Kapelle des 50. Infanterieregiments mit Lehár junior wiederholt das Pult, wird mit zweiundzwanzig zweiter Operettenkapellmeister in Hamburg und macht schließlich, nach einem Zwischenspiel in Köln, auch in Berlin Karriere.

Doch Wien ist eben anders, und Direktor Karczag bleibt hart: Nein, der „Fidele Bauer" ist nichts fürs Theater an der Wien. Auch der Verleger, von dem sich Leo Fall einen kräftigen Vorschuß erhofft, um seine von dem feuchten Mondseer Landhaus marode Gattin zur Kur nach Franzensbad schicken zu können, überlegt sich's anders und tritt von dem schon ausgehandelten Vertrag wieder zurück.

Nur einer glaubt unerschütterlich an den Erfolg des Stückes: Victor Léon, von dem das Libretto stammt. Und er ist es auch, der zur Tat schreitet: Mit einem Teil der Tantiemen aus der „Lustigen Witwe" (für die er das Textbuch geschrieben hat) mietet Léon das Mannheimer Hoftheater und organisiert im Sommer 1907 Operettenfestspiele, in deren Mittelpunkt die Uraufführung des „Fidelen Bauern" steht. Das Wagnis gelingt: Louis Treumann, Max Pallenberg und Hubert Marischka, die er für die Hauptrollen engagiert hat, werden nach jeder Nummer mit Beifall überschüttet, der Spielplan muß umgekrempelt werden: „Der fidele Bauer" geht siebenundzwanzigmal en suite über die Bühne und ist Abend für Abend ausverkauft. „Jeder tragt sein Binkerl" und „Ist man auch ein Bauer, Bauer, Bauer ..." sind die Schlager der Saison, ganz Mannheim singt „Heinerle, Heinerle, hab kei Geld".

Nun kann auch Wien sich nicht länger dem „Fidelen Bauern" verschließen: Noch im November desselben Jahres spielt das

Theater an der Wien das Stück nach – und auch hier mit dem gleichen großen Publikumszuspruch. Weitere Bühnen folgen, Leo Fall kann seinem Vater brieflich mitteilen: „Mir scheint, daß wir uns in einen Goldtopf gesetzt haben. Nun muß ich mein bißchen Geld zusammenhalten und sparen, bis ich eine Million beieinanderhabe."

Jetzt geht es Schlag auf Schlag: Volltreffer wie „Die Dollarprinzessin", „Die geschiedene Frau" (mit dem Ohrwurm „Kind, du kannst tanzen wie meine Frau"), „Madame Pompadour", „Brüderlein fein" und „Die Rose von Stambul" machen Leo Fall – im Kreise von Franz Lehár, Edmund Eysler, Emmerich Kálmán, Georg Jarno und Oscar Straus – zu einem der Könige der Silbernen Ära der Operette. „Villa Dollarprinzessin" nennt er das luxuriöse Domizil in Hietzing, das er bezieht, und was ihm, wenn er bei seinen Premieren das Dirigentenpult besteigt, zur attraktiven Bühnenerscheinung fehlt, macht der glatzköpfige, korpulente Monokelträger als umso brillanterer Unterhalter wett. Wie sehr ihm die Intendanten, denen er mit seinen Operetten volle Häuser beschert, zugetan sind, zeigt das Beispiel des Direktors des Budapester Lustspieltheaters, der Leo Fall, nur mit Wäsche für einen einwöchigen Kurzbesuch in der ungarischen Metropole eingedeckt, zum Bleiben überreden kann, indem er ihm täglich frische Hemden ins Hotel liefern läßt ...

Im Sommer 1925 erkrankt Leo Fall schwer: Bauchspeicheldrüsen- und Gallenblasenkrebs. Auch der Spezialist, den Gattin Berta (ihr Vater ist der berühmte Leipziger Musikpädagoge Salomon Jadassohn, ein Schüler Liszts) eigens aus Berlin holen läßt, weiß keine Hilfe für seinen Patienten: Am 16. September 1925 stirbt er, zweiundfünfzigjährig. Das Begräbnis wird zu einer eindrucksvollen Trauerkundgebung der deutschsprachigen Theaterwelt, die Stadt Wien widmet Leo Fall ein Ehrengrab.

Von seinem Leichnam wird berichtet, am rechten Oberschenkel habe man ein blaues Mal festgestellt, das auf jene Zeit zurückgeht, da Leo Fall auf seinen mehrstündigen Landwanderungen im Salzkammergut, denen er die besten seiner Einfälle verdankt, den Takt schlug. Mit der rechten Hand gegen das rechte Bein.

181

PARADIES AUF ABRUF

Carl Zuckmayer in Henndorf

Das „Geisterzimmer" im Bräugasthof zu Henndorf ist ein Literaturschauplatz der Sonderklasse: Nicht nur, daß Carl Zuckmayer es sowohl in seiner Erzählung „Der Seelenbräu" wie in seiner Autobiographie „Als wär's ein Stück von mir" verewigt hat; die ominöse Stube mit „den angedunkelten alten Bildern, den hochlehnigen, samt- oder gobelinbezogenen Sesseln und dem mächtigen, von einer Holzstufe umlaufenen Renaissancebett" kommt auch bei so manchem anderen Autor vor, der ihrem Spuk ausgesetzt gewesen ist. Ich stelle mich also, als ich meine Zimmerreservierung in die Wege leite, auf einen deutlich erhöhten Preis ein. Auf einen Zuckmayer-Zuschlag.

Das Gegenteil ist der Fall: Das „Geisterzimmer" ist um 50 Schilling billiger als die andern. Um sein kostbares Interieur nicht anzutasten, haben die Wirtsleute es nur mit dem Allernötigsten an neuzeitlicher Installation, nur mit einem Fließwasserbecken, ausgestattet: Bad und WC sind am Gang. In der Hotellerie zählt Komfort mehr als Stil. Man kann es auch freundlicher auslegen: Den Henndorfern käme es nicht in den Sinn, sich im Namen Zuckmayers zu bereichern.

Oder nehmen wir jene patente Fremdenführerin, die während der Saison jeden Donnerstagnachmittag die Gäste zu einer dreistündigen „Kulturwanderung" einlädt: Ist sie nur deshalb so wohlinformiert, so sattelfest in Biographie und Zitat, weil man ihr Zuckmayers Marktwert für Henndorf eingebleut hat?

Abermals falsch geraten: Helga G. schöpft aus ihrem eigenen Erleben. Es ist ihr aufgefallen, daß ihre Schwiegermutter keine Gelegenheit ausläßt, sich den „Blauen Engel" anzuschauen – früher im Kino, jetzt, wenn der berühmte alte Film in einem der Fernsehprogramme auftaucht. Bald zwanzigmal hat sie ihn nun schon gesehen, und noch immer ist sie regelmäßig in Tränen aufgelöst. Das kann nicht nur an Emil Jannings und Marlene Dietrich liegen, Helga G. versucht es zu ergründen. Mit dem Ergebnis: Carl Zuckmayer ist es, dessentwegen die alte Frau jedesmal, wenn sie die Geschichte vom kläglichen Ende des Provinzschulmeisters Raat erlebt, die Fassung verliert. Zuckmayer hat Drehbuch und Dialoge geschrieben, als es darum ging, Heinrich Manns Roman „Professor Unrat" zu verfilmen, und bei ebendiesem Zuckmayer ist sie seinerzeit Hausmädchen gewesen. In der Wiesmühl, seinem Henndorfer Besitz. Es waren die schönsten Jahre ihres Lebens. Hat ihr der Dichter nicht sogar, als sie in den Ehestand trat, die Brautausstattung geschenkt? Und hat sie nicht vor lauter Ehrfurcht das kostbare Heiratsgut ihr Lebtag lang unberührt gelassen?

Helga G. beginnt sich also für den Autor, der auf ihre Schwiegermutter so großen Eindruck gemacht hat, zu interessieren, liest der Reihe nach alle seine Bücher, verbannt, als ihre eigenen Kinder ins Lesealter kommen, den Fernsehapparat aus dem Haus, damit auch sie sich Büchern zuwenden, folgt in jeder freien Minute den vielfältigen Spuren, die ihr nunmehriger Lieblingsdichter in und um ihre Heimatgemeinde Henndorf hinterlassen hat, und faßt eines Tages den Entschluß, ihr solcherart gesammeltes Wissen an interessierte Urlauber weiterzugeben. Bis daraus eine feste Einrichtung wird: die „Henndorfer Kulturwanderung", jeden Donnerstag von drei bis sechs.

Und so ist es mit allen hier am Ort, die irgendwann dem Zauber dieser überragenden Künstlerpersönlichkeit erlegen sind: mit dem pensionierten Gemeindesekretär Hans Ellenhuber, der mit der Michi, dem älteren der beiden Zuckmayer-Kinder, in die Schule gegangen ist; mit dem Schuhhändler Karl Feichtinger, der sich bei jeder Gelegenheit, als sei es geradezu eine Art Ritterschlag gewesen, jener saftigen Watschen rühmt, die ihm Alice Herdan-Zuckmayer verpaßt hat, als er mit seinen dummen Faxen die Proben zu einer von ihr einstudierten Kinderaufführung von Raimunds „Verschwender" gestört hat; und auch mit der Hofratsgattin Lilli Kwisda, die mit liebevoller Sorgfalt darauf schaut, daß die Wiesmühl bis heute möglichst wenig vom alten Charakter einbüßt, und dafür von Zuckmayer bei dessen Wiederkehr im Frühjahr 1972 mit dem schönsten Blumenstrauß ihres Lebens ausgezeichnet worden ist, mit enthusiastischer Gästebucheintragung und spontanem „Du".

Berlin, 1925. Dem rheinhessischen Fabrikantensohn Carl Zuckmayer, achtundzwanzig Jahre alt, seit kurzem zusammen mit Bertolt Brecht Dramaturg am Deutschen Theater und frisch verheiratet mit der aus Wien stammenden Schauspielerin Alice Herdan, gelingt nach einer Reihe von Flops endlich der große Durchbruch: Seine Komödie „Der fröhliche Weinberg" trägt ihm nicht nur hervorragende Kritiken, volle Häuser sowie den begehrten Kleist-Preis, sondern auch eine Menge Geld ein, „mehr, als man in der Tasche tragen konnte". Er zahlt alle seine Schulden ab, läßt sich von weniger bemittelten Freunden anpumpen und leistet sich im darauffolgenden Frühjahr mit seiner Frau einen Urlaub auf der Ostseeinsel Hiddensee, zu dem er auch seinen notorisch notleidenden österreichischen Kollegen Richard Billinger einlädt. In dem Häuschen in den Dünen, das Zuckmayer, unweit von Gerhart Hauptmanns Sommerresidenz, mietet, wird kräftig gezecht, und in einer dieser stürmischen Nächte, wo Unmengen Grog durch ihre Kehlen fließen, berichtet Billinger seinem Gastgeber von einer seit Jahren zum Verkauf stehenden Mühle am Ortsrand der Flachgauer Gemeinde Henndorf, sechzehn Kilometer von Salzburg entfernt. Der ihm persönlich bekannte Wirt des „Kaspar-Moser-Bräu", einer der ältesten und berühmtesten Gasthöfe Österreichs, sei der Besitzer.

Zuckmayer, in Vorahnung der politisch-wirtschaftlichen Wirren der Zeit sowieso an einer soliden Kapitalanlage interessiert, erwirbt die Wiesmühl, baut sie Zug um Zug zu seinem Sommersitz aus und läßt sich darin 1933, als es für ihn als Halbjuden in Deutschland ungemütlich zu werden beginnt, ganzjährig nieder. Man ist inzwischen zu viert: Frau Alice, die aus ihrer wenig glücklichen ersten Ehe Tochter Michaela mitgebracht hat, bekommt ein zweites Kind, das „in etwas infantiler Laune" Winnetou genannt wird. Auch als Arbeitsplatz bewährt sich das neue Domizil: Unter den Werken, die – bis zur Vertreibung durch die Nationalsozialisten im Anschlußjahr 1938 – in der Wiesmühl entstehen, sind so berühmte Theaterstücke wie „Schinderhannes", „Katharina Knie" und „Der Hauptmann von Köpenick".

Zuckmayer ist ein Mann von geselligem Naturell: Er freundet sich nicht nur mit den Leuten vom Ort an, trinkt mit den Henndorfer Bauern sein Bier und läßt Notleidenden zu Weihnachten und Ostern Geschenkpakete zustellen, sondern zieht vor allem auch eine Menge Künstlervolk an: Franz Theodor Csokor schreibt im „Blockhaus" – Kammersänger Richard Mayr, eine weitere Henndorfer Berühmtheit, hat seine ehemalige Jagdhütte von der Zifanken ins Tal transferieren lassen und der Wiesmühl als „Dependance" zur Verfügung gestellt – sein Drama „3. November 1918". Die Zuckmayers sind die ersten, die den Text, vom Autor vorgelesen, zu hören bekommen, und Zuckmayer senior, der gerade in Henndorf zu Besuch weilt, spendet hohes Lob: Nun endlich begreife er, was das alte Österreich gewesen sei. Ödön von Horváth, der das Biedermeierzimmer im Bräugasthof bezieht, vollendet in Henndorf seinen Roman „Jugend ohne Gott". Und Johannes Freumbichler, der im benachbarten Seekirchen in ärmlichsten Verhältnissen und ohne jede Aussicht auf Veröffentlichung an seinem Romanwerk über das bäuerliche Leben der Region arbeitet, erlebt mit sechsundfünfzig das große Glück, über Vermittlung Carl Zuckmayers an einen Verlag zu gelangen, der seine „Philomena Ellenhub" druckt. Der kleine Enkel, der ihn bei seinen Besuchen in der Wiesmühl begleitet und noch Jahrzehnte danach von der heißen Schokolade mit Schlagobers schwärmen wird, die ihm bei dieser Gelegenheit kredenzt wird, heißt Thomas Bernhard. Als er später selber den Schriftstellerberuf ergreift und 1963 sein Roman „Frost" erscheint, ist Zuckmayer unter den ersten, die den außerordentlichen Rang des fünfunddreißig Jahre jüngeren Kollegen erkennen …

Aus St. Wolfgang kommt – per Fahrrad – Alexander Lernet-Holenia zu Besuch, aus Gschwendt der wie ein Renaissancefürst über sein dortiges Gut herrschende Emil Jannings mit seiner Frau, der Diseuse Gussy Holl, aus Salzburg Stefan Zweig. Der von letzterem beschaffte und den Zuckmayers spendierte altsalzburgische Kachelofen, „dunkelgrün getönt und besonders reizvoll ornamentiert", ziert noch heute die „Stube" in der Wiesmühl; die beiden Springerspaniels Flick und Flock, ebenfalls ein Geschenk des Kollegen Zweig, müssen sich 1938, als ihr Besitzer den Weg in die Emigration antritt, zwar von diesem trennen, nicht aber von Haus und Hof: Totengräber Josef Eder, im Nebenberuf Hausmeister bei Zuckmayers, versorgt die geliebten Tiere bis zu ihrem Ableben. Fedor Schaljapin, Bassist von Weltruf, fühlt sich bei seinen Aufenthalten in der Wiesmühl so wohl, daß er nicht nur über Nacht bleibt, sondern – das strenge Gebot, bei Rauchen und Alkoholkonsum sein kostbares Organ zu schonen, ignorierend – für seine Gastgeber lauthals singt: „Wir glaubten, unser Dach müsse von der Gewalt seiner Stimme zusammenfallen."

Ein Schwimmabenteuer im nahen Wallersee, zu dem ihn Freund Billinger nach durchzechter Nacht überredet, bringt Zuckmayer an den Rand des Todes, und wenn Max Reinhardt zu einem seiner Feste nach Schloß Leopoldskron einlädt, gibt's in der ersten Zeit Verkehrsprobleme:

„Im Anfang konnten wir Salzburg, wenn man kein eigenes Fahrzeug besaß, nur erreichen, indem man sich über den eine Viertelstunde von unserem Haus gelegenen See rudern, ‚überführn‘, ließ und dort in der Station Wallersee einen langsam durchs Land krabbelnden Bummelzug bestieg. Später gab es dann den Postautobus, der selten fuhr und immer überfüllt war. Es war zwar lustig, ihn zu benutzen und den derben Witzen der sich darin herumstoßenden Bauern und Marktleute zuzuhören, aber manchmal fuhr er auch in den Graben oder blieb, immer gerade bei einem Wirtshaus, deren es auf einer Strecke von sechzehn Kilometern ein halbes Dutzend gab, wegen Motorschadens stecken. So ging ich am liebsten zu Fuß, und zwar, dreieinhalb Stunden lang, über die ‚Straß‘, den Heuberg und den verwachsenen Jagersteig auf der ‚Waldleiten‘, der auf einem offenen Wiesenhang über dem Vorort Gnigl endete …"

Eine besonders herzliche Freundschaft verbindet Zuckmayer mit dem in der winzigen Mondsee-Ufergemeinde Scharfling ansässigen Schauspieler Werner Krauß. Obwohl beide im besten Mannesalter, haben sie nichts als Lausbubenstreiche im Kopf, und um ihr geliebtes Indianerspiel zu treiben, nehmen sie sogar vielstündige Fußmärsche über die Waldberge in Kauf, die ihrer beider Domizile voneinander trennen:

„Eines unserer Spiele bestand darin, daß jeder sein Haus in der Frühe zu einer gegenseitig abgemachten Zeit verließ und daß wir uns dann in den unbegangenen Wäldern, in denen man Ort und Zeit, wann und wo der andere erscheinen mußte, nie genau wissen konnte, aufspürten und womöglich ‚beschlichen‘. Wir gingen, wenn wir das vorhatten, bei jedem Wetter und trugen bei Regen den sogenannten Holzfällerkragen oder Wetterfleck, lange, fast bis zum Schuh herabfallende Lodencapes, unter denen man auch einen Rucksack tragen konnte. Unser Erkennungszeichen für den Fall des Verfehlens war das ‚Coyotengeheul‘, wie wir uns das vorstellten, oder der Kriegsschrei der Arrapahoes, ein

Der „Wiesmüller" an seinem Lieblingsort:
Carl Zuckmayer in Henndorf

schriller trillernder Laut, den wir beide recht schauerlich ausstoßen konnten."

Manchmal kommt Werner Krauß auch unerwartet nach Henndorf auf Besuch, und da Zuckmayers Arbeitszimmer nach hinten hinaus liegt, bleiben ihm Vorgänge, die sich vor der Haustür abspielen, verborgen:

„Da stand dann plötzlich unsere Köchin ganz aufgeregt in meiner Tür und sagte: ‚Herr Zuckmayer, draußen heult der Herr Krauß!‘ Denn zu schellen oder am Tor zu klopfen, widersprach unseren Stammesgebräuchen. Wir redeten uns sogar mit Häuptlingsnamen an; ich hieß je nach Bedarf ‚Schwarzer Mustang‘ oder ‚Wasserschlange‘, und Krauß war der ‚Weiße Büffel der Prärie‘."

So ist denn die Flachgau-Gemeinde Henndorf in diesen zwölf Jahren zwischen 1926 und 1938 – nach Zuckmayers eigenen Worten – „ein kleiner Binnen-Parnaß", dem bei Gelegenheit auch Berühmtheiten wie Gerhart Hauptmann, Thomas Mann, Franz Werfel, Bruno Frank, Thornton Wilder und Erich Maria Remarque ihre Aufwartung machen. Doch während diese kommen und gehen, sind die Zuckmayers in ihrer Wiesmühl längst ein fester Bestandteil der Ortschaft geworden:

„Für die Einheimischen waren wir ‚die Wiesmüller‘ – man nannte dort alle Leute nach ihrem Haus oder Hof –, und manche wußten in all den Jahren nicht, wie ich eigentlich hieß. Sie fragten auch nicht danach, was man ‚draußen‘ außerhalb des Dorfes tat, ob man dort in der Welt einen Namen hatte, ob man Stücke schrieb, malte oder Opernarien sang. Man sprach mit ihnen über Wind und Wetter, über Gras und Vieh und über ihre alltäglichen Sorgen, man holte sich den Fisch beim Roider-Fischer, der sein einsames Haus in der Waldlichtung hatte, und das duftende Schwarzbrot frisch vom Backofen des Göpfringer Bauern, man nahm an Hochzeiten, Kindstaufen, Begräbnissen teil, trank und tanzte mit ihnen auf ihren Festen, lernte ihre Bräuche kennen und ihre Lieder singen …"

Michaela und Winnetou, die beiden Töchter, gehen mit den Bauernkindern in ein und dieselbe Volksschule. Jede der drei Klassen hat zwei Abteilungen: Während die eine Hälfte unterrichtet oder abgefragt wird, bekommt die andere eine sogenannte Stillarbeit. Buben und Mädchen bunt durcheinander, um die sechzig in einem Raum.

Mit dem Mietkutscher fährt man zum Kirtag ins benachbarte Eugendorf, und wenn Hans Albers, dem Zuckmayer das Drehbuch für einen Film über das Leben des englischen Schauspielers Edmund Kean schreiben soll, zu Besprechungen in die Wiesmühl kommt, läßt er sich von den Zuckmayer-Töchtern und deren Freunden im Fiaker Salzburg zeigen. Frau Alice, die schon seit Jahren nicht mehr dazukommt, den erlernten Schauspielerberuf auszuüben, versucht sich als Kunstgewerblerin und entwirft Trachtenmoden, und als die Henndorfer Prangerschützen, der älteste Verein am Ort, ihr großes Jubiläum feiern, übernimmt sie das ehrenvolle Amt der „Fahnenmutter". Das beim besten Fahnenmacher Wiens um teures Geld in Auftrag gegebene und von den Zuckmayers gestiftete Stück wird mit einem Volksfest sondergleichen in Empfang genommen – drei Tage und drei Nächte verwandelt sich das Dorf in eine Mischung aus Bauerntheater und Schlaraffenland.

Inzwischen ist über alledem zwar mehr als ein halbes Jahrhundert vergangen, doch die Henndorfer Zuckmayer-Spuren sind frisch geblieben, finden sich auf Schritt und Tritt. Während der Zutritt zum Fahnenraum im Souterrain des Gemeindeamtes, wo das Schützenbanner gehütet wird, nur wenigen Auserwählten vorbehalten bleibt, wird die berühmte Zuckmayer-Jause, die seinerzeit eigens für den Dichter kreiert worden ist, jedem, der im Bräugasthof danach verlangt, serviert – auch wenn sie längst nicht mehr auf der Speisekarte steht. Sie ist opulenter als die normale Brettljause, die man überall sonst im Lande aufgetischt bekommt: Bauernspeck, Salami, Mondseer Käse, Schwarzbrot, Obstler und Bier. Hier der Zuckmayer-Weg, den die Gemeinde ihrem berühmtesten Bürger zu dessen siebzigstem Geburtstag gewidmet hat; dort sein photo- und autographengeschmückter Stammplatz im Bräu; hier die Riedermühle, wo die fesche Bäuerin für den Herrn Nachbarn und dessen Gäste das Lied von der Fischerdirn gejodelt hat, so oft sie es hören mochten; dort die alte Badehütte am Sagspitz, wo dem Dichter an einem Sommervormittag seiner ersten Henndorfer Zeit in Gestalt eines bildschönen nackten Mädchens die Nymphe Melusine begegnet ist.

Auch weniger erfreuliche Reminiszenzen warten auf den Besucher, und auch vor ihnen sollte er nicht kneifen: Hat nicht der heimattreue Vers, der in die Gedenktafel am Sterbehaus des

Innviertler Mundartpoeten Franz Stelzhamer eingemeißelt ist,
Zuckmayer im amerikanischen Exil zu einem bitter-resignierten
Gegenvers angeregt?

> Dahoam is dahoam.
> Wannst net fort mu'eßt,
> So bleib.
> Denn d' Hoamet is ehnder
> Der zwatt Mu'etterleib.

So dichtete Stelzhamer. Und Zuckmayer, von den Nationalsozialisten verjagt, nimmt hundert Jahre später das Motiv auf und
fährt fort:

> Der Mutterleib aber, mein lieber Mann,
> Ist auch kein Ort, wo man bleiben kann.
> Er stößt dich hinaus, er zwingt dich ans Licht –
> Er schenkt dir die Freiheit – ob du willst oder nicht ...

Im Gegensatz zu seinen Töchtern, die es den Henndorfern
nicht verzeihen, daß man den Vater von einem Tag auf den
andern zum Verbrecher gestempelt hat, und bei künftigen Besuchen die Wiesmühl meiden, spätestens vor dem Gartentor wieder
umkehren, ist Zuckmayer selber ein Mann der Versöhnung und
stellt sich gleich nach Kriegsende einsetzenden Versuchen, die
abgerissenen Fäden neu zu knüpfen, nicht entgegen. Das einzige,
womit er Henndorf „bestraft", ist literarischer Natur: Seine im
US-Exil entstandene Erzählung „Der Seelenbräu", ein Hymnus
auf Land und Leute der verlorenen Wahlheimat Österreich, verlegt er, obwohl bis ins kleinste Detail aus dem Henndorfer
Erinnerungsfundus geschöpft, in die Nachbargemeinde Kösten-
dorf ...

Und auch von einer endgültigen Rückkehr – im trüben Winter
1946/47 hält er als amerikanischer Kulturoffizier zum erstenmal
Nachschau in Henndorf – mag er nichts wissen. Das hat allerdings nicht bloß mit der seinerzeitigen Vertreibung durch die
Hitler-Leute, mit der Plünderung der Wiesmühl und der Beschlagnahme seiner Manuskripte, sondern auch mit nachkriegs-
bedingten Veränderungen zu tun: Aus dem einstigen Bauerndorf
wird Zug um Zug ein Siedlungsvorort Salzburgs, das Terrain
rings um die Wiesmühl ist verbaut, die altgewohnte Ruhe
unwiederbringlich dahin.

„Selbstgeschaffene, selbstgewählte Heimat": die Wiesmühl

Der 1948 erwirkten Rückstellung des mit Bescheid vom 1. Jänner 1939 dem Deutschen Reich einverleibten Besitzes folgt also dessen baldige Veräußerung. Ein Wiener Rechtsanwalt ist der erste der neuen „Wiesmüller", der Protokollchef des Landes Salzburg der nächste. Die Wiesmühl, so wird es Zuckmayer 1966 in seinem Erinnerungsbuch „Als wär's ein Stück von mir" klipp und klar sagen, war für ihn und die Seinen das Paradies – aber eben nur ein Paradies auf Abruf, ein Paradies auf Zeit:

„Wo ist man daheim? Wo man geboren wurde oder wo man zu sterben wünscht? Damals glaubte ich es zu wissen – glaubte mit einer Stecknadel auf dem Globus den winzigen Punkt geographisch bestimmen zu können, der mir selbstgeschaffene, selbsterwählte Heimat war und wo ich mein irdisches Dasein auszuleben hoffte: Es war der Ort Henndorf bei Salzburg, genau gesagt Haus Wiesmühl, im Grundbuch Neumarkt-Köstendorf als ‚Fenning Nr. 3' mit anderthalb Joch Land und Wasserrecht eingetragen. Wenn man mich damals gefragt hätte, wo das Paradies gelegen sei, so hätte ich ohne Zögern geantwortet: in Österreich, sechzehn Kilometer östlich von Salzburg an der Reichsstraße, dicht beim Wallersee."

Als ihm die Gemeindeväter im Sommer 1970 den Ehrenring überstreifen und er sich zwei Jahre später mit dem Erinnerungsbuch „Henndorfer Pastorale" für all die damit verbundenen

Huldigungen revanchiert, hat Carl Zuckmayer längst an anderem Ort Wurzeln geschlagen, ist Bürger des Westschweizer Kantons Wallis geworden, hat sich für seinen Lebensabend in einem Bauernhaus am Fuß der Berge von Saas-Fee eingerichtet. Als der Dichter im Jänner 1977 stirbt, reist auch der Bürgermeister von Henndorf mit einer Abordnung zum Begräbnis nach Saas-Fee. Und ebenso die Stadtväter von Mainz und Nackenheim, Zuckmayers Geburtsheimat. Die Kontakte zwischen Rheinhessen und Flachgau werden bei dieser Gelegenheit vertieft: Die Henndorfer nehmen einige Jahre darauf am Mainzer Karneval teil, und die Mainzer Zuckmayer-Gesellschaft kommt, zwei Autobusse stark, zum Gegenbesuch nach Henndorf. Den Wunsch, die Wiesmühl zu erwerben und als Zuckmayer-Gedenkstätte der Öffentlichkeit zugänglich zu machen, müssen sie sich freilich aus dem Kopf schlagen: Die neuen Besitzer haben Millionen in das durch Krieg und Nachkrieg lädierte Anwesen investiert, in der dem Haupthaus attachierten Jagdhütte werden mittlerweile Fremdenzimmer vermietet, und auch die Zuckmayer-Verehrer, die einen Blick ins einstige „Paradies" ihres Idols werfen wollen, werden nicht abgewiesen: Hausherrin Lilli Kwisda steht bereit, ihnen die „Stube" mit dem Stefan-Zweig-Ofen zu zeigen, Zuckmayers Arbeitsplatz, seine Schlafkammer (in der er, wenn ihm nachts eine Idee kam, schreiben konnte, ohne seine Frau zu stören) und das Kinderzimmer, durch dessen Hintertür ihm in letzter Minute die Flucht vor den SA-Schergen gelang, damals im März 1938. An die tausend sind es alljährlich, die sich ins heutige Gästebuch der Wiesmühl eintragen, und nicht wenige von ihnen sind Journalisten, die mit ihren Publikationen dazu beitragen, daß der Name Zuckmayer, in den Spielplänen der Theater unterdessen durch andere verdrängt, nicht zur Gänze in Vergessenheit gerät.

Einer dieser anderen ist Thomas Bernhard, und auch *seine* Biographie ist aufs engste mit Henndorf verknüpft. Immer größer also wird die Zahl derer, die bei ihrem Rundgang durch den 3000-Seelen-Ort auch nach dem Geburtshaus von Thomas Bernhards Großvater Johannes Freumbichler fragen, nach Gut Ellenhub, das dessen bekanntestem Roman, der Bauernsaga „Philomena Ellenhub", den Namen gegeben hat, nach dem Grab des „Schmalzsepp", Thomas Bernhards Urgroßvater, der es als Lieferant des Wiener Naschmarkts zu Ansehen und Wohlstand gebracht hat, und vor allem nach dem Krämerladen der Rosina Schlager, unter deren Fittichen Großneffe Thomas Bernhard in Kindertagen die Leidenschaft für den Kaufmannsberuf eingeimpft worden ist. Hier, in dem heutigen Spargeschäft am Fuße des Kirchhügels, darf der fünfjährige Thomas, uneheliches Kind der Henndorfer Dienstmagd Herta Bernhard, nach Herzenslust mit Zuckerhüten und Petroleumlampen hantieren, in Schubladen wühlen, Flaschen zwischen Magazin und Laden hin- und herschleppen und – als Höhepunkt – bei kleineren Einkäufen sogar hinter die Budel treten und der „Frau Tant'" beim Bedienen der Kunden assistieren. Das Milieu der ländlich-primitiven Gemischtwarenhandlung mit all ihren Geheimnissen, Gerüchen und Gepflogenheiten übt auf den Buben einen so starken Zauber aus, daß er in späteren Jahren, als sich die Frage der Berufswahl stellt, ernstlich daran denkt, ein Lebensmittelgeschäft aufzumachen, und die Trödlerläden der Gegend abklappert, um nach billigen Schubladenkästen und Regalen Ausschau zu halten.

Auch ein Besuch auf dem Henndorfer Friedhof lohnt sich: In einem der um die Kirche gruppierten Gräber ruht nicht nur jene Großtante Rosina, „Gastwirtin und Gemischtwarenhändlerin, zuletzt Private", sondern auch Thomas Bernhards Mutter – nun den Namen jenes Salzburger Friseurs Fabjan tragend, den sie in vorgerückten Jahren geheiratet hat. Thomas Bernhard ist neunzehn, als sie im Oktober 1950 stirbt: Nur fünfundvierzig Jahre sind der vom Schicksal schwer Gebeutelten gegönnt.

Und Thomas Bernhards leiblicher Vater? Alois Zuckerstätter hieß er, war Tischler in Henndorf. Noch vor der Geburt seines Sohnes setzt er sich nach Deutschland ab, ist dem Alkohol verfallen, schläft mit einer brennenden Zigarette ein, stirbt jung. Thomas bekommt seinen Vater niemals zu Gesicht. Umso deutlichere Spuren hat der Großvater, Tischler wie dieser und gleichen Namens wie er, in Henndorf hinterlassen. Alois Zuckerstätter senior ist ein begnadeter Drechsler und Kunstschnitzer gewesen, Haustüren waren seine besondere Spezialität. Fünf von ihnen, über ganz Henndorf verstreut, haben sich erhalten: Bachstraße 1, Hoferstraße 7, Hauptstraße 26, Fenning 18, Mayrhauserweg 6. Braucht also nur noch ein gefinkelter Dorfchronist herauszufinden, daß er auch für die Wiesmühl einen Türstock gezimmert hat oder einen Fensterladen – dann schließt sich der Kreis.

LEISE WEINET DER BACH

Alexander Lernet-Holenia in St. Wolfgang

St. Wolfgang hat eine Ralph-Benatzky-Promenade, eine Robert-Stolz-Straße und natürlich eine Michael-Pacher-Straße. Auch der Erbauer der Schafbergbahn ist verewigt: Wenige Schritte von der Talstation entfernt überquert die Josef-Stern-Allee die Bahntrasse. An Alexander Lernet-Holenia erinnert nicht die kümmerlichste Sackgasse, nicht der schäbigste Weg oder Steg.

Als die neuen Besitzer der „Lernet-Villa", die dem Dichter bis zu seinem Tod im Sommer 1976 zweite, wenn nicht erste Heimat gewesen ist, darangehen, die Fassade zu erneuern, und sondieren, ob die Gemeinde bereit sei, sich an den Kosten einer Gedenktafel zu beteiligen, wird ihr Antrag hohnlachend abgeschmettert: Bevor einem solchen Plan näherzutreten sei, müßte man noch zwei Generationen abwarten. Auch Eingaben um Verleihung der Ehrenbürgerschaft an den Schöpfer der „Standarte" finden keine Mehrheit. Das offizielle St. Wolfgang will mit seinem großen Sohn nichts zu schaffen haben. Denn der große Sohn war in ihren Augen ein kleiner Querulant – und das bis heute, wo fast alle „Opfer" seiner Marotten, Sottisen und Attacken längst selber unter der Erde sind.

Auch wenn sie keines seiner Bücher gelesen, keines seiner Theaterstücke gesehen, keinen seiner Verse im Kopf haben: Sein „Sündenregister" als streitbarer Nachbar, als herrischer Verkehrsteilnehmer und als zorniger Kritiker touristischer Fehlentwicklungen vermöchten sie wohl im Schlaf aufzusagen.

Es ist wahr: Waggerl ist er keiner, der hochfahrend-schroffe Herr mit den aristokratischen Allüren. Selbst seine Kollegen von der schreibenden Zunft sparen nicht mit harschen Rügen, wenn sie sich zu dem Phänomen Lernet-Holenia äußern. Sie allerdings tun es mit Nachsicht, zeigen sich vielleicht gar amüsiert: Hans

Weigel, der den elf Jahre Älteren ein „prolongiertes Enfant terrible", Friedrich Torberg, der ihn einen „schwierigen Herrn mit Hang zum Mondänen", Milan Dubrovic, der ihn einen „konservativen Rebellen" nennt. Nur Herbert Eisenreich geht einen Schritt weiter und greift ihn in einem Zeitungskommentar frontal an:

„Wahren Adel beweist man nicht dadurch, daß man durch die Nase redet, sondern dadurch, daß man im rechten Moment den Mund hält."

Was mag da bloß wieder passiert sein?

21. August 1969. Alexander Lernet-Holenia am Steuer seines Volvo, an der berüchtigten Engstelle im Ortszentrum von St. Wolfgang. Lichtsignale regeln den Verkehr auf dem als wechselseitige Einbahn geführten Straßenstück. Ein Urlauberauto mit deutschem Kennzeichen ignoriert das Rotlicht, Lernet-Holenia fühlt sich behindert, es kommt zum Wortwechsel. Ein Passant, Gast aus Wien, der sich einmischt und den ausländischen Verkehrssünder in Schutz nimmt, erntet eine schallende Ohrfeige.

Einige Monate darauf kommt es zum Prozeß: Der Angreifer wird verurteilt, Lernet-Holenia muß tausend Schilling Geldstrafe zahlen. Der Verteidiger, der die durch eine Strahlenbehandlung angegriffenen Nerven seines Mandanten für dessen Kurzschlußhandlung verantwortlich macht, zieht seinen Antrag auf Anhörung des Röntgenarztes zurück, als der gegnerische Kollege auf Psychiatrierung pocht.

Lernet-Holenia selber sieht die Sache anders, legt in einem abenteuerlichen Interview mit der Zeitgeist-Illustrierten „Jasmin" die historischen Wurzeln seines eigenwilligen Ehrbegriffs bloß:

„Ich habe bei einem rumänisch-ruthenischen Dragonerregiment der österreichisch-ungarischen Monarchie gedient, und dort war es üblich, jeden Dragoner mindestens einmal pro Woche zu ohrfeigen. Jeden Samstagabend, wenn sie aus dem Wirtshaus heimkehrten, prügelten die Dragoner außerdem ihre Frauen kräftig durch, woraufhin dem ehelichen Beischlaf, der auf diese Weise auffrisiert wurde, nichts mehr im Wege stand. Bei einem Mann, der prügelte, fühlten sich die Frauen damals grundsätzlich geborgen."

Es bleibt nicht die einzige Watschen, die Lernet-Holenia mit den Gendarmen von St. Wolfgang in Konflikt bringt. Als ihm kurz darauf ein fünf Jahre alter Bub ins Auto rennt, setzt es abermals Hiebe, und auch die beiden Erwachsenen, die dem kleinen Sünder hilfreich beispringen, bekommen ihr Teil ab. Daß der Ischler Richter, der den Autor verurteilt, die Verhandlung um acht Uhr früh ansetzt, ist in den Augen des Angeklagten eine Schikane, für die er sich mit der Verrechnung hoher Reise- und Übernachtungsspesen rächt, und als drei Jahre später das Kuratorium für Verkehrssicherheit eine „Intensivwoche zum Schutz der Kinder im Straßenverkehr" ausruft, nimmt Lernet-Holenia in einem Leserbrief an die „Presse" stolz für sich in Anspruch, in dieser Hinsicht Pionierdienste geleistet zu haben: Die dem Buben verpaßte Ohrfeige sei eine Erziehungsmaßnahme gewesen – mit dem Ziel, ihn „weiterhin gegen die Gefahren des Straßenverkehrs zu feien".

Als im Jahr 1970 Lernet-Holenias Grundstücksnachbar, der Hotelier und Vizebürgermeister Friedrich Vogler, den Nebentrakt seines Hauses aufstockt, fühlt sich der Dichter in puncto Licht und Luft beeinträchtigt, klagt auf Einhaltung des Ortsbebauungsplans und setzt beim Verwaltungsgerichtshof die Abtragung der unzulässigen Etagen durch. Daß das Urteil dennoch nicht vollstreckt wird, weil die Gemeinde rückwirkend den Flächenwidmungsplan zugunsten des Beklagten abändert, macht den streitbaren Künstler und die Honoratioren von St. Wolfgang vollends zu Todfeinden.

Aber sind sie das nicht sowieso längst, seitdem Lernet-Holenia sie in seinem 1957 in der Wiener Monatsschrift „Forum" veröffentlichten Gedicht „Hochwasser im Salzkammergut" als skrupellose Fremdenverkehrsstrategen geschmäht hat, denen jedes Mittel recht ist, wenn es darum geht, den Ort mit zahlungskräftigen Gästen zu füllen?

Es regnet tagelang und nächtelang.
Die Zimmer stehen leer. Die Autobusse
aus Tölz und Berchtesgaden bleiben aus.
Des Ortes Vizebürgermeister, selbst-
verständlich SPÖ, hat schon erklärt:
Wenn das so weitergeht, so glaubt er doch noch
an Gott, und sei's auch nur, um ihm die Schuld
an der verregneten Saison zu geben.
Im seichten Wasser, zwischen Treibholz und
Orangenschalen, schaukelt ein Kondom.

Der Bürgermeister, selbstverständlich Ö-
VP und Landtagspräsident, hat's selbstverständlich unbenützt und wie es dem
Gesetz entspricht, nach dem er angetreten,
hineingeworfen, nur damit man glaubt,
in diesem Orte wäre etwas los.
Umsonst! Es ist nichts los in diesem Ort.
Auf einmal aber, wehe mir, was ist dies?
Auf einmal fallen Sonnenstrahlen, bleich wie
die ungebräunte Haut der Sommerfrischler,
auf das Parkett. Ein Schnellboot lärmt vorbei
mit einem dicken Kind auf Wasserskiern.
Schon rattern allenthalben die Motoren,
und es verstopfen Riesenautobusse
voll lebenshungeriger Gelsenkirchner
den Ort, in dem nichts los war. Ach, und jetzt?
Der Bürgermeister dankt zwar noch dem Herrn,
der Vizebürgermeister aber, kaum daß
es schön wird, leugnet das Vorhandensein
des Höchsten Wesens wieder. Kurz und gut:
im ganzen Orte ist der Teufel los …

Während die Gelsenkirchner den unerwarteten Ruhm als
Retter von St. Wolfgang auf ihre Weise feiern und sich im ironi-
schen Kommentar des im Lokalblatt nachgedruckten Spottverses
glücklich zeigen, endlich „in die deutsche Poesie, ja in die Weltliteratur" eingegangen zu sein, wirkt der 31-Zeiler am Ort der
Handlung wie ein Schock. Mußte der Dichter als corpus delicti
denn ausgerechnet ein Kondom heranziehen? Sogar im weniger
prüden Ruhrgebiet wendet man sich pikiert ab und entschließt
sich zu radikaler Textkürzung: Die strittigen neun Zeilen bleiben
dem Leser der „Westdeutschen Allgemeinen" vorenthalten.
Mit zunehmendem Alter werden Lernet-Holenias Ausfälle
moderater: Als er im Sommer 1973 in der „Furche", die ihm
längst eine eigene Rubrik, „Der allwöchentliche Ärger", eingerichtet hat, erneut gegen die Auswüchse des Fremdenverkehrs zu
Felde zieht, begnügt er sich mit resignativem Lamento über „ein
Land, das einst die Welt beherrscht hat und nun von Fremden
lebt, vor denen man schuhplattelt. Dabei ist das Schuhplatteln
eigentlich gar nicht österreichisch, sondern bayrisch." Aber im

Namen des budgetkonsolidierenden Tourismus sei eben alles
erlaubt: „Unser Wetterbericht drückt sich, gleichfalls zugunsten
des Fremdenverkehrs, so zweideutig aus wie die delphische
Sibylle. Und darüber, was die Gemeinderäte, insbesondere im
Salzkammergut, zugunsten des Fremdenverkehrs alles tun,
wollen wir lieber gar nicht reden."

Also wechselt er das Thema. Und nimmt sich bei der nächsten
Fehde die gerade aufkommende Radarüberwachung des Straßenverkehrs vor. Kein Kostverächter in eroticis und schon in jungen
Jahren dafür bekannt, daß er die eine Herzensdame zur Schiffs-
station begleitet, um die nächste kurz darauf ebendort abzuholen,
stört es ihn, daß die Radargeräte bei Geschwindigkeitsüberschrei-
tungen nicht nur das Fahrzeug, sondern auch die Wageninsassen
im Bild festhalten. Und was, wenn es nicht die Ehefrau, sondern
die Freundin des Delinquenten ist, die den Beifahrersitz innehat?
Kann eine solche Aufnahme, wenn sie in die falschen Hände
gerät, nicht schlimme Folgen haben, gar die betreffende Ehe zer-
rütten? Lernet-Holenia will den delikaten Sachverhalt geklärt
wissen, setzt unverzüglich eine Eingabe an den Verfassungsge-
richtshof auf.

Nein, er läßt sich nichts gefallen, der stolze Mann, und wenn
es auch nicht immer die tauglichsten Mittel sind, deren er sich bei
seinen Angriffen bedient: Seine Persönlichkeitsrechte gehen ihm
über alles. Ist er nicht schon deshalb nach dem Zweiten Weltkrieg
so gern in sein St. Wolfgang zurückgekehrt, weil dort keine Rus-
sen, sondern die vergleichsweise umgänglichen Amerikaner als
Besatzungsmacht walteten? Ja, hat er nicht sogar als Kind seine
Umgebung in Angst und Schrecken versetzt, wenn es nicht nach
seinem Willen ging? Ältere Einwohner erinnern sich an einen
Vorfall, der sogleich zum Ortsgespräch geworden ist:

Es ist Sonntag, die Gouvernante soll den kleinen Alexander in
die Messe mitnehmen. Doch der Weg von der Lernet-Villa zur
Kirche ist ihm zu weit, er will getragen werden. Nur – dafür ist
der Bengel schon zu schwer, die Kinderfrau streikt. Was tut der
ungebärdige kleine Mann daraufhin? Wirft sich im blütenweißen
Matrosenanzug zu Boden und wälzt sich in der nächstbesten Pfüt-
ze – das Unternehmen Kirchgang muß abgebrochen werden.

Er selber genießt es, die Bürger verdrießt es: Alexander
Lernet-Holenia läßt keine Gelegenheit aus, seine St. Wolfganger
vor den Kopf zu stoßen. Es ist in den ersten Nachkriegsjahren, im

nahen Bad Ischl geht ein Pfadfinder-Welttreffen in Szene. Der Dichter läßt sich dazu überreden, die Kinder einer befreundeten Diplomatenfamilie zu der Veranstaltung zu begleiten. Das Gelände ist vom anhaltenden Regen aufgeweicht, Lernet-Holenias Schuhe bleiben im Matsch stecken. Was tut er daraufhin? Läßt sie, wo sie sind, geht barfuß weiter. Daß es zu dieser Zeit, wo jede Art von Kleidungsstück Mangelware ist, auch für ihn einen empfindlichen Verlust bedeutet, schert ihn nicht: Sich nach dem sich verselbständigenden Schuhwerk zu bücken, es aus dem Schlamm zu ziehen und zu reinigen, verbietet dem „Herrn Baron" die ihm eigene Grandezza.

Umgekehrt findet er nichts dabei, im Schlafrock das Haus zu verlassen, um in der Trafik die Morgenzeitung zu holen, Besucher im Schlafzimmer zu empfangen oder in der berühmten Imbißstube Furian, zu deren Stammgästen er zählt, „Knödel mit Saft" zu bestellen, wenn er gerade keinen Appetit auf ein „ganzes" Gericht hat. Nie käme er auf den Gedanken, in St. Wolfgang eine Dichterlesung abzuhalten: Leutseligkeit ist seine Sache nicht. Und selbst die Schokolade, die er in den noch telefonlosen Zeiten für die Buben im Ort bereithält, die ihm die Botengänge abnehmen, wird nicht ohne Strenge ausgefolgt: „Das ist aber jetzt das letzte Stück!"

Begräbnis in Salzburg, Freunde aus St. Wolfgang nehmen ihn im Wagen mit. Alle sind in Trauerschwarz gekleidet, nur Lernet-Holenia im saloppen Alltags-Schnürlsamt. Vor Erreichen des Friedhofs läßt er den Wagen kurz anhalten, steigt beim Mirabellgarten aus und wechselt hinter einem Busch das Gewand? Am hellichten Tag.

Oder der Autoausflug, zu dem er von daheim abgeholt wird: Lernet-Holenia steigt zu, man wartet nur noch auf seine Frau. Ungeduldig drängt er zur Abfahrt: Eva komme nicht mit, die sei heute schlimm gewesen, zur Strafe habe er sie eingesperrt. Im Bad.

Aus Episoden wie dieser auf eine zerrüttete Ehe zu schließen, wäre gleichwohl töricht. In der „Villa Lernet" geht's unkonventionell zu – das ist alles. Wenn der Dichter seiner Frau durch Klopfzeichen aus dem Schlafzimmer, das zugleich sein Arbeitszimmer ist, zu verstehen gibt, daß ein soeben fertiggestellter Text – wie es seine Gewohnheit ist: handgeschrieben – zum Abtippen bereitliegt, ist dies eben ihre Art von Arbeitsteilung.

Eva ist Deutsche, siebzehn Jahre jünger als er, im Krieg hat er sie als Krankenschwester kennengelernt, im Oktober 1945 wird geheiratet. Die sieben Jahre, die sie ihren Mann überlebt, kann sie bei sparsamer Haushaltsführung gerade noch von den dünner fließenden Tantiemen bestreiten. Und wie glücklich ist sie, den Besitz in St. Wolfgang weiterhin halten zu können: Die Miete für die Wiener Wohnung – seit 1952 residiert man „standesgemäß" in der Hofburg – ist minimal.

Einen „Wink mit dem genealogischen Zaunpfahl" hat man die Übersiedlung in die ehemals kaiserlichen Gemächer genannt und damit auf Alexander Lernet-Holenias obskure Familienverhältnisse angespielt: Seine Mutter ist die Baronin Sidonie von Boyneburgk-Stettfeld aus reichem Kärntner Landadel; sein Vater jedoch soll nicht (wie dem Taufschein zufolge) der k. u. k. Schiffsleutnant Alexander von Lernet, sondern ein echtbürtiger Habsburger gewesen sein: Erzherzog Karl Stephan. Tatsächlich geistert die Gestalt dieses sowohl um die k. u. k. Marine wie um die Invalidenfürsorge des Ersten Weltkrieges verdienten Mannes, der eine Zeitlang auch als Thronkandidat eines Teilstaats Polen im Gespräch war, an den verschiedensten Stellen durch das Werk seines illegitimen Sprößlings, und eine der schönsten, das Gedicht „Der Admiral", führt sogar geradewegs zu dessen Besitz in St. Wolfgang:

An einem Hochsommertag läßt sich auf der Schwelle der Balkontür ein Schmetterling nieder, den man im ersten Augenblick für einen Admiral und somit für eine Art Abgesandten des 1933 verstorbenen Erzherzogs hält, ehe sich zu des Autors größter Enttäuschung herausstellt, daß man wohl doch zu hoch gegriffen hat:

… mißlang die Botschaft aus den düstern Reichen.
So fand sich denn auch bloß als mindres Zeichen
ein Pfauenaug bei uns im Hause ein …

Alexander Marie Norbert Lernet (so heißt er mit vollem Namen) ist fünf Jahre alt, als seine Mutter 1902 das Anwesen an der späteren Margaretenstraße in St. Wolfgang erwirbt, keine hundert Meter vom Seeufer entfernt. Auch ein Stück Privatstrand samt Bootshaus gehört dazu. Aus den Fichten, Buchen, Eschen, Linden, Kastanien, Ahorn- und Birnbäumen, die die Baronin Sidonie auf dem Areal hinter der Villa setzen läßt, entwickelt sich im Laufe der Jahre und Jahrzehnte ein Naturpark von betörender Schönheit und Fülle.

Für Sohn Alexander wird das Retiro am Westrand von St. Wolfgang ab 1926 fester Wohnsitz. Gerade hat er, bis dato nur als Lyriker und Essayist hervorgetreten, für seinen Theater-Einakter „Olla potrida" den renommierten Kleist-Preis erhalten; das Stück „Quiproquo", das er zwei Jahre darauf – unter dem Pseudonym Clemens Neydisser und mit Stefan Zweig als Co-Autor – schreiben wird, beschert der jungen Paula Wessely den ersten großen Bühnenerfolg. Sein Fachwechsel zur Prosa, mit der er sich seinen eigentlichen Namen machen wird, läßt noch auf sich warten: 1933 erscheinen die Romane „Ich war Jack Mortimer" und „Jo und der Herr zu Pferde", 1934 „Die Standarte", erst 1936 die Meisternovelle „Der Baron Bagge".

Von anderen Dichterklausen unterscheidet sich Lernet-Holenias Haus durch die strikte Absenz allen literarischen Interieurs: keine Bücherwände, keine Manuskriptstapel, keine Verlagskorrespondenz. Die Handbibliothek beschränkt sich auf einige wenige Adelslexika; wenn man ein Nachschlagewerk braucht, borgt man's in der Nachbarschaft aus. Snobismus auf höchstem Niveau. György Sebestyén wird ihn später einen Herrn nennen, „der vorgibt, Bücher zu schreiben, wie ein anderer Rennpferde züchtet".

Er schläft bis lang in den Vormittag hinein, dann folgt die Morgengymnastik, am Nachmittag unternimmt man Besuche, geschrieben wird nachts und an den verregneten Wochenenden. Sein Lebensstil hat vor allem Stil, kennt auch in Phasen pekuniärer Saturiertheit nichts Verschwenderisches, Ruderboot und Rassehund bedeuten ihm viel. Die Kollegen Leo Perutz und Hans Breidbach-Bernau zählen zum regelmäßigen Umgang, mit Freund Emil Jannings ist er auf ein und derselben Seite im Gästebuch des Prominententreffs Furian verewigt.

Sein phänomenales Gedächtnis verläßt Lernet-Holenia bis ins hohe Alter nicht. Auf Bergwanderungen im Salzkammergut rezitiert er seine Lieblingsgedichte: Klopstock, Goethe, Mörike, Matthias Claudius. „Feierliche Augenblicke" nennt es Milan Dubrovic, der wiederholt Zeuge der ehrfürchtig-andächtigen Übung wird. Dem „Repertoire" gehören auch Verse des Kollegen Gottfried Benn und vor allem seines Jugendidols Rilke an, dem er, als 1921 seine erste eigene Gedichtsammlung erscheint, unter anderem dadurch huldigt, daß er seinen zweiten Vornamen „Marie" in „Maria" abändert.

Erst verhältnismäßig spät findet auch die Landschaft des Salzkammerguts in sein Werk Eingang; dafür zählen die Naturschilderungen in dem 1952 erschienenen Roman „Die Inseln unter dem Winde" zum Schönsten, was seit Stifter über Gesteinsformationen, Hochwälder und Almböden, über Wildbäche und Gebirgsseen der nördlichen Kalkalpen geschrieben worden ist. Selbstironie klingt an, wenn er die Gestalt des Vaters mit „ständigem Verdacht gegen die Landbevölkerung" ausstattet oder sich gar über dessen Neigung mokiert, die „Widerspenstigkeiten der Natur" in einen „direkten Zusammenhang mit dem Charakter der Bevölkerung" zu setzen:

„Er nahm alles persönlich, und wenn zum Beispiel die Borkenkäfer gewisse Gebiete befielen, stellte er sich an, als habe der Gemeinderat aus Bosheit ihre Einwanderung befürwortet."

Freund der dunklen Andeutung und verschlüsselten Botschaft, scheut Lernet-Holenia die direkte autobiographische Äußerung; nur ein einziges Mal, in der Anthologie „Jahr und Jahrgang 1897", läßt er den Leser über den Zaun seines St. Wolfganger Anwesens blicken:

„Dieses Haus, nicht alt zwar, aber altmodisch, war von einem italienischen Baumeister errichtet. Es wies demzufolge auch allerhand italienische Bauelemente auf, sehr dicke Mauern zum Beispiel, die den Aufenthalt im ohnedies schon kühlen Salzkammergut noch kühler machten, eine gewisse Abschrägung der mit rustikal behauenen Steinen verkleideten Grundmauern, was mit Abstand an die Architektur etwa der florentinischen Paläste erinnerte, eine Terrasse, von welcher Regen und Schnee geradewegs ins Haus zu sickern vermochten, und dergleichen mehr."

Besonders haben es ihm die beiden fünfeckigen Erker an der Südostecke des Hauses angetan: „Ausbuchtungen" der Herrschaftsküche und des Speisezimmers, deren Schiebefenster bei mangelhafter Verriegelung die fatale Eigenschaft haben, „wie die Messer von Guillotinen herabzustürzen" und den sich Hinausbeugenden, „wenn schon nicht zu köpfen, so doch zumindest empfindlich auf den Kopf zu treffen". Italienreisen, die er zwischen den beiden Kriegen unternimmt, bringen Lernet-Holenia auf die Idee, in den zwei übereinanderliegenden Erkern seines Landhauses eine Art Torso jener „Torri Gentilizie" genannten

„Ständiger Verdacht gegen die Landbevölkerung":
Alexander Lernet-Holenia

mittelalterlichen Wohntürme zu sehen, in denen norditalienische Edelleute in Zeiten der Gefahr Schutz zu suchen und ihren Feinden Widerstand zu leisten pflegten: „Je mächtiger eine Familie war, eine umso größere Höhe ihrer Befestigungen vermochte sie durchzusetzen." Das ist nun freilich ganz nach Lernet-Holenias Geschmack, und so freut es ihn denn auch ungemein, „daß unser Haus nicht nur nützliche Dinge wie Wasserleitungen, Ausgüsse, Kanalisationen, Kontakte, Isolierungen und dergleichen mehr in sich schloß, sondern daß es auch mit einer Art von Turm versehen war".

Lässiger gibt er über das Inventar der Villa Auskunft: im Souterrain der „völlig altmodische Eisschrank", die Leitern, „die in jener Gegend Staffeleien genannt wurden", und die Petroleumlampen „für den Fall, daß das elektrische Licht ausging, was es bei jedem Gewitter zu tun pflegte". Im Hochparterre die alten Lederfauteuils aus dem Besitz der Holenias, die „Nachahmung eines gotischen Stuhls aus irgendeinem am Avon gelegenen Schloß der Warwicks, der englischen Königsmacher", sowie der runde Tisch, „auf dem ein paar unaktuelle Bücher zu liegen pflegten, darunter ein etwa hundert Jahre alter geographischer Atlas mit den Darstellungen der Fahnen und Orden längst liquidierter Kaiser- und Königreiche, mit den Stahlstichen bereits vollkommen anders aussehender Städte und mit Landkarten, die überhaupt nicht mehr stimmten".

Diesen Erkerplatz liebt der Dichter über alles: „Nichts war behaglicher, als hier zu sitzen, zu rauchen, Bonbons zu essen oder auch bloß vor sich hin zu blicken und dem Rauschen des Laubwerks rundum und dem Anschlagen des Regens an die Fenster zu lauschen."

Freilich drängt sich mit den Jahren auch anderes, weniger Erfreuliches ins Blickfeld: die vielen parkenden Autos, die Lieferwagen der Gastronomie, die „ganze Verschläge voll Coca-Cola, Bier, Obst und Gemüse" abladen, die Touristen in ihren „lächerlichen Trachten", der ganze „Unfug der Prosperität".

Und doch – welch vergleichsweise harmloses Ärgernis ist dies alles gegen das, was Lernet-Holenia *heute* zu sehen bekäme, wenn er aus den Fenstern seines Hauses blickte: der Park mit dem hohen alten Baumbestand – von den Erben brutal dem Erdboden gleichgemacht, der Grund – parzelliert, veräußert und zur Großbaustelle devastiert. Daß die hier entstehenden „exklusiven Eigentumswohnungen im Landhausstil" in den Offerten der Makler gleichwohl mit dem Gütezeichen „Lernet-Park" versehen sind, nimmt sich wie der reine Hohn aus. Kollegin Hilde Spiel, die vom Nachbargrund aus das barbarische Zerstörungswerk mitansieht, zieht – elf Jahre nach Lernet-Holenias und drei Jahre vor dem eigenen Tod – die Konsequenzen und kehrt St. Wolfgang in stiller Trauer den Rücken, in einer der Bücherkisten jenen Gedichtband aus den dreißiger Jahren, in dem Alexander Lernet-Holenia unter dem Titel „Die Weissagung des Teiresias" all dies mit bestürzender Schärfe vorausgesehen hat:

Träumtest du auch vor dich hin
über dem Wellenschlag,
wie daheim die Wiese im
Sonnennachmittag
weht, und daß der Birnbaum hoch
hängt darüber her,
ach, die Wiese ist ja doch
längst die Wiese nicht mehr,
ach, der Wald nicht der Wald mehr, ach
nicht dein Haus mehr dein Haus!
Leise weinet nur der Bach,
der Wind geht ein und aus,
bist du ich weiß nicht wer, –
immer, wenn einer wiederkehrt,
kennt ihn keiner mehr.

LITERATURNACHWEIS

DIE ERDBEERKINDER
Adalbert Stifter in Hallstatt

Adalbert Stifter: Bergkristall. Wiesbaden 1956
Adalbert Stifter: Der Nachsommer. München 1966
Urban Roedl: Adalbert Stifter in Selbstzeugnissen und Bilddokumenten. Reinbek 1965
Emil Kuh: Zwei Dichter Österreichs. Pest 1872
Friedrich Morton: Hallstatt. Hallstatt 1954
Friedrich Morton: Adalbert Stifter und Friedrich Simony in Hallstatt. In: Adalbert-Stifter-Almanach 1941/42
Hans Jörgen Urstöger: Hallstatt-Chronik. Hallstatt 1984

STÖREN BEI TODESSTRAFE VERBOTEN
Gustav Mahler in Steinbach

Wolfgang Schreiber: Gustav Mahler in Selbstzeugnissen und Bilddokumenten. Reinbek 1971
Internationale Gustav Mahler Gesellschaft (Hrsg.): Gustav Mahler in Steinbach am Attersee. Wien o. J.
Herbert Killian: Gustav Mahler in den Erinnerungen von Natalie Bauer-Lechner. Hamburg 1984

ANNÄHERUNG AN EINEN ANDEREN PLANETEN
Jakob Wassermann in Altaussee

Jakob Wassermann: Tagebuch aus dem Winkel. München 1987
Jakob Wassermann: Mein Weg als Deutscher und Jude. Berlin 1987
Dierk Rodewald (Hrsg.): Jakob Wassermann. Bonn 1984
Marta Karlweis: Jakob Wassermann. Amsterdam 1935
Hugo von Hofmannsthal: Prosa I. Frankfurt am Main 1950
Alois Mayrhuber: Künstler im Ausseerland. Graz 1985

EISKAFFEE FÜR SISI
Oscar Blumenthal in Ischl

Oscar Blumenthal: Die Kunst zu lächeln. Berlin 1910
Maurus Pacher: Im Weißen Rössl am Wolfgangsee. Berlin/München 1983
Friedrich Barth: St. Wolfgang. St. Wolfgang 1975

Friedrich Wiener: Ein Ischler Original und „Aufsteiger". In: Mitteilungen des Ischler Heimatvereins, Folge 21/1992
Alexander Savel: Wie die berühmte Rössl-Wirtin von Lauffen nach St. Wolfgang kam. In: Salzkammergutzeitung 4/1992

DIE WAISEN VON LITZLBERG
Maria Cebotaris Kinder am Attersee

Antonio Mingotti: Maria Cebotari / Das Leben einer Sängerin. Salzburg 1950

DIE UNGEKÜSSTE
Gustav Klimt in Kammer

Wolfgang Georg Fischer: Gustav Klimt und Emilie Flöge. Wien 1987
Christian M. Nebehay: Gustav Klimt schreibt an eine Liebe. In: Klimt-Studien 66/67. Salzburg 1978
Alice Strobl: Gustav Klimt / Die Zeichnungen. Salzburg 1982–1984
Secession LXXXVIII (Hrsg.): Inselräume. Seewalchen 1988

ISOLDES RUHE
Mathilde Wesendonk am Traunsee

Richard Wagner an Mathilde Wesendonk. Tagebuchblätter und Briefe. Leipzig 1922
Hans Bélart: Richard Wagners Liebestragödie mit Mathilde Wesendonk. Dresden 1912
Hans Mayer: Richard Wagner. Hamburg 1959
Grete Fink-Töbich: Mir erkoren – mir verloren. Graz/Stuttgart 1963
Erich Maria Schill: Mathilde Wesendonk und Österreich. Funktyposkript. Wien o. J.
Hans Kern: Vom Genius der Liebe. Leipzig o. J.
Emil Hess: Der fröhliche Musikant. Wien 1962

FAUST, ZWEITER TEIL
Theodor Billroth in St. Gilgen

Theodor Billroth: Briefe. Hannover 1902
Theodor Billroth: Billroth im Briefwechsel mit Brahms. Berlin 1964
Theodor Billroth: Wer ist musikalisch? Berlin 1912
Ludwig Weiler: Carl Theodor Billroth: Essen 1942
Karel B. Absolon: Der intime Theodor Billroth. Rockville 1985
Wolfgang Genschorek: Wegbereiter der Chirurgie. Leipzig 1982
Karl von Frisch: Fünf Häuser am See. Berlin 1980
Leopold Ziller: Vom Fischerdorf zum Fremdenverkehrsort. St. Gilgen 1973
Monika Oberhammer: Sommervillen im Salzkammergut. Salzburg 1983

IM BUCHENHAIN
Wilhelm Kienzl im Ausseerland

Hans Sittner (Hrsg.): Wilhelm Kienzls Lebenswanderung. Wien 1953
Leopold Florian Meißner: Aus den Papieren eines Polizeikommissärs. Leipzig 1892
Viktor Redtenbacher: (K)ein Evangelimann. Die historische Brandlegung. Wien 1990

DA CAPO FÜR DEN KAISER
Maria Jeritza in Unterach

Maria Jeritza: Sunlight and Song. New York/London 1924

Robert Werba: Maria Jeritza. Wien 1981
Marcel Prawy: Die Wiener Oper. Wien 1969

IN DER SCHLANGENGRUBE
August Strindberg am Mondsee

August Strindberg: Kloster / Einsam. Hamburg 1967
Frida Strindberg: Lieb, Leid und Zeit. Hamburg 1936
Friedrich Uhl: Aus meinem Leben. Stuttgart 1908
Heinz Gerstinger: Österreich – holdes Märchen und böser Traum. Wien 1987

ICH IST EIN ANDERER
Rudolf Forster in Bad Aussee

Rudolf Forster: Das Spiel mein Leben. Berlin 1967
Hans Gerhard Kandolf (Hrsg.): Hans Vlasics oder Exil in der Heimat. Bad Aussee 1989

DER FIDELE ROIDER-BAUER
Leo Fall in Oberwang

Walter Zimmerli: Leo Fall. Zürich 1957
Bernard Grun: Leo Fall und sein „Fideler Bauer". In: Programmhefte des Landestheaters Linz, Spielzeit 1990/91

PARADIES AUF ABRUF
Carl Zuckmayer in Henndorf

Carl Zuckmayer: Henndorfer Pastorale. Salzburg 1972
Carl Zuckmayer: Der Seelenbräu. Frankfurt am Main 1988
Carl Zuckmayer: Als wär's ein Stück von mir. Frankfurt am Main 1966
Kurt Hofmann: Aus Gesprächen mit Thomas Bernhard. Wien 1988
Alfred Stefan Weiss, Karl Ehrenfellner, Sabine Falk (Hrsg.): Henndorf am Wallersee. Henndorf 1992

LEISE WEINET DER BACH
Alexander Lernet-Holenia in St. Wolfgang

Alexander Lernet-Holenia: Die Inseln unter dem Winde. Wien 1952
Alexander Lernet-Holenia: Das lyrische Gesamtwerk. Herausgegeben von Roman Roček. Wien 1989
Gustav Hillard, Otto Brües, Alexander Lernet-Holenia (Hrsg.): Jahr und Jahrgang 1897. Hamburg 1967
Günther Berger: Ein dichtender Grandseigneur. In: Österreich in Geschichte und Literatur 2/1989
Hilde Spiel: Welche Welt ist meine Welt? München 1990
Milan Dubrovic: Veruntreute Geschichte. Wien 1985
Hans Breidbach-Bernau: Erinnerung an Alexander Lernet Holenia. In: St. Wolfganger-Blätter. St. Wolfgang 1989